제3세계의 대부분이 20세기를 모더니즘의 구령에
발맞추느라고 소진하였다. 라틴아메리카의 근대성은
유럽이 모델이었고, 미국이 기준이었으며,
인디헤나에게 라틴은 숙명이었다.
모더니즘은 토착성과 식민성을 탈색하지만,
브라질의 건축은 여전히 '브라질' 위에 지어진다.
훨씬 더 큰 태양과 훨씬 더 깊은 그림자,
넓은 바다와 짙은 녹음, 게으름 그러나 낙관성.
브라질 건축은 아열대의 넉넉한 분위기를 담고 있다.
인디헤나·라틴문화·근대성의 중합,
거기에다 메스티소들의 다인종성이 얹힌다.
이 모두가 중첩되어 일어난 유전적 전이가
브라질 모던 스타일이다.
■ 박길룡

남회귀선

건축가 박길룡의 라틴아메리카 문명기행

한길인문학문고 4
생각하는사람

한길사

남회귀선
건축가 박길룡의 라틴아메리카 문명기행

지은이 · 박길룡
사　진 · 박길룡
펴낸이 · 김언호
펴낸곳 · (주)도서출판 한길사

등록 · 1976년 12월 24일 제74호
주소 · 413-756 경기도 파주시 교하읍 문발리 520-11
　　　www.hangilsa.co.kr
　　　E-mail: hangilsa@hangilsa.co.kr

전화 · 031-955-2000~3　팩스 · 031-955-2005

상무이사 · 박관순
영업이사 · 곽명호
기획편집 · 박희진 안민재 김지희
전산 · 한향림
마케팅 및 제작 · 이경호 박유진 | 경영기획 · 김관영
관리 · 이중환 문주상 장비연 김선희

CTP 출력 및 인쇄 · 현문인쇄 | 제본 · 성문제책사

제1판 제1쇄 2010년 11월 12일

값 22,000원

ISBN 978-89-356-6224-1 03950

● 잘못 만들어진 책은 구입하신 서점에서 바꿔드립니다.

이 도서의 국립중앙도서관 출판시도서목록(CIP)은
e-CIP 홈페이지(http://www.nl.go.kr/ecip)에서 이용하실 수 있습니다.
(CIP제어번호: CIP2010003911)

복합과 모순의 숲, 라틴아메리카를 가다
❋ 책을 내면서

격렬한 문화의 교접 현장

이 글을 쓰고 있는 무모한 사람은, 세계의 문화가 종種의 교배로 진화함을 믿으며, 세계 건축의 유전자 지도를 그리려고 지구를 다닌다. 어느 지역이나 문화가 고립되어 있지 않는 한, 충돌과 교차의 경험을 가지고 있게 마련이다. 세계의 모든 지역이 문화교섭의 시장에서 피를 섞는다. 이곳에는 우성優性의 법칙이 작용하며, 힘의 우열이 교합의 구조를 지배한다. 정치적인 지배에는 화간和姦도 있고 강간強姦도 벌어진다. 문화에서도 원종原種은 변이가 되고 신종新種을 만들며 진화를 거듭한다.

세계사를 펼친 그림으로 그려보면 변이의 역학이 보인다. 비잔틴과 이슬람의 교접으로 오스만 튀르크 양식이 생성되었고, 스페인의 기독교와 이슬람이 피를 섞어 무데하르Mudéjar를 만들었다. 일본 근대사가 흥미로운 것은 메이지유신明治維新이라는 극적인 전이 때문이다. 동남아시아의 바바뇨니아는 중국에서 이주한 사람들이 간직한 '아버지의 문화'이다. 일일이 열거할 것도 없이 세상의 문화가 다 그렇다.

아마 라틴아메리카는 세계 어느 지역보다도 문화의 교접이 격렬하게 벌어진 장소일 것이다. 특히 식민지 지배구조에서 혼합은 강제적이고 극렬해서 이질 간의 관계가 거칠다. 힘센 자가 약한 자를 두들겨 패 자기 밑에 두는 것은 깡패들이 하는 일이다. 17세기 유럽의 힘 좀 쓰는 나라들은 모두 그렇게 식민지를 만들었다. 마젤란의 일주는 분명히 세계를 넓혔다. 세계의 면적이 갑자기 늘어난 것은 아니고, 연결 또한 확장이라는 뜻에서 그러하다.

그러나 이 확장은 서구의 식탐으로 넓어지지만 그 구도는 극히 단순화된다. 스페인과 포르투갈은 1494년 토르데시야스 조약을 맺고는 회심의 미소를 나눈다. 이 조약은 세네갈 앞 카보베르데 섬에서 서쪽 1,700마일 2,700여 킬로미터 쯤에 가상의 수직선을 긋고, 한쪽은 스페인, 다른 한쪽은 포르투갈 땅이라고 정한 것이다. 폭력배들이 세력권역을 나눠먹는 일과 다를 게 없다. 그것도 교황이 분쟁을 염려하여 이 약조를 주선했다. 그래서 좀 큰 덩치의 브라질은 포르투갈 것이 되고 나머지 대부분의 중남미는 스페인 것이 된다.

드보르작도 그렇고 우리 역사 교과서도 그렇고, 아메리카를 '신세계'라고 하자면, 서양 쪽에서 아메리카를 보아야 한다. 좀더 객관적인 위치에 있을 수 있는 아시아에서도 굳이 그쪽의 시선을 따른다. 당사자인 아메리칸, 아니 인디오, 아니 토착민의 입장에서는 어처구니없는 일이다. 그 땅은 원래 있었고, 더 오래전부터 사람이 살았고, 문화가 꽃피고 있었다. 단지 서양이 뒤늦게 들여다봤을 뿐이다. 그것을 '발견'이라고 말하는가. 원주민을 인디오라 부르는 것도 우습다. 콜럼버스가 인도를 발견했다고 잘못 알고 붙인 이름이 수정되지 않은 채 굳어버린 것이다.

400년이 지나도록 이를 바로잡으려는 생각이 없었고, 이제는 할 수 없는 일이 되어버렸다. 그래서 우리는 아시아의 인도도 인디아이고, 아메리칸도 인디헤나라고 한다. 아스텍-멕시카-마야-잉카-아마조나, 이 대륙의 원原 문화들은 한 땅의 사실이지만, 이 광범위한 지역은 코르테스Hernán Cortés와 피사로Francisco Pizarro에 의해 일거에 난도질당하고, 정벌자는 타자를 살육하기 위해 신의 가호를 빈다. 구원과 살육의 모순. 모순은 '기독교의 보편적 가치'에 묻혀버리고, 기저문화 위에 세워지는 십자가는 우성의 법칙으로 우뚝 선다.

보통 우리는 이 지역을 중남미中南美라고 하지만, 땅을 단순히 지리적으로 말하는 것은 멋적다. 이곳을 언어문화권으로 지칭할 때는 흔히 라틴아메리카Latinoamérica라 부른다. 그러나 이 용어는 스페인과 포르투갈이 라틴을 대표하지는 않기 때문에 어색하다. 메소아메리카Mesoamérica라고도 하는데 '메소'는 중간·중앙을 가리키는 말로 뜻이 막연하다. 히스패닉Hispanoamérica이라는 명칭 역시 중남미를 총칭하기보다는 스페인의 변방문화쯤으로 들린다. 스페인과 포르투갈을 포괄하여 이베로아메리카Iberoamérica라는 말도 있는데 아직은 널리 쓰이지 않는다. 우리나라에서의 이해도 마찬가지다. 이 지역문화를 연구하는 연구소의 이름도 부산외국어대학의 이베로아메리카연구소, 한국외국어대학의 중남미연구소, 서울대학의 라틴아메리카연구소 등으로 다양하다. 이와 같이 지역을 표현하는 수사가 여러 가지인 것은 이 지역의 복합적인 성질 때문이다.

중남미 건축이 현대에 이르기까지는 크게 여섯 번의 문화전이文化轉移를 겪는다. ① 인디오의 토착문화가, ② 콜럼버스 이후 식민지 시대에 들어서며, ③ 유럽에서 바로크 문화를 수입하나, ④ 현장의 토착 재료와 기술로 변태되고, ⑤ 흑인들이 품에 안고 온 아프리카 문화와 섞여 아프로-아메리카를 형성하며, ⑥ 낭만주의를 청산하고 이른바 '아열대 모더니즘'으로 근대를 형성한다. 이 모든 일이 약 400년 동안에 일어났다. 보통 문화전이라는 것이 여러 동인에 의해 서서히 젖어들어가게 마련인데, 중남미는 어느 날 갑자기 들쑤셔진다. 조용했던 대서양 연안에 들이닥친 백인들에 의해 토착문화는 무력과 신앙이라는 양날의 칼에 난도질된다. 무릇 힘의 우성이 열성을 지배하며 유전적 변이를 만들기 때문에 세계의 지도는 끊임없이 출렁이는 모양으로 그려질 수밖에 없다.

라틴아메리카의 문화는 다양한 인종으로 인해 복잡하다. 중남미의 인종은 5색이다. 거기에는 ① 인디오가 살고 있었고, 그들과 ② 백인 정복자 사이에 혼혈이 생겨 메스티소mestizo 또는 마멜루쿠mameluco를 만들었다. 식민지 시대에 인디오의 씨가 마를 지경이 되자 부족한 노동력을 메우기 위해 ③ 아프리카에서 흑인 노예가 들어오고, ④ 흑인과 백인의 혼혈을 물라투mulato라 한다. ⑤ 너무 심한 혼혈은 '비인종'非人種이라 하였다. 이렇게 하여 남미의 인종 구조는 다섯 색깔이 되었다. 세 개 대륙의 인종이 섞이지만 대륙의 이름은 '라틴'이고 나머지 종류는 '있다고 치고'로 취급된다. 그리고 그 모두의 피는 붉다. 이러한 인종 구조는 차별과 불평등을 일으키는데, 이는 마치 카스트처럼 굳어져갔다.

아직도 도시의 인디오들은 앞을 똑바로 응시하지 않는다. 자괴감과 배타성, 두려움과 시샘이 섞인 미묘한 시선이다. 원천적인 불공평, 교육 기회의 차별, 빈부의 격차는 고착된다. 기회의 불평등은 악순환되기에 거기에 종속되면 좀처럼 헤어나기가 어렵다. 끊임없이 계층 상승을 노려보지만, 사회의 패각貝殼과 같은 기득권의 구조는 단단하다. 이 불평등 구조 때문에 20세기가 되도록 혁명과 독재가 반복되어 온 것이다. 종속과 지배의 관계는 19세기에 독립이 되고도 청산되지 않았다.

대륙은 브라질의 포르투갈 언어권과 나머지 스페인 언어권으로 구분되지만, 거시적으로 보면 중남미 전체가 약 4세기 동안 하나의 문화권이었다. 식민을 묶는 끈의 매듭이 단순해서인지 그것을 푸는 것도 단순하다. 19세기 초 대륙은 일시 일거에 독립을 쟁취하는데, 우리나라를 비롯하여 식민지 경험이 있는 제3세계 국가들 대부분이 그렇듯 독립 후 독재정권에 시달렸다. 독립 후의 정치 행로에 따라 근대화를 향한 보폭이 현저하게 차이난다. 어떤 전통은 아주 끈질기게 유전적 성질로 재생되며, 어떤 지역은 식민지성을 근대성으로 이어 붙인다. 전통과 근대의 접경에서 벌어지는 일탈과 보전을 둘러싼 갈등이 우리의 모습과 비슷하다.

왜 우리는 다른 나라를 기웃거리는가

나는 지금 남위 24도 서경 47도에서 북위 37도 동경 126도에 있는, 한국 사람들과 180도 방향으로 서로 직립하여 서 있기에 발바닥을 마주하고 있다. 그 한국 사람의 발바닥과 내 발바닥 사이의 거리는

12,756킬로미터이다. 지구의 지름과 꼭 같다. 물론 여기 사람들이 잠들 때 한국 사람들은 일어나 있지만, 하루 종일 근심을 안고 사는 것은 마찬가지다.

지구의 북위와 남위 23도 27분에 설치된 선이 태양의 회귀선이다. 지구의 자전축은 공전 축에 세워진 수선에 대하여 23도 27분 기울어져 있고, 태양빛이 지표에 수직으로 내리는 부분은 지구 공전주기에 따라 변화한다. 다시 말해 지구는 마치 몸을 뒤틀며 빛을 온몸에 골고루 받으려고 몸짓하는 것 같다. 이 기울어진 축이 아니었으면 계절이 생기지 않았을 것이다. 신의 절묘한 과학정신.

태양은 춘분에는 적도 부분을 직광하며, 점차 북으로 이동하여 하지 때 북회귀선상에 이른다. 다시 태양의 여행은 남쪽으로 내려가 추분에는 적도상에 위치하고, 동지에는 남회귀선 위에 이른다. 이 남회귀선이 남아메리카의 허리, 남아프리카의 발꿈치, 호주의 가슴을 지난다. 우리나라는 북회귀선보다 훨씬 위에 있기 때문에, 하지에도 태양이 정수리에 오지 않는다.

헨리 밀러의 소설 『남회귀선』에서 주인공 '나'는 평범한 회사원이지만 뉴욕의 이런저런 여자들을 만나고 헤어지고 향락도 안식도 고뇌도 아닌 행위를 반복한다. 소설은 대립과 모순의 다이얼로그로 시작된다. 그의 생활은 육체적 탐욕과 정신적 무위로 떠다닌다. 이 책에서 남회귀선의 뜻은, 물론 문학적 알레고리이지만, 지구를 쓰다듬는 손바닥의 범위이다. 이 손은 주로 지구의 가운데 배를 쓰다듬는데, 북반구로 갔다가 남반구로 왔다가 한다. 밀러의 생각처럼 궁극적인 것은 없다. 지구축의 비틀림으로 한국이 겨울이면 남미는 여름이며 여기가 낮이면 거기는 밤이다. 지구가 둥글다 치고 그 반을 갈라 원반을 대칭으로 놓고 보면 거울처럼 우리의 모습이 비치는 것 같다. 몽골 후손의 피가 그렇고, 식민지 경험 뒤의 독재정권이 그렇고, 토착 문화와 근대화의 뒤척임이 그렇다.

왜 우리는 다른 나라를 기웃거리는가. 그 문화를 흠모하는 것도 아니면서 덧없는 호기심 때문인가. 자신이 속한 사회를 초탈하는 기회인가. 타자의 사회에 동조하며 얻는 학습 효과가 있는가. 아니면 지적인 마스터베이션일 뿐인가. 아마 이 모든 것이 버무려진 욕망일 것이다. 그렇다면 그 글을 읽을 독자란 무엇인가. 이에 대한 의식이 더 중요할지 모른다. 독자 또는 청중 또는 관객은 이들을 자기 욕망의 무대로 끌어들이려는 예술가들의 하수인인가? 진정 거두어 둔 지식과 감성의 찌꺼기라도 독자들과 나눌 수 있기를 기대하는가?

간혹 여행 중에 얻는 횡재가 없는 것은 아니다. 과거와 현재의 다리 위에서 이루어본 심미적 명상, 여행지의 사람들로부터 체득한 작은 지혜, 가슴 저린 풍경이 있다고 하여 그것을 타자와 나눌 방법이 있는지 무릇 의문스러운 일이다. 그리고 그것을 옮기는 글이란 양날의 칼과 같다. 글은 문화의 진화를 위한 미디어이지만 동시에 오류조차도 믿게 할 위험이 있다. 어차피 아주 정직한 저자가 되기는 힘들기 때문이다. 민속학자이며 구조주의 문예가인 레비-스트로스는 브라질의 오지를 탐험하고 방대한 민속보고서로서 집필한 『슬픈 열대』에서 우리의 선입관을 다음과 같이 지적했다.

"서구의 질서와 조화는 이 지구를 오염시키고 있는 막대한 양의 해로운 부산물의 제거를 필요로 하고 있다. 여행이여, 이제 그대가 우리에게 맨 먼저 보여주는 것은 바로 인류의 면전에 내던져진 우리 자신의 오물이다. 그렇기 때문에 나는 여행담에 대한 사람들의 정열, 광기, 그리고 기만을 이해할 수 있을 것 같다. 여행담이란, 지금은 없어져 존재하지 않지만 마땅히 계속 존재해주기를 우리가 바라는 그런 것의 환영을 우리에게 갖다 주는 것이니까."

우리는 개인이, 사회가, 민족이, 혼자 존재하는 것이 아님을 알기에 문화의 점들을 이어 모양을 만든다. 빈 하늘에 무작위로 펼쳐진 점들 위에 카시오페아가 그려지고 오리온도 생기고 북두칠성이 기호로 떠오른다. 문화라는 수많은 무지개 다리가 우리를 건네기 위해 바로 앞에 걸려 있다. 그냥 거기를 알기 위해 가보는 것이다. 나는 역사학자도 지리학자도 아니기에 건축으로 문화를 이해하려 한다. 그저 '그 장소를 가면 그 문화를 풍경으로 그릴 수 있다'는 인간의 재주를 믿을 뿐이다.

라틴아메리카의 거대 공간과 깊은 시간을 앞에 두고, 어리둥절해진 나에게 그곳을 어떻게 읽을 것인가는 처음부터 문제였다. 가장 쉬운 방법은 도시의 지리를 따르는 것이지만, 그러기에는 중첩된 시간이 많다. 다시 말해 공간적으로 보느냐, 시간을 따라 읽느냐를 선택해야 했다. 중남미는 지역으로 나눠볼 수도 있고, 대륙을 총체적으로 볼 수도 있다. 라틴아메리카 전체는 일시에 식민지가 되고 대체로 일거에 독립되었다. 독립운동은 국경이 없고 혁명은 공시적이었다. 지역마다 토착성의 차이에도 불구하고 중남미는 몇 가지 상수로 뭉뚱그려볼 수 있는 자

Cent

성磁性이 있다. 현재 중남미의 국가들은 'Pre-Columbia'의 원주문화로 엮어지며, 스페인-포르투갈 언어권이고, 모두 식민지 경험을 가지고 있으며, 한순간에 대륙 전체가 독립되고, 모두 함께 근대화를 시작한 특성을 가지고 있다. 나는 이 문화의 바다를 열세 개의 조각 그림으로 꿰매기로 하였다.

궁극적으로 이들을 쌓아놓고 보면 라틴아메리카의 입체 그림이 될 것으로 기대한다. 간이한 방법이지만, 통시적이며 공시적인 투시도를 그릴 셈이다. 이 열세 개 문화의 장면은 주로 멕시코·페루·칠레·브라질·아르헨티나·우루과이 등을 배경으로 그려진다. 토착 문화—식민지 문화—독립과 근대화 그리고 현재를 시간 축으로 대륙의 공간을 겅중겅중 다니게 될 것이다. 이 기행의 시점은 2007년에서 2009년이며 훨씬 뒤에 이 책을 읽는 독자들은 문화의 시차를 느낄 수 있다.

이 연구 기행을 보고함에 있어 가급적 시각적 증거를 대기 위해 사진으로 말하고자 했다. 출처를 따로 밝힌 사진 이외에는 모두 나 자신의 두 발로 촬영한 것이다. 글을 쓰면서 빈곤한 지식이 걱정이었지만 원어 기술 또한 문제였다. 주로 스페인어와 포르투갈어를 쓸 터인데, 현지에서 듣던 소리와 우리의 외래어표기법이 다르다. 예를 들어 우리는 리우데자네이루라고 하지만 거기에서는 히우데자네이루이고 우리는 쿠스코라고 쓰지만 거기서는 꾸스꼬이다. 된소리를 피하는 것은 우리의 구강구조를 게으르게 하는 일이다.

진정한 세계주의는 영어권 문화에 치우치는 게 아니고 지역마다의 차이를 분명히 아는 일이다. 여하튼 이번에는 국립국어원의 외래어표

기법을 따랐다.

  대륙을 관조하면서 시선이 자꾸 건축으로만 가는 것은 직업적인 관성 때문에 어쩔 수가 없었다. 그래서 이 문명기행도 건축에 비해 사람과 문물을 소홀히 다룬 경향이 있다. 다만 어느 시대나 건축과 도시가 사회의 문화를 대신 말한다는 믿음은 여전히 분명하다.

  이 책이 나오기까지 여러분에게 많은 신세를 졌다. 브라질의 안세준 씨, 페루의 지수일 씨, 멕시코의 오필헌 씨가 까다롭고 어려운 여행에 든든한 여행 코디네이터가 되어주었다. 이 기행을 정리해주고 발표 지면을 허락해준 월간 『플러스』의 이재성 편집장에게 고마운 마음을 전한다. 무엇보다 화롯가에 떠돌다 말았을 이야기를 한 권의 책으로 엮어준 한길사 김언호 사장님에게 감사드린다. 허술한 원고를 다듬어주고 근사하게 편집해준 박희진, 한향림, 김지희 씨를 비롯한 한길사의 여러 책의 장인들께 경의를 표한다.

2010년 10월
박길룡

5　책을 내면서 | 복합과 모순의 숲, 라틴아메리카를 가다

1 뜻도 방법도 모르는 사실

28　대지 위의 미스터리 나스카 선화
34　나스카가 하늘에 보내는 신호
39　모아이와 돌하르방
46　모아이 군상을 찾아서
54　고도를 기다리며

2 누가 신세계를 발견했다 하는가

64　잉카의 유구한 역사 지층
68　돌로 만들어진 요새의 도시 쿠스코
81　흙벽돌의 도시
92　미라는 살아 있다
97　달과 태양과 죽음의 길 테오티우아칸
98　종교 의례를 위한 도시 건축
108　아스텍 문화를 그리다
114　마야 문명의 숲을 거닐다
118　올메카의 흥미로운 유산, 거대 두상

120 카리브의 마야 유적 툴룸
127 숲의 바다 코바에서 찾은 마야
140 고전기 마야를 대표하는 치첸이트사
151 최고의 마야 양식 욱스말
167 마야 문명을 해독하다
185 보남팍 마야가 남긴 채색벽화의 화려함
189 끝나지 않은 마야 이야기

3 하늘을 닮은 땅

196 물 위의 땅 티티카카 호수
208 안데스의 주름 마추픽추 가는 길
215 고원에 새겨진 건축
235 여름 도시의 비밀

4 인디헤나에 라틴을 칠하고 근대를 덧바르다

246 스러지는 잉카
255 식민 도시 쿠스코
263 늪의 도시 멕시코시티
269 문화의 덧칠이 역력한 현장

5 라틴아메리카 가톨릭, 이단의 경계에 서다

286 기독교와 토착 신앙의 변주곡
291 아픈 역사, 아프로-브라질 문화의 형성
303 남미 성당의 검은 성모상
311 아프로-브라질 문화에 빠진 현대미술

6 라틴아메리카 바로크를 만나다

322 유럽의 바로크를 모방하다
334 변방의 바로크: 외관은 간소하게, 내장은 화려하게
342 로우-바로크와 건축가 리스보아

7 콜로니아, 식민의 상처를 딛고 일어서다

364 스페인과 우루과이 사이, 콜로니아
366 낭만이 된 식민의 잔재
378 하느님과 만나는 길은 신분에 따라 다르다
387 아시엔다, 착취 그 후의 이야기

8 죽음의 문화

406 죽음과 삶의 경계를 허무는 축제

415 공동묘지의 미학

431 밝고 경쾌한 미라박물관

9 빈민의 미학

438 프라다를 입은 악마 리우데자네이루

444 파벨라에서도 브라질의 하늘은 맑다

10 혁명의 뒷길에 그라피티를 그리다

456 역동적이고 강렬한 멕시코 벽화

474 미술로 도시에 활기를 불어넣다

482 어둠의 꽃, 밤의 그림

11 혁명은 아직 끝나지 않았다

492 복잡다단한 라틴아메리카 독립사

501 전설이 된 영웅들

509 민중의 투쟁은 길 위를 흐르고

521 조용한 혁명 엘 시스테마

12 건축에 드리워진 정치의 그늘

528 예술 또는 프로파간다

538 국민영웅이 된 건축가 오스카 니마이어

548 거대한 건축의 도시 브라질리아

13 아열대 모더니즘

578 거칠지만 힘찬 브라질 모더니즘

587 형태를 버린 멕시코 모더니즘

597 차이의 가치를 말하다

610 천천히 걸으면 세상은 충분히 넓다

615 참고문헌

617 이 책에 실린 유네스코 세계문화유산

619 찾아보기 건축

627 찾아보기 인물

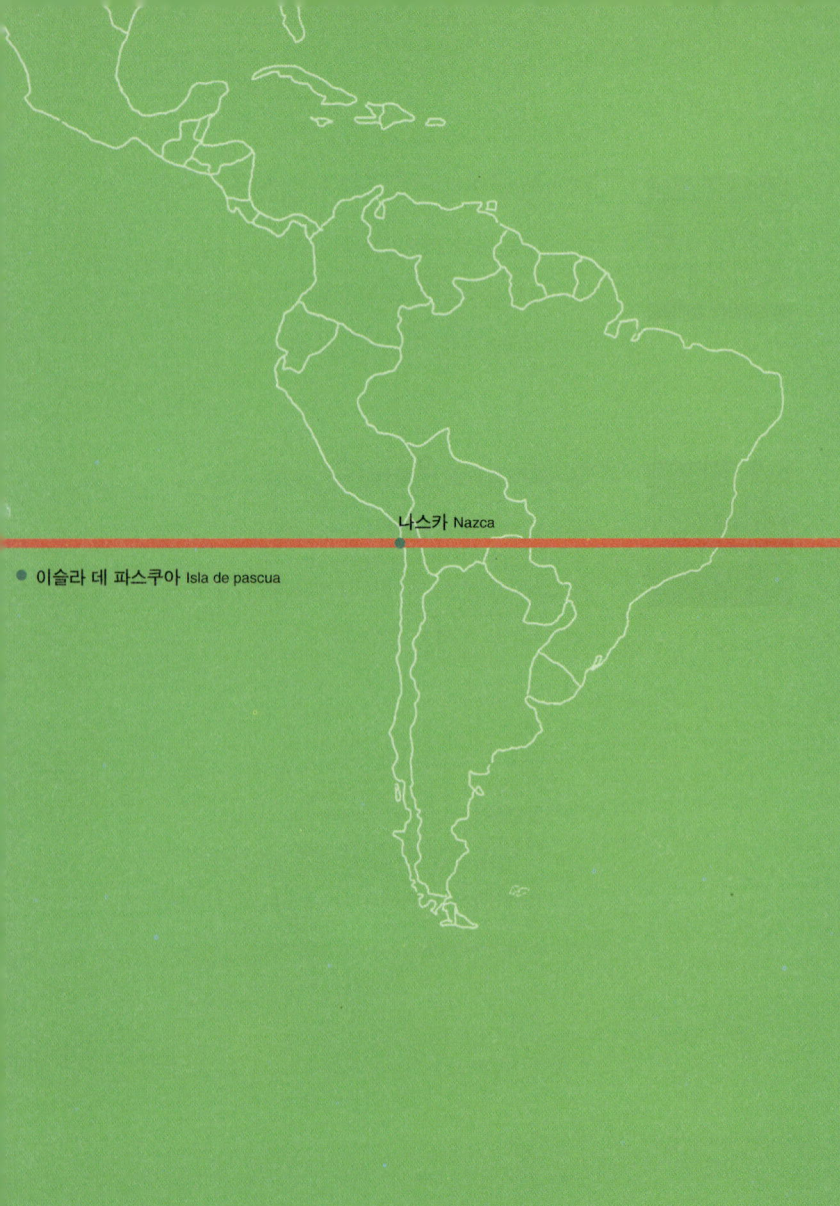

나스카 Nazca
● 이슬라 데 파스쿠아 Isla de pascua

그들은 하나같이 무엇을 보고 있다. 바다를 등지고 육지를 향해 있기도 하고, 육지를 등지고 바다를 응시하기도 한다. 여하튼 두 방향 중 하나인데, 모두 먼 곳을 뚫어지게 바라본다. 부릅뜬 눈, 비죽이 내민 턱과 입, 배 앞에 모은 두 손, 꼼짝 않는 그 자태. 분명히 올 것이 있는데 아직 오고 있지 않은 무언가를 묵묵히 기다리는 것만 같다. 사무엘 베케트의 '고도'가 그렇듯, 그들이 기다리는 '고도' 역시 분명하지 않다. 기다림은 종교이다. 도래의 보상이 전제되지 않을 수 있다.

1 뜻도 방법도 모르는 사실

대지 위의 미스터리 나스카 선화

건축이나 장소의 문화라고 해서 모든 것이 분명한 것은 아니다. 오랜 시간 동안 사연은 잘 전해지지 않고 불쑥 물건만 건네받았다가 미몽에 빠진 채 바라보게 되는 유산이 많다. 남미에는 이렇게 고스란히 묻혀 있다가 한참 나중에야 드러난 역사의 쇼가 많다. 먼저 페루의 나스카Nazca와 칠레 이스터 섬의 석상군을 만나러 간다. 나스카는 페루 남부 지방에 외따로 떨어져 있어 접근이 편하지 않다. 대개 리마에서 자동차로 출발해 하루 일정을 쓰거나, 더 바람직하기로는 나스카 인근의 이카Ica에서 하루 이틀 묵으며 접근을 시도하는 게 좋다. 왜냐하면 날씨의 변덕을 염려해서다. 이스터 섬은 접근이 더 어렵다. 칠레의 산티아고에서 비행기로 대서양을 건너 네 시간 걸린다. 그래도 이스터 섬을 찾는 사람이 많아 관광 인프라는 잘 발달되어 있다. 이스터 섬에 내리면 대중교통이 없으니 자동차를 빌리는데 사륜구동이면 좋다. 섬이 넓지 않아 반나절이면 일주하지만 곳곳에 박혀 있는 유적들 근처 도로 사정이 좋지 않기 때문이다. 날씨를 염두에 둘 필요는 없다. 아열대의 대서양 가운데 섬은 비가 와도 기분은 청명하고, 그 비도 두세 시간이면 태양에 곧 제압당하고 만다.

나스카 선화線畵는 도대체 누가 그렸는지도 모르고, 어떻게 그렸는지도 모르고, 왜 그렸는지도 모른다. 그러면서도 엄연한 눈앞의 사실이니 불가사의라 할 뿐이다. 이 전설적인 그림이 기원전 900년~기원후 900년, 더 넓게는 기원전 5세기~기원후 13세기의 것이라 추정하는데, 근

2000년 동안이니 문화사적 연대치고는 너무 막연하다. 고대 나스카 시대기원전 100년~기원후 900년에 그려졌으리라는 증거를 당시 도자공예의 유사한 문양에서 찾지만 스케일의 차이가 크다. 나스카 문화는 마야Maya 보다는 선배 문화이며, 파라카스Paracas 문화와 와리Wari 문화 사이에 존재하지만 나중에는 잉카의 큰 줄기 안에 들어간다. 굳이 시간적 스케일을 비교하자면 로마 시대에 걸친다. 나스카 문화는 도자공예가 뛰어나며, 보석과 금속공예도 개성적이다. 나스카 선화가 그려진 땅은 보통 사막이라고 하지만 모래가 흐르는 땅이 아니고 표면이 단단한 황무지와 같다. 선조線彫의 그림은 음각인데 연 강우량이 12밀리미터가 되지 않는 건조한 기후와 철광석과 미네랄 함유가 높은 토양 덕택에 그 장구한 시간을 견딜 수 있었다.

나스카의 선화를 볼 수 있는 수단은 두 가지이다. 나스카 마을에 들어서기 전에 전망대가 하나 있어 쉽고도 가까이 이 스케일의 미학을 접할 수 있다. 두 번째는 나스카 공항에서 관광 상품이 된 경비행기를 타는 방법이다. 다만 비행기가 뜨느냐 마느냐는 하늘과 바람 마음대로다. 사막은 친절하지 않아서, 몇 시간 또는 하루 이틀을 기다려야 할지도 모른다. 가끔 바람이 흙먼지를 쓸고 가는 땅은 회갈색의 불모지이다. 대지 위에 펼쳐진 나스카의 그림은 선묘線描인데, 우선 그 스케일에 놀라고 두 번째는 기하학적 치밀함에 기가 찬다. 그 뒤에 따라오는 경악은 그것이 1000년 전의 사실이라는 점 때문이다.

그림들은 주제가 분명한 것도 있고 기하학적인 추상도 있다. 화제畫題인 범고래, 콘도르, 거미, 원숭이, 개, 오리, 사람, 손, 나무 등은 그 지

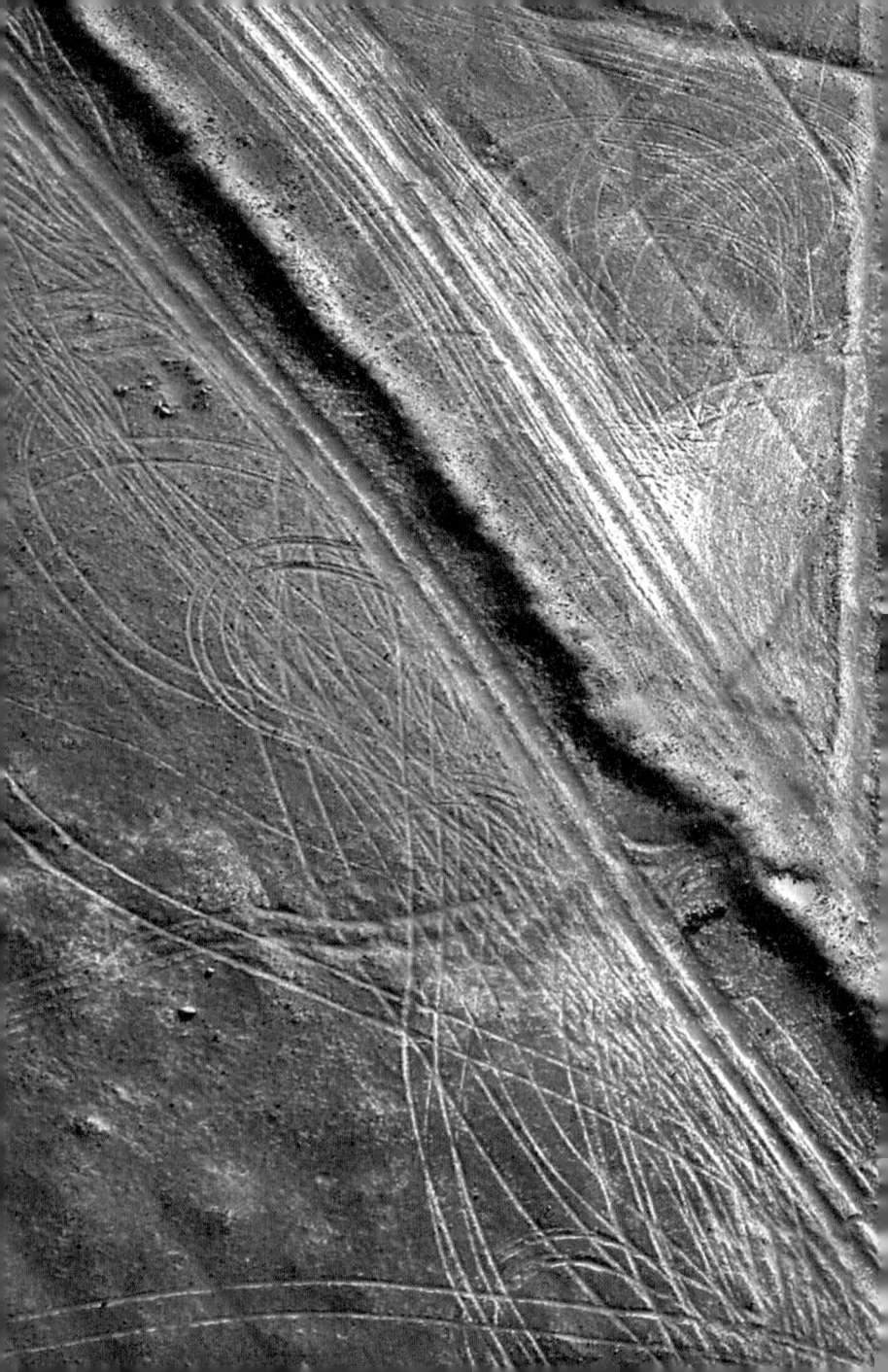

역에서 익숙한 소재이다. 형상에 따라 사람들이 이름을 붙였는데 자연스러운 것도 있지만, 어떤 이름은 자의적이기도 하다. '우주인'이나 '다산' fertility은 웃자고 붙인 이름 같고, 별·비·해시계·트라이앵글이나 페냐 서클 La Peña Circle 등은 너무 작위적이다. 당시에는 흔했던 묘사라도 지금의 시선으로 보니 이해 안 되는 주제가 많다. 한마디로 현지에서 부르는 명칭에 의미를 둘 필요는 없다. 그렇다고 이러한 소재를 그냥 닥치는 대로 그린 것은 아닐 것이고, 미학적으로 어떤 상징체계를 내포하고 있었을 것이다.

대개 고대 예술은 경제적으로 여유가 생기고, 그 잉여의 힘이 예술의 동인 動因으로 작용해 발전한다. 아니면 통치자가 내세우는 정치적 상징성을 위해 이용된다. 이집트, 메소포타미아, 고대 중국의 절대자 문화가 그랬다. 척박한 나스카의 농경 경제에서 어떤 여력이 있어 순수한 감성미학이 발전했을 것 같지는 않다. 다시 말해 이것은 여흥으로 이루어진 것일 리가 없다. 종교적이거나 어떤 신적 존재와의 교신을 위한 것일지 모른다.

카우아치 Cahuachi라는 작은 신전을 나스카의 유적이라 하는데, 그 스케일이 너무 작다. 그러니까 나스카 인들은 건물로 지어진 신전 대신에 대지의 신전을 만든 것이 아닐까. 하기야 신이 사람과 닮아서 신전이 지붕-벽-바닥의 공간을 필요로 한다는 것은 우리의 착각일 것이다. 신은 공간과 장소에 있지만, 결코 지붕이나 벽을 필요로 하지 않는다. 필자가 나스카 신의 대변인은 아니지만, 신은 사람들이 생각하는 것처럼 그렇게 답답한 존재가 아니다. 이집트 신전, 그리스·로마 신전, 불교

◀ 나스카 선묘. 기하학 그림 사이에 보이는 거미는 비교적 구체적인 형상으로 묘사되었는데, 머리와 엉덩이가 선명하고 다리가 여덟 개다. 이 땅의 그림들은 안데스 산맥 아래 아타카마 사막의 건조한 성질 때문에 오랜 시간 훼손되지 않고 견디어주었다.

사찰, 힌두사원, 기독교 회당 모두가 사람이 그린 신적 존재감의 건축적 표현일 뿐이다.

현장에 가기 전에 우리는 몇 가지 사항을 확인하고 넘어갈 필요가 있다. 이 아마추어 고고학 탐정이 만든 사전 질의는 다음과 같다.

① 나스카 인들은 최소한 원시적인 기구라도 이용해 비행할 수 있었는가. ② 그들은 레이저 측량 기구를 사용할 수 있었는가. ③ 그들의 작업 인력은 어떤 방식으로 운영되었나. ④ 그들이 사용한 굴삭기는 어떤 형태인가. ⑤ 미니멀 미학은 이들에게 어떻게 전수되었는가. ⑥ 그들은 왜 갑자기 이 작업을 끝내고 사라져버렸나.

이것들은 나스카 인들이 역사에 남기고 간 퀴즈이기도 하다.

대지를 활용한 예술 양식과 스케일의 미학이라는 점에서 현대의 환경 설치미술가 크리스토 자바체프Christo Vladimirov Javacheff가 떠오른다. 그러나 나스카 인의 도구는 아주 궁색한 돌망치였을 것이고, 현대미술은 온갖 첨단기술을 구사한다. 거기에서부터 두 미술 사이의 차이가 확연해진다. 언젠가 현대 호사가들이 이 대지의 그림을 재현하려고 (쓸데없는 일 같지만) 시도했는데, 축소 도면을 현장의 땅에 확대하는 방법으로 구현했다. 그러나 2000년이라는 시간의 간격이 현재의 방법을 계면쩍게 한다.

나스카 선 그림은 오래전부터 사람들에게 노출되어 있었지만, 그것은 '너무 커서 감추어진' 사실이었다. 이 그림이 사람들 눈에 구체적으로 들어온 것은 20세기가 되어서이다.

나스카가 하늘에 보내는 신호

1910년 막스 울레Max Uhle가 나스카 선묘에 관심을 기울인 이후, 이어서 1926년 토리비오 메히아 세스페Toribio Mejia Xesspe가 연구를 시작한다. 1939년부터 미국 롱아일랜드 대학의 폴 코삭Paul Kosok 교수가 본격적인 복원 작업을 수행했다. 그는 페루 해안의 고대 관개시설을 연구하러 왔다가 이 선들이 단순한 자연의 자국이 아님을 알아차린다. 항공 촬영으로 선들의 전모가 분명해지면서 이 사실을 세계에 알렸다. 1959년 그의 조수였던 마리아 라이헤María Reiche, 1903~98가 이 일을 계승하는데 그녀는 이 광야의 복원 작업에 온 생애를 바쳤다. 두 사람의 만남은 참으로 복합적이다. 브루클린 필하모닉의 지휘자로 활동했던 토목학자와 잉카 문화에 매료된 수학자의 결합이기 때문이다. 1998년 그녀는 발굴작업으로 망가진 몸으로 눈을 감는다.

장님 코끼리 다리 만지기처럼 지상의 그림은 사람들에게 아무런 의미도 전달하지 않고 그 의미를 상상하는 것조차 어렵다. 그동안 연구자들의 해석도 정설이 없었다. 당시 나스카 인들이 비행하기는 어려웠을 것이고 주변에 특별히 높은 산이나 절애絶崖가 있어 이 모든 그림들을 조망할 기회가 있었던 것도 아니다. 간단히 말하여 그들은 볼 수도 없는 그림을 그린 것이다. 이 그림들은 사람들에 의한 사람들을 위한 것이라기보다는 일단 하늘의 존재에게 던지는 기호이다. 상상력을 발휘해보면 여러 갈래의 추리가 가능하다.

메히아의 1929년 학설은 이 그림이 기우祈雨를 위한 주술이거나 종교적인 이유로 그려졌다는 주장이다. 그럴듯한 것이 물이 간절한 상황이었고, 이 대지의 그림이 전적으로 하늘을 향한 것이기 때문이다. 최근에는 수자원을 가리키는 표식이라는 학설이 유력하다. 코삭 교수는 천문학적 목적이라고 보았다. 라이헤의 의견도 비슷하다. 라이헤는 이 그림이 천문학 달력이라고 주장했다. 그러고 보면 직선들은 태양과 달과 별의 행도이고 동물과 기하학적 형상들은 별자리 같기도 하다. 그녀는 나스카의 척도가 따로 있음을 밝혀냈다. 그녀는 드레스덴 대학에서 기하학을 전공한 수학자인데, 페루의 고대 문화에 매료되어 모든 것을 다 던지고 리마에 들어왔다. 그리고 이 거대 도형을 채집하는 데 그녀의 기하학 능력이 발휘된다.

1932년 페루 정부가 건설하던 판아메리카나 태평양연안고속도로가 이 그림의 땅을 가로지른다. 정부의 무관심으로 선묘의 훼손은 가속화되어간다. 이를 그야말로 땅에 드러눕다시피 하며 저지한 사람이 마리아 라이헤이다. 그녀가 이 선묘를 발견하고 발굴 작업에 고군분투한 기록이 마리아 사이트 박물관에 보관되어 있다. 박물관의 규모는 초라한 농가 수준이다. 그럴 수밖에 없는 것이 그녀가 거처이자 작업장으로 사용하던 헛간을 박물관으로 꾸몄기 때문이다. 1994년 유네스코는 2000년 시간의 풍화를 견딘 나스카 선화를 세계문화유산으로 지정했다.

미적 쾌감에서 '크기'는 그 자체만으로 시형식視形式, seh-form이 된다. 그런데 크기라는 것, 즉 '크다'와 '작다'는 것은 상대성으로 인식되게 마련이다. 어떤 사물이 크다는 느낌을 주기 위해서는 그것의 척도가 될 준거물이 있어야 한다. 그런데 이 사이트에서는 시각적 준거가 될 만한 것이 특별히 없다. 그냥 벌판이거나 벌거숭이 야산의 지형이니, 과연

대지는 척박한 황무지이지만 거대한 하나의 화폭이다. 그림이 그려진 면적은
대략 350제곱킬로미터에 달한다. 그런데 인류의 도구 사용의 역사를 생각한다면,
그들이 손에 쥔 것은 돌도끼나 청동 곡괭이 정도였을 것이다.
여하튼 이 문명은 대규모 인력을 동원할 수 있는 막강한 지배세력이 일궜을 것이다.
사진 중앙에 사람이 두 손을 치켜든 형상은 어떤 의미의 몸짓으로 보인다.

판아메리카나 태평양연안고속도로 옆 전망대. 이 간소한 전망대는
마리아 라이헤가 대지를 관찰하던 작업대였다. 라이헤는 나스카 선 그림 발굴에
인생의 절반을 바쳤다. 그녀는 온갖 병고에 시달리다가 1998년 난소암으로
세상을 떠나며 이곳에 묻혔다. 이 지역은 후마나 평원Pampas de Jumana과 함께
1994년에 유네스코 세계문화유산에 등재되었다.

크다고 느낄 만한 상대적인 척도물이 없다. 이러한 환경에서 나스카 그림이 크기의 미적 체험을 제공하기 위해서는 그냥 큰 것이 아니라 엄청나게 크지 않으면 안 된다. 크기에는 대단히 큰 것, 매우 큰 것 등 여러 가지 표현이 있지만, 나스카 선화의 크기는 불가사의하다. 짧은 선은 4미터짜리도 있지만 가장 긴 것은 10킬로미터에 달한다.

묘사의 스케일이 그렇고, 정확한 평행성과 기하학적 도형성은 이 선묘의 제작자들이 원근법과 투시도 효과를 알고 있었음을 보여준다. 미술의 기법 중 평면은 가장 원초적인 방법이다. 입체와 공간예술에 비해 평면 조형은 감상자와 그림의 소통을 단순하면서도 즉각적인 긴장 관계로 만든다. 엄밀히 말해서 나스카 선묘는 그린 것이 아니라 조각한 것이다. 비록 낮은 음각이지만, 만든 사람들은 이 결과가 영원히 남겨지기를 바란 것이다.

무엇을 남기는 행위는 기록적이며 기념비적이다. 이러한 시형식은 페루는 물론 고대 남미 미술의 어디에서도 다시 등장하지 않는다. 이 예술 형식이 왜 전승되지 않았는가도 의문이다. 갑자기 씨족이 전멸한 전쟁이 있었던 것도 아니고, 감당 못할 자연재해가 있었던 것도 아니다. 의문이 짙어지면 자꾸 외계 존재의 행위 쪽으로 생각이 기울어지지만, 그건 참 무책임한 추측 같아서 곧 지워버린다.

선은 대개 10~20센티미터 정도의 깊이로 패어지고 폭 20~30센티미터로 달리는데 마모가 가속되고 있다. 오랜 세월에 걸쳐 풍화되었기에 처음 어떤 디테일이 있었는지는 모르지만, 장대한 스케일을 위해 묘법을 최소화한 것만은 분명하다. 거친 돌로 된 땅에 새긴 선묘이기에 세부묘사가 소용없다. 때문에 모든 묘법은 미니멀하다. 구체적인 형상이 있는 그림도 윤곽선으로만 묘사되었다. 그보다 놀라운 것은 거대한 스케일로 끝없이 지속되는 평행선들, 대담하게 땅을 가로지르는 사선들의 미니멀한 언어이다.

이 선묘를 남긴 나스카 사람들은 현장에 어떤 건축적 유구도 남기지 않았다. 처음부터 집이나 마을이 존재하지 않았다는 것은 납득되지 않는다. 우리는 이집트가 대 건업을 위해 미술가들이 거주하는 공방을 마을 규모로 만들었다는 것을 알기 때문이다. 멕시코 테오티우아칸 건설도 마찬가지다. 이 광활한 벌판 어디에서 이곳으로 출퇴근한다는 말인가. 고고학의 과제이지만, 마을이나 촌락이 어딘가에 묻혀 있을 것이다. 현재로서는 나스카 남서쪽 사막의 차우칠라Chauchila 묘지 유적과 팔파Palpa 계곡의 발굴 결과를 기다릴 뿐이다.

모아이와 돌하르방

누가 만들었는지는 추정되지만, 왜 만들었는지는 모르는 것이 이스터 섬의 석상군 모아이이다. 3500년 전쯤 모험심이 강한 폴리네시안이 쪽배를 타고 바다로 서진西進하여 이 섬을 발견하고, 500년경부터 원주민의 역사가 시작되었다고 한다. 섬은 그리 크지 않으나 야자수가 우거진 아열대 기후에서 평온한 삶이 계속되었다. 이 망망대해 가운데 떠 있는 조용한 고도孤島에 기어이 백인이 상륙한다. 1722년 네덜란드의 로헤벤Jakob Roggeveen이 남태평양 가운데에 미지의 섬이 있다는 소문을 사실로 확인한다. 로헤벤과 선원들은 호기심에 가득 찬 원주민들과 조우하고 이 처녀의 땅에 오른다.

　서로를 괴이하게 보는 이 어색한 만남은 소통의 부재와 문화적 차이 때문에 충격으로 마무리되고, 10여 명의 주민이 살해되었다. 백인과 원주민의 초기 조우는 당혹스러운 장면으로 묘사된다. 원주민은 백인의 배에 올라 '무례한' 행동을 한다. 몸을 만진다든지, 물건을 가져간다든지, 안하무인처럼 행동했다고 기록은 전한다. 그러나 이 무례함은 레비-스트로스가 지적하듯, 서양인이 모든 문화를 자기 중심으로 이해하는 시선의 문제였다.

　원주민의 행동은 자신들의 습속에서는 자연스러운 일이었을 것이다. 신체의 접촉, 소유의 불명확함, 춤이나 행위의 언어를 모르는 서양인의 시선으로 보았을 때 '야만적'이었을 뿐이다. 백인들이 전염병으로 이 청정한 섬을 추악하게 만들어 인구가 격감하던 차에 노예사냥마저 시작된다. 섬은 무주공산이 되어버리고 역사에서 잊혀졌다. 만약 런던 인류학박물관에서 라파 누이의 석상을 보게 되면, 그것이 정복과 욕망의 야수성이 자행한 결과임을 상기하기 바란다.

　이 섬이 유럽세계에 노출되면서 각국이 집적거린다. 1770년 스페인의 펠리페 곤잘레스 Felipe González가 섬에 상륙하고, 스페인 사람들은 이 섬을 산 카를로스라고 불렀다. 1774년에는 영국의 제임스 쿡 James Cook이 섬에 오른다. 탐험가이자 항해사이며 지도 제작자인 쿡 선장은 세 차례의 태평양 대항해를 통해 오스트레일리아, 하와이 제도, 뉴질랜드를 유럽인으로서는 최초로 항해했다. 1786년 프랑스의 라 페루즈 La Pérouse가 이 섬에 눈독을 들이고, 서양의 발길이 뒤를 이으며 주민 납치와 갖가지 잔혹행위가 벌어진 끝에 섬은 망가지기 시작한다. 전염병과 노예사냥으로 사람들은 전멸하고 그나마 남은 기록은 불쏘시개가 되거나, 이단의 이름으로 재가 되어 역사는 미궁으로 빠진다.

 1860년대 가톨릭은 이 섬에서 선교를 시작한다. 1864년 외젠 외로 Joseph Eugène Eyraud 수사가 이곳에 정착하는데, 적대적이며 끈질기게 서양 종교를 거부하던 섬사람들은 선교 2년 후 모두 기독교로 개종했다. 그 해 한 프랑스 투기꾼이 교회와 마찰을 일으키고 섬을 사유화한다. 물론 섬의 복지를 위해 애쓴 백인이 없는 것은 아니어서, 뒤트루 보르니에 Jean-Baptiste Dutrou-Bornier 등은 식량 자급과 삶의 질 향상을 위해 애썼다.

 섬은 1888년 칠레에 병합되는데, 지리나 인종 구조로 보아 칠레에 대한 소속감은 정치적일 뿐이다. 마침 부활절에 발견되었다고 하여 이스터 섬이라고 부르던 것이 그냥 굳어버렸다. 이 날은 섬에게 부활이 아니라 쇠망이 시작된 날이니 허무한 이름이다. 그러니 이곳 사람들의 부름대로 라파 누이라고 불러야 한다. 그러나 이마저도 토착민이 부르던 이름은 아니고, 19세기 타히티 사람들이 지칭하던 것이다. '라파Rapa 섬'에 나중에 '큰' Nui이라는 수사가 붙어 라파 누이이다.

 섬 전체가 화산의 결과물이기에 토질이 척박하고 60여 개의 크고 작은 분화구가 있다. 삼각형 모양으로 생긴 섬의 면적은 166제곱킬로미터인데, 자동차로 쉽게 오갈 수 있는 거리에 유적들이 산포되어 있다. 섬의 유일한 마을인 항가 로아Hanga Roa 주변과 간선도로를 제외하고는 비포장도로이니 사륜구동차가 필요하다. 모아이 석상들은 대개 군상群像이지만, 거리를 두고 섬의 여러 지역에 자리 잡고 있다. 아마 당시 원

주민들은 걸어갈 수 있는 거리를 간격으로 작은 마을들을 만들었을 것이다. 마지막 사회는 열아홉 개의 부락이었다고 기록에 남아 있는데, 아마 부족 거주지 간의 거리가 곧 석상군 사이의 거리일 것이다. 섬의 토양이 척박하니 농경은 형편없는 소작이었을 것이고, 고기잡이가 주요 먹거리 수단이었다.

섬의 기록에는 닭이 자주 등장한다. 백인들이 도착했을 때 이미 닭장이 있었다니 가축을 키웠을 것이나, 그 공급량은 대단하지 않았던 모양이다. 이 궁핍한 환경에서 석상들을 구축한 열정에는 뭔가 대단한 목적이 있지 않았을까. 석상은 화산석이며 그것을 다루는 도구는 현무암 석기 수준을 넘지 못했다. 마침 섬에서 채굴되는 흑요석은 날카로운 켜를 가지고 있어 칼, 도끼 등을 만드는데 안성맞춤이다. 섬에는 약 900구의 모아이가 있다고 하는데, 말하는 사람에 따라 그 수가 들쑥날쑥한다. 그럴 수밖에 없는 게 축구공만한 두상에서부터 7층 높이의 거구와 미완성 모아이까지 있으니 셈이 어렵다. 입상의 모아이는 작은 게 1미터 남짓이고 큰 것은 21.6미터에 이른다.

모아이의 모델과 원주민의 원류는 의외로 우리 가까이에 있는지 모른다. 고고학자 김병모 교수가 추적한 고인돌 문화와 제주도 하르방 조형의 연대기가 중요한 단서가 될 수도 있다. 김 교수에 따르면 돌하르방은 제주도·인도네시아 발리·폴리네시아에 널리 분포한 거석문화이다. 이 해석을 좀더 확장해보자. 이 폴리네시안이 태평양을 건너 이슬라 데 파스쿠아이스터 섬을 가리키는 스페인어에 오르고, 그들이 가지고 간 '돌하르방'의 문화가 아시아에까지 퍼졌다고 추측한다. 다만 스케일에

◀ 아후 통가리키의 모아이. 기대 위에 일렬횡대로 도열한 15개의 입상으로 전형적인 모아이의 포즈이다. 모두 바다를 등지고 한 곳을 응시하는데 뭔가를 함께 기다리는 표정이다. 한 명만이 모자를 쓰고 있고 나머지는 바닷바람에 모자를 모두 다 날려버렸다.

서는 발리의 석조가 70센티미터 정도로 그중 제일 작고, 제주도 것이 좀더 크고, 월등히 큰 것이 이슬라 데 파스쿠아의 것이다.

석상은 한눈에 봐도 우리나라 제주도의 하르방과 미학을 공유하고 있는 것 같다. 화산석이라는 부드러운 돌의 물성도 닮았다. 입상으로서의 형식이 그렇고, 두 손을 배 앞에 모은 포즈 또한 그러하다. 전체 크기는 라파 누이의 것이 월등히 크지만, 신체 중 머리의 비율이 큰 것과, 육중한 질감이 닮았다. 모자를 쓰고 있으며 거친 묘법에도 불구하고 풍부한 표정도 공통점이다.

다만 제주도의 것이 좀더 낙관적인 사람으로 보인다. 이스터 섬의 석상은 특히 아열대의 사람들이라 그런지 코가 크고 눈도 부리부리하다. 특히 눈의 표현이 적극적인데 먼 곳을 응시하는 표정의 묘사 때문이다. 눈은 크고 눈알은 불거지며 전체 석상이 암회색인데 비해 눈만은 흰자위와 검은 눈동자가 뚜렷하다. 그들의 표정은 기다림의 피곤 때문인지 우수에 찬 표정이기도 하고, 담담한 인내 뒤에 남은 너그러운 표정처럼도 보여 매우 복합적이다. 이 복잡 난해한 조형물을 인류학 탐정이 되어 분석해보자.

우선 복합적인 인상을 세부적으로 분석하고, 다시 조합하면 실상에 가까워질지 모르겠다. ① 왜 시선을 먼 곳에 두는가. ② 왜 집단적인가. ③ 왜 일렬횡대로 서는가. ④ 왜 스케일이 큰가. ⑤ 왜 신체에서 머리가 두드러지게 큰가. ⑥ 왜 눈이 강조되나. ⑦ 모자는 왜 쓰는가. ⑧ 손을 배 앞에 모은 포즈는 어떤 상황인가. ⑨ 이 조각의 모델은 누구인가.

이 아마추어 고고학 탐정의 해석은 다음과 같다. ① 뭔가를 기다린다.

② 하나보다 둘이 낫고 여럿이면 더 좋다. ③ 여럿임을 확실하게 보여주기 위해서다. ④ 바다의 스케일에 대응하기 위해서는 보통 크다고 느끼는 치수에 제곱근 정도로 커야 한다. ⑤ 몸짓보다 표정이 중요한데 이는 정신적인 이유 때문이다. ⑥ 기다리는 것을 놓치지 않기 위해 집중해서 주시하고 있음이다. ⑦ 태양빛이 강해서다. 아니, 머리에 쓰는 물건은 자고로 권위의 상징이다. ⑧ 몸체의 묘사가 중요하지 않은 이유와 통하는데 얼굴을 강조하기 위한 미니멀 미학이다. ⑨ 현지인의 모습과 상당 부분, 큰 눈, 매부리코, 문신文身이 닮았지만 딱히 실제 사람을 모델로 했다고 보기에는 너무 표현적이다. 이제 이 분석을 종합하면 모아이의 실상을 알겠는가. 잘 모르겠으면 현장을 둘러보는 것이 좋겠다.

모아이 군상을 찾아서

항가 로아는 제임스 쿡 선장이 상륙했던 위치이며, 쿡 만이라고도 한다. 이 섬의 중심도시이며 행정·숙박·상업 시설이 모여 있다. 아니, 이 섬 안에서 이런 시설을 이용할 수 있는 마을은 여기밖에 없다. 바다로 터진 대지는 평평하다가 바다에 면하면서 절벽을 이룬다. 바다를 향해 모두 여섯 기의 모아이가 있다. 기대 위에 일렬횡대를 이룬 아후 타하이Ahu Tahai 입상들은 바닷바람을 온몸으로 맞고 있다.

먼 곳을 응시하는 모아이의 눈, 좀더 멀리 보려고 목을 길게 뽑은 자태, 우리를 경멸하는 듯 불쑥 내민 입술, 그리고 깊은 사색의 눈. 모자는 원통이며 두상과는 별개로 만들어져 씌운 것이다. 그래서 강한 태풍에 모자를 날려버린 모아이들이 많다. 모자의 색조가 붉은 것은 몸체와

▶ 항가 로아. 아후 타하이. 직선 기대 위에 다섯 명의 모아이가 바다를 등지고 나란히 서서 뭔가를 기다리고 있다. 바닷바람을 직접 맞아 마모가 심한데 그 기다림의 표정은 지워지지 않는다.

는 다른 적색 화산석을 재료로 하기 때문이다. 제주도의 송이와 같은 색감이다.

이 구역에서 주거지를 볼 수 있는데, 1872년 피에르 로티 Pierre Loti, 1850~1923가 그린 스케치의 현장이 좀 남아 있다. 그 스케치에 의하면 건물은 커다란 카누 모양인데, 기다란 타원형의 평면에 목조와 갈대 지붕으로 가옥 형태가 그려져 있다. 용마루가 얹힌 장축에 점점이 기둥을 박고 거기에 의지하여 휜 나뭇가지로 연속 아치를 설치한다. 그 위에 갈대 지붕을 얹어 완성하는데 큰 것은 200명이 거처할 수 있으며 길이가 90미터는 되었다고 한다. 집의 입구는 조그맣고 기어서 출입한다. 집 안의 공간은 앉거나 누워서 생활해야 하는 크기이다. 이 온화한 기후에서 왜 폐쇄적인 형식을 취했는지 궁금하고, 거주 공간으로는 너무 빈약해 보인다. 아마 이 공간에서는 주로 밤잠을 자고, 대부분의 생활은 옥외에서 이루어졌을 것이다.

사이트에서는 몇 개 공동체의 생활 흔적을 볼 수 있는데, 그중 배처럼 생긴 타원형 건물의 평면은 배 저장소라고 한다. 그런데 로티의 스케치를 기억한다면 주택 유형이 아닌가 여겨진다. 돌로 연속 주초를 만들고 그 위에 연속하여 아치를 세운 볼트형 공간이 상상된다.

타원 앞에는 반원형의 테라스가 있는데, 집 앞에 모여 잔치를 벌이기에 마땅한 모양이다. 하레모아라는 닭집은 방형 또는 원형 평면의 석축조인데, 풀어 기르던 닭을 밤이 되면 이곳에 몰아 넣고 보호한다. 닭집을 공들여 지은 것만 보아도 이 섬에서 닭은 중요한 가축이었을 것이다. 닭은 달걀과 육류 단백질의 공급원이다. 생선과 야채와 고구마를

항가 로아의 배 저장소라 하는데, 가옥의 흔적으로 보인다.
원주민들은 긴 타원형 평면의 집을 짓고 여러 식구가 공동으로 취식을 했다.
왼쪽 타원이 실내 공간이고, 오른쪽 반달 모양이 테라스 자리였을 것이다.

플라야 아나케나는 섬에서 가장 온화한 해변가에 위치한다.
기대 위 일곱 개 입상들은 비교적 형태를 잘 유지하고 있으며,
모자도 바람에 빼앗기지 않았다.

주식으로 하지만 그 수확량이 부족해 사람들은 항상 허기졌다. 항가 로아에는 유적 복원에 헌신한 윌리엄 멀로이William Mulloy, 1917~78의 묘비가 있다. 여기가 이 고고학자가 모아이와 함께했던 고향이다.

좀더 규모가 큰 모아이 집단은 아후 통가리키Ahu Tongariki로서 기대 위에 병렬로 서 있는 열다섯 개 상과 누운 한 개 상이 있다. 앞으로는 석산을 바라보고 뒤로는 태평양을 등진 장소이다. 바다를 등지고 육지를 향하고 있는 그들은 마치 남성 합창단 같다. 이 사이트의 복원은 1996년 일본 모아이 수복위원회 협찬으로 이루어졌다. 문화 자본의 부러움. 이 모아이는 1970년 일본 오사카 만국박람회에 초대되어 해외여행을 다녀온 적이 있다.

플라야 아나케나Playa Anakena는 별다른 환경이다. 따뜻한 공기와 야자수 숲, 모래사장과 해변이 있다. 다른 사이트들이 바다 근처 낭떠러지가 있는 거친 장소에 위치하는 것에 비해 여기에서는 해수욕도 한다. 이 작은 섬 안에 또 다른 장소의 발견이라니. 아후 나우 나우Ahu Nau Nau는 기대 위 해변을 등진 일곱 개 상으로, 바람이 온화해서인지 대부분 모자를 잃어버리지 않고 있다. 잔잔한 대기 때문에 풍화가 더디고 세부 묘사도 잘 남아 있어 모아이 사이에 문신이 유행했음을 알게 한다.

아후 아키비Ahu Akivi는 바다와 상당히 떨어져 있다. 모아이가 반드시 바다의 입지를 전제로 하는 것은 아니다. 낮은 기대 위에 일곱 개의 상이 도열하여 있는데, 그들 역시 대지의 먼 곳을 응시하고 있다. 이들은 모두 모자도 잃어버렸고 눈도 잃었다. 모아이의 눈은 흑요석, 산호, 조개껍질로 만드는데, 흰자위에 조개를 갈아 바르면 상대적으로 까만 눈동자가 도드라져 눈빛이 또렷해진다. 우리의 용모에서도 눈 화장의 비중이 왜 큰지 알겠다.

휴화산인 오롱고Orongo 곶串에 오르면 조인鳥人 설화와 만난다. 17세기 경부터 모아이 신앙으로 추정되는 조인 전례, 탕가타 마누Tangata Manu는 이 섬의 연례 축제였다. 멀로이에 의해 복원된 오롱고의 모습을 보면 그 축제가 어떠했는지 상상해볼 수 있다. 큰 분화구를 머리에 얹은 화산 밑으로 깎아지른 절벽인데, 그 밑 바다에 세 개의 암초가 박혀 있다. 갈매기가 이 암초에 날아와서 산란하는데, 그해 갈매기가 낳은 첫 번째 알을 따오는 사람이 우승하는 대회가 열렸다. 참가하는 전사는 개인 자격이지만 귀족은 그가 부리는 하인을 출전시킬 수 있다. 절벽 위에서 몸을 날려 바다로 뛰어드는 담력, 수영 실력, 며칠이든 고도에서 견디는 인내력이 필요한 철인경기이다. 우승한 전사는 그해 일 년 동안 영웅으로 숭배되고, 여러 공물을 제공받았다고 한다.

선수들은 까마득한 절벽 위에서 몸을 날려 바다를 향해 비상한다. 도약 후 한참 만에야 바닷물의 포말이 코를 막는다. 깊은 바닷속 수압을 견딘 몸이 수면으로 솟구친다. 섬까지 헤엄쳐서 가야 하는데 주변의 상어를 피할 수 있는 방법은 오직 신이 허락한 요행뿐이다. 다행히 몸에는 갈대로 만든 부대浮袋를 껴안고 있다. 부대는 뾰족한 바나나 모양으로 디자인되었는데, 몸에 착 달라붙고 물의 저항을 최소화한다. 이 구명대에는 며칠간 지낼 수 있는 비상식량이 들어 있어 놓치면 안 된다.

그러나 시간이 없다. 누가 먼저 섬에 도착하는지에 따라 승부가 갈리

오롱고 조인의 전설을 회상해볼 수 있는 현장에는 연립주택 같은
주거지가 복원되어 있다. 경기 참여자들의 임시 숙소로 보이는데,
낮은 천장고와 두터운 지붕은 거센 바닷바람에 견디기 위한 디자인이다.

기 때문이다. 조인의 절벽 위에는 대회에 사용되는 숙소로 보이는 석실 53개가 연립주택처럼 늘어서 있다. 아마 임시 거주지나 쉼터였을 것이다. 출입문은 역시 좁고 천장고를 결정짓는 아치의 높이는 낮은데 재료와 기술적인 한계 때문이기도 하겠지만, 거센 태평양 바람에 대응하려면 납작 엎드려야 한다. 절벽 가에는 행사를 기념하는 기록화가 부조로 남아 있다. 모두 이 섬의 설화를 설명하는 새鳥의 아이콘들이다.

고도를 기다리며

라파 누이의 가장 극적인 장소는 라노 라라쿠Rano Raraku이다. 멀리서 보아도 이 산은 당당한 모습이다. 먼 거리에서부터 접근하면 점차 산비탈에 무질서하게 점점이 박힌 모아이들이 보인다. 좀더 가까워지면 그 방향이나 기울어진 몸의 각도가 구구각각이고 어떤 것은 아예 드러누워 있다. 마치 일대 전투가 벌어지고 난 뒤 널브러진 시신과 부상자의 모습 같다. 약 300개의 미완성 모아이가 아직 깨어나지 않고 있다. 라노 라라쿠는 이 섬사람들의 소멸 순간을 재현하고 있는 듯하다. 이 거대한 석산은 모아이의 생산 공장이었다. 그러니까 섬 도처에 흩어져 있는 석상들은 세워진 위치에서 제작된 것이 아니라 이 라노 라라쿠 석산에서 공동으로 생산되어 각 위치로 배송된 것이다.

석상을 제작하여 현재의 위치까지 수송한 일이 또 미스터리이다. 거구의 모아이는 50톤은 보통이고 최대 90톤에 달하는 것도 있다. 50톤이라면 5톤 트럭 열 대분이다. 통념상 석상을 뉘어 통나무 롤러를 밑에 깔고 밀어서 운반했을 것이라는 추정이 지배적이다. 그리고 그 운용용 통나무를 만들기 위한 주변 산림의 벌채로 섬이 황폐해졌다는 것이다.

다른 반론이 재미있다. 석상을 세워 여러 각도로 밧줄을 묶어 건덩건덩 앞뒤 좌우로 흔들며 전진하게 했으리라는 것이다. 그 증거로 몸체 밑의 단면이 수평이 아니고 둥글게 되어 있음을 제시한다. 여하튼 석산의 3분의 1쯤이 베어져 있는데, 그만한 양의 돌이 석상과 건축 재료로 쓰인 것으로 보인다. 현장은 시간을 갑자기 멈춘 정지 화면이다. 깎다가 그만두거나 옮기다가 그냥 둔 모아이들이 즐비하다. 마치 작업장에서 일을 하다가 점심시간이 되어 일꾼 모두가 일시에 손을 놓고 간 모습이다.

석상은 바위산 한 부분을 골라 조각하는데, 모습이 완성되면 떼어낸다. 모양은 다 되었는데 몸의 등짝을 바위에서 채 떼어내지 못한 사람, 내려오다가 곤두박질친 사람, 땅바닥에 아예 드러누운 사람, 허리까지 들꽃에 묻힌 사람, 잘생긴 사람 못생긴 사람, 큰 사람 작은 사람, 생기다가 만 사람 등 온갖 석상이 즐비하다. 석공들은 이 현장을 포기하고 갑자기 어디로 갔나. 모아이 석상은 입상으로서 전형성을 갖지만 인물마다 개성이 있다. 우선 스케일이 다양해서 아이만한 것에서부터 20미터짜리 거구도 있다. 시대에 따라 예배당이 커지는 것처럼 아마 부족 사람들은 자꾸만 크기에 욕심을 부려 더 큰 모아이를 만들어 신성을 크게 하고자 했을 것이다.

그들은 하나같이 무엇을 보고 있다. 바다를 등지고 육지를 향해 있는 사람들도 있고, 육지를 등지고 바다를 응시하는 사람도 있다. 여하튼 두 방향 중 하나인데, 모두 먼 곳을 뚫어지게 바라본다. 곧 기다림의 자

태이다. 그들은 도래할 무언가를 묵묵히 기다리는 것 같다. 부릅뜬 눈의 응시, 비죽이 내민 턱과 입, 꼼짝 않는 모양, 배 앞으로 모은 두 손. 분명히 올 것이 있는데 아직 오고 있지 않는 것이다. 사무엘 베케트의 '고도'가 그렇듯, 그들의 '고도' 역시 분명하지 않다. 마냥 기다리는지 모른다. 기다림은 종교이다. 도래의 보상이 전제되지 않을 수 있다.

섬사람들은 그 '고도'가 어느 방향에서, 언제 올지 모르기 때문에 온 섬 주위에 모아이 보초를 세웠다. 1000년 전부터의 '기다림'은 16세기경부터 지치기 시작하고 점차 권태를 느낀다. 그런데 정작 그들이 기다리던 것은 오지 않고, 욕망의 화신 백인들이 들이닥쳤다. 1722년 4월 5일 네덜란드 사람들이 처음 이 섬에 올라서면서 이곳을 더럽히자 그 '고도'는 이 섬을 외면하고 지나갔는지 모른다. 그래도 모아이는 부릅뜬 눈을 감을 줄 모르고 계속 기다리는데, 정작 기다림의 지시자들은 모두가 섬을 버렸다.

사실은 섬사람들이 위기를 자초한 것이다. 섬은 철저히 고립된 위치에 있고 자급자족 시스템이 무너지면 자멸할 수밖에 없다. 특히 무모한 통치자의 책임이 크다. 통치자는 더 크고 더 많은 모아이를 원한다. 그를 위해 인민의 노동력을 최대한 끌어모아야 하는데, 그들은 생존을 위한 농경보다 이 무모하고도 '쓸데없는 문화'에 노동력을 바친다.

그렇지 않아도 이 척박한 땅의 농업 생산성은 형편없었다. 토심이 얕고 거센 바닷바람에 노출된 땅에서 개발된 농사법이 있는데 '마나바이' Manavai, 즉 돌부리덮개 농법이다. 고구마가 싹이 트고 성장할 때 토심이 얕은 땅에서는 뿌리가 공기에 노출되고 만다. 이 구근을 말라죽이지 않

◀ 거대한 석산이며 모아이의 생산과 공급창인 라노 라라쿠.
　큰 돌산자락에 너부러진 미완성 모아이들은
　세상에서의 책임을 시작도 못하였다.

만들다 만 것, 거의 완성되었으나 떼어내지 못한 것, 완성되었으나
현장으로 배달되지 못한 모아이들이 무수하다.
풀숲에 누워버린 미완성 모아이를 대지의 풀꽃들이 위로한다.

라노 라라쿠 석산의 분화구.
잔잔한 호수가 모아이의 끝 모를 기다림을 달래는 듯하다.

기 위해 고구마 주변에 잔돌을 깔아준다. 그로써 그늘이 만들어지고 습도가 유지되며 바람을 막아서 얕은 토심에서도 고구마를 성장시키는 것이다. 1200년경부터 개발된 것으로 이야기되는 이 농사법은 그야말로 자연과의 투쟁에서 살아남기 위한 방법이다.

그러나 사람들은 모아이를 만들기 위해 산으로 올라가야 하고 돌밭을 가꿀 여유가 없어진다. 더 많은 모아이가 제작될수록 소출이 줄어드는 악순환이 계속된다. 모아이가 제작되면 예정된 장소로 옮긴다. 수십 톤의 무게를 옮기기 위해 수많은 통나무 야자수를 베어 운송수단에 동원한다. 야자수는 성장 속도보다 빠르게 벌채되고 섬의 기운은 소멸되어간다. 섬이 황폐화되는 것은 시간문제다. 통치자는 모아이 제작을 멈추지 않는다. 모아이가 많아질수록 사람들은 기아 상태가 되고 노동력은 저하된다. 신의 구원은 언제 올지 모른다. 이러한 사회구조에서 한번 기울어진 생산성은 회복되기 힘들다. 이 고립된 섬에서 사람들은 쇠잔해갔다. 아마 이런 연유로 식인풍습까지 생겼을지 모른다.

우리는 자주 이 '부활절 섬'을 인간이 저지른 환경파괴의 결과로 인용한다. 유럽인들이 이 섬에 올랐을 때가 최악의 상태였을 것이다. 한때 노예로 잡혀가거나 타의로 섬을 떠났던 이주민이 다시 고향으로 돌아오며 현재의 섬 인구를 형성했다. 그들은 초콜릿색 피부, 훤칠한 키, 잘 발달한 가슴, 커다란 눈, 뭉뚝하고 큰 매부리코 등 전형적인 폴리네시안의 인상이지만, 훨씬 굳건한 체구를 가지고 있다. 그들은 모아이를 만든 사람들의 후손이라는 사실에 자부심을 갖고 있다. 이 섬 전체는 1995년 유네스코 세계문화유산에 등록되었다.

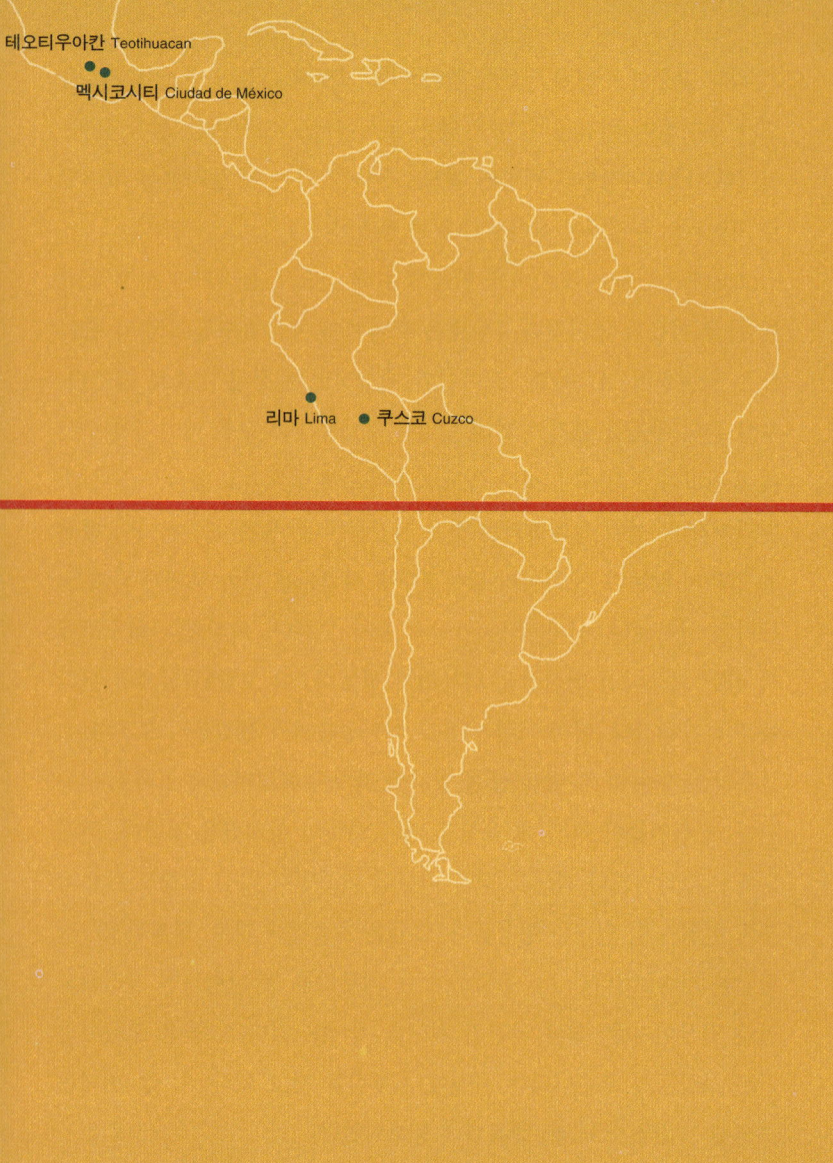

테오티우아칸은 한계를 넘은 부족의 인구밀도, 식량의 고갈과 영양부족, 오물의 범람과 수질 오염으로 파국으로 치달았다. 통치자는 신탁을 달래기 위해 더 많은 피를 갈구하게 된다. 그다음 혁명과 같은 모반이 일어나 황실을 뒤엎어버리고 남은 인민은 뿔뿔이 흩어졌을 것이다. 신전에서 방화의 흔적이 보이는데 반란과 폭동의 방화인지 또는 통치자가 의도한 화재인지 해석이 구구하다. 아니면 모두가 공멸하고 말았는지도 모른다. 광야의 바람은 이 우둔한 제국이 부끄러워 먼지를 싣고 와 덮어버리고 말았다. 이것이 테오티우아칸 최후의 시나리오이다. 이 시나리오는 현재 지구 어느 곳에서도 재연될 수 있다. 종교의 맹목성이 그렇고, 환경파괴와 부도덕의 팽배, 지도자의 오판, 너 죽고 나 죽자는 막가기가 그렇다.

2 누가 신세계를 발견했다 하는가

잉카의 유구한 역사 지층

중남미의 역사 기술에서 두 가지 용어가 잘못됐다. 바로 '신대륙'과 '발견'이라는 말이다. 중남미를 '신대륙의 발견'이라고 하는데, 그곳은 이미 사람이 사는 땅이었으며, 문화가 엄연히 존재했다. 대륙은 원래부터 거기에 있었으니 새로울 게 없으며, 문화 또한 가꾸어왔으니 새삼스럽게 발견이라 해서는 말이 안 된다. 중앙아시안이 베링 해를 넘어 북미에 도착한 것이 기원전 3만 년경, 남미에 정착한 것이 기원전 1만 년이다.

이들 인디오의 얼굴에서 아시안의 모습이 직관적으로 겹쳐 보이는 이유다. 이들을 통틀어 인디오라 하지만, 크게 안데스 문명권과 마야 문명권으로 대표된다. 안데스 문명권인 잉카Inca는 페루와 칠레 북부에 걸치는 큰 줄기이다. 후자는 현재의 멕시코를 중심으로 아스텍과 멕시카, 유카탄 반도와 중미 남부로 확산되는 마야이다. 물론 광활한 대륙에는 그밖에도 아마조나스와 여러 소수의 인디오 문화가 산재한다.

기원전 11000년 현재의 페루 지역에 사람들이 정착하기 시작했다. 페루 리마에서 북동쪽으로 370킬로미터 떨어진, 카스마 시에서 약 5500년 전에 조성된 것으로 조사된 유적이 발견되었다. 이로써 페루의 선사문화는 이집트 기자Giza의 기원전 2500년보다도 1000년 앞선다는 주장도 있다. 카스마의 세친 바호는 여러 층의 유적으로 시대가 켜켜이 쌓여 있는데, 5500년 전에서 3600년 전 사이의 역사를 기억하고 있다. 아마 그 밑으로는 더 오래된 문화가 숨죽이고 있을 것이다.

안데스의 역사는 훨씬 서사적이다. 세상은 세 가지 태양의 단계를 거쳐 오늘에 이른다. 첫 번째 태양의 단계는 '비라코차Viracocha 신의 인간 시대'이다. 그런데 운명의 틀이 잘못되어 전쟁과 역병으로 모든 사람이 죽었다. 엄청난 반란이 일어나는데 사람만이 아니라 모든 생물이 여기에 섞여 혼란을 겪었다. 두 번째 단계 '신성한 인간'에서 태양은 돌고 돌다가 그만 지쳐 쓰러지고 만다. 이 죽어가는 태양에 기를 불어넣기 위해 인간들은 정성을 다해 제물을 바치고 기도한다. 그러나 인간의 눈물겨운 노력에도 불구하고 하늘의 불이 모두를 빼앗아갔다. 세 번째 태양의 단계는 '전쟁과 인간'의 시대이다. 우주는 혼돈에 빠지고 모든 인간이 여성만으로 이루어지며 시대가 끝난다. 지금 우리 시대가 형편없는 것은 우리가 이 전쟁과 인간의 후예Puruna-runa이기 때문이다. 일종의 원죄론이며, 우리에게는 구원이 필요하다.

다행히 우리는 신화를 거쳐 역사시대에 들어왔다. 기원전 1250년에는 안데스 산맥 지역에서 수많은 부족사회가 부침을 거듭하였다. 차빈Chavin, 치무Chimu, 나스카Nasca, 티아우아나코Tiahuanaco 등이 복잡한 계보를 형성하며 영향과 자극을 주고받았다. 그래서 페루의 고대 역사를 묘사하는 게 매우 어렵다. 지역적으로 넓게 산포되어 있고 시간의 지층이 깊기 때문이다.

우리나라의 연표는 고조선에서부터 한줄기로 죽 내려쓰면 되지만, 잉카의 역사는 그렇게 정리하기가 어렵다. 연표는 X-Y 좌표로 그려야 하는데, X는 시간이고 Y는 위치이다. 예를 들어 기원전 200년에 나스카는 중부 해안지역에 위치했고, 동시대에 북방에는 모체, 중앙에는 리

삭사이와만에서 내려다본 분지도시 쿠스코는 커다란 그릇 안에 도시를 담은 형세다.
이러한 도시의 입지는 외침을 방어하고 주변의 찬 기후를 견디는 데 긴요하다.
해발 3,400미터에 이르는 고지라 생활이 곤궁한 환경이지만, 비행장과 철도역,
큰 시장도 있다. 쿠스코 인구는 주민보다 관광객이 더 많을 정도다. 선조들의 덕이다.

마, 남방에는 후아루, 푸카라 등 다른 부족 문화가 형성되고 있었다. 안데스 줄기의 여러 지역문화는 15세기 후반에 들어 제국 잉카의 그물망에 엮인다. 그러니까 잉카는 페루 고대사의 마지막 문화이며 공간적으로는 안데스 북부를 평정하는 제국이다.

잉카는 안데스의 산정호수 티티카카를 거점 도시로 하였지만, 1200년경 쿠스코로 수도를 옮겼다. 지도자 망코 카팍Manco Cápac은 신탁에 따라 그의 지팡이가 깊이 박히는 곳을 '신행정도시'로 찾는다. 방랑 끝에 그 계시의 자리를 찾고 트완틴수유Tawantinsuyu라고 했는데 지금의 쿠스코이다. 티티카카와 쿠스코 사이의 거리는 400킬로미터이지만 모두 안데스의 척추 위에 걸려 있다. 원래 잉카란 '왕' 또는 '국민'이라는 뜻으로 고유명사가 될 수 없는데 나라와 문화의 이름이 그렇게 굳어져버렸다. '잉카 왕국' 그러면 '왕궁 왕국'하는 셈이다.

잉카의 중심은 그들 자신이 '세계의 배꼽'이라 여기는 쿠스코이다. 중국도 그러하듯이 이 역시 모두 자기중심적이다. 쿠스코는 해발 3,360미터의 분지도시이며, 도시의 규모는 이곳을 둘러싼 산악 지형의 윤곽으로 규정되었다. 쿠스코는 스페인 식민지 시대에 철저히 유린되지만, 지금 살펴보려는 잉카는 콜롬버스 이전의 문화이다. 그러나 대부분 축조문화는 식민지 시대에 파괴되어 그 밑동만 볼 수 있을 뿐이다.

돌로 만들어진 요새의 도시 쿠스코

쿠스코의 구시가지 골목길은 마차 한 대가 지나갈 정도의 폭이니 양쪽의 석조 벽을 쓰다듬으며 걷게 된다. 걸으면서 큰 돌, 작은 돌, 4각·

5각 · 6각 등등 각을 세는 재미가 있다. 쿠스코를 유명하게 만든 것은 석축 기법이다. 관광객들의 팁으로 재미를 보는 자칭 가이드 소년이 다가온다.

"왜 학교 안 가니?"

"야간인데요."

"장래 희망이 뭐니?"

"관광가이드죠."

"그래, 설명을 해봐라."

"이 돌은 마이클 잭슨 스톤입니다."

"왜 마이클이냐?"

"유명하니까요."

이 어처구니없는 가이드가 설명한 것이 그 유명한 12각 돌La Piedra de los doce ánguios이다. 이 유용한 관광 정보를 제공한 대가로 1달러를 지불했다. 12각 돌이 있는 이 벽은 잉카의 로카 궁정이 있던 곳으로, 스페인 정복군은 건물을 헐고 밑동만 남긴 채 그 위에 저택을 지었다. 그 밑동이 더 유명하게 되었는데, 이 돌을 조각한 장인들이 당시 손에 쥔 도구라는 것은 청동기 수준이었다. 과연 세계에서 제일 유명한 이 돌은 꼭짓점이 열두 개인 다각형인데 그만큼 덩치도 크다. 이것은 자르거나 깎은 것이 아니라 갈아서 만든 것이다. 철기 공구가 있는 것도 아니어서 숫돌로 갈았다. 입체적이고 기하학적인 석축을 공예미술처럼 한다.

아마 당시 건축 현장은 이랬을 것이다. 우선 돌을 구하기 위해 채석장을 개발하는데 처음부터 필요한 규격으로 석재를 잘라낼 수는 없었

쿠스코 잉카의 아툰 루미욕Hatun Rumiyoc은 '거석의 골목길'이다.
6대 잉카 인 로카는 같은 이름의 궁전을 지었다. 17세기 잉카시대의 건축은
아랫단만 남아 있고, 그 위에 식민지 건축이 올라 앉아 있다.
현재는 대주교의 관저이다.

아툰 루미욕 가로의 12각 돌. 돌은 이곳에서 약 수십 킬로미터 떨어진 거리에서
채굴되었는데 안산암 계열로 매우 단단하다. 접착제 없이 돌들의 중량만으로 서로 결합된다.
각과 길이를 갈아 맞추어 쌓는 결구식 돌쌓기는
결합점이 많을수록 지진에 버티는 저항력을 강하게 발휘한다.

을 것이다. 대충 자연적으로 틈이 벌어진 것을 잘라내거나, 크고 작은 돌덩이들을 주워온다. 일정하지 않은 크기 때문에 돌을 쌓는 패턴이 구성주의Constructivism 미술을 닮았다. 이 과정에서 우선적인 원칙은 석재를 아끼기 위해 버려질 자투리를 최소한으로 하는 것이다. 석재를 다듬을 때의 도구는 돌이다. 물론 다듬는 돌은 경석이지만, 다듬어지는 돌도 만만치 않게 단단하다. 같은 돌이라도 손에 쥔 작은 돌은 망치이고 머리 위로 치든 큰 돌은 해머이다. 공정에 따라 아주 작은 것은 두 손가락 사이에 쥐고 두들기거나 갈아낸다. 석벽의 표면에 그 돌망치의 흔적이 지금도 선명하다.

다듬은 돌은 힘 좋은 잉카 인들이 운반한다. 다음 단계 쌓기가 기술적으로 어렵다. 미리 대충 모양을 재단하고 얹어놓은 다음 상하좌우 이웃 돌과의 접합부를 갈아낸 후 결합시킨다. 그러자면 석공의 감각과 눈썰미가 월등 예민해야 한다. 꽤 힘든 일이지만, 정성을 들이고 집중력을 기울이면 못할 일은 아니다.

우리는 치수에 관해 아무렇게나 말하는 경향이 있다. 이 돌의 구법을 보고 '한 치의 오차도 없다'고들 한다. 한 치면 약 3센티미터인데, 그 정도면 모두 망가질 수 있는 치수이다. 3밀리미터, 즉 한 푼이라도 안 된다. 그야말로 면도날도 안 들어갈 치밀함이다. 돌 사이의 틈을 최소화하는 것보다 돌들을 짜 맞추는 게 더 기술이다. 이러한 아귀 맞춤은 좀 엉성하지만 우리나라 불국사 석축이나 한성 성곽에서도 볼 수 있다.

'엘 콘도르 파사' El Cóndor Pasa, 번역하자면 '독수리는 날아가고'이다. 팬플루트 연주로 들어야 제격인데 우리나라에서 번안가요로 불렸다.

그런데 가사가 "구름도 잃어버린 작은 새여, 고향도 잃었나, 작은 새야 음-음"이다. 안데스의 독수리가 한국에 와서는 왜 작은 새가 됐는지 모르겠다. 쿠스코에서 북쪽으로 조금 더 올라가면 국립고고학공원 Parque Arqueológico Nacional으로 지정된, 진짜 독수리를 만날 것 같은 여러 개의 요새들이 포진하고 있다. 그러니까 쿠스코 시내는 산악으로 둘러싸여 있고 그 주변에 위치한 방어 거점들이 여럿이다. 삭사이와만 Saqsaywaman, 친카나 그란데 Chinkana Grande, 차칸 Chakan, 푸카 푸카라 Puca Pucara, 탐보 마차이 Tambo machay, 켄코 Qengo, 메사 레돈다 Mesa Redonda 등이다. 모두 해발 3,090미터 이상의 고원이다.

  삭사이와만은 20미터 높이의 성채와 원탑을 가지고 있었는데 1536년 스페인의 침략 때 대부분 파괴되고 지금은 성벽의 밑동만 남았다. 거기까지는 파괴의 손도 어쩌지 못했던 모양이다. 제9대 파차쿠티 시대에 건조가 시작되었으며, 쿠스코가 내려다보이는 외곽 거점에 위치한다. 그러나 단순한 성곽 구조물이 아니라 군사와 신탁의 장소를 결합한 것으로 보인다. 성벽은 일종의 프랭크 구축법으로서 Z자 모양으로 내밀고 디밀어 쌓기로 만들어졌다. 이러한 방법은 일직선으로 쌓는 것보다 훨씬 견고한 석축 공법이다. 360미터 길이를 지그재그로 달리는 성벽은 수십 년이 걸린 노역의 결과였지만 그것이 괴멸되는 것은 순식간이었다.

  푸카 푸카라는 쿠스코에서 6킬로미터 떨어진 곳에 위치한 도시의 북쪽을 지키는 요새의 거점이다. '푸카' Puka는 케추아어로 '붉은'이라는 뜻

인데 도시와 건축을 붉게 치장했던 모양이다. '붉은 요새', 푸카 푸카라 성채는 철저히 파괴되고 성벽과 건물지의 아주 작은 부분만이 남아 당시의 모습을 힘겹게 전하고 있다. 이 성벽의 석재는 모두 쿠스코 시내에서 보았던 식민지 시대의 건축 재료로 쓰였다. 그러고 나니 현장에는 돌의 즉물성卽物性만 남았다.

푸카 푸카라에서 서쪽으로 조금 떨어진 곳에 탐보 마차이가 있다. 탐보는 장소, 마차이는 동굴인데 잉카는 여기에서 안식과 정화를 도모한다. 이 장소는 네 단으로 구성되는데, 그 맨 위에 네 개의 니치nich: 장식을 위하여 벽면을 오목하게 파서 만든 공간에 잉카의 미라가 안치되었던 것으로 보인다. 이러한 사다리꼴 벽감은 잉카 이전 기원전 3000년~2000년의 코토시Kotosh 원시마을에서부터 발견된다. 다음에 마추픽추에서도 비슷한 형태의 건축을 볼 수 있다. 그 아래 좀더 큰 석조의 성벽이 있고 그 밑으로는 좀더 작은 석재들이 두 단을 구축한다. 상부에 수원이 있어서 자연 낙차로 물줄기가 생기는데 2단의 석벽 공간으로 이어지며 작은 인공폭포를 만든다. 이 '성스러운 샘'은 식수원이며 제례를 위한 목욕장이었을 것이다.

삭사이와만 고고학공원 중에서 좀더 역사적인 모습은 켄코에서 볼 수 있다. 건물지가 확연하고 석조의 솜씨도 잘 알아볼 수 있다. 켄코는 신전이라 하기도 하고, 신탁의 장소Oracle라고도 하는 게 아직 그 장소의 성격이 확실하지 않다. 이곳도 약 300여 개에 달하는 잉카 제국의 사원 중 하나일 뿐이다.

지상 구조물은 모두 없어졌지만 돌을 자르고, 깎고, 문질러 건축하는

◀ 삭사이와만 일대는 국립고고학공원으로 지정되어 있다. 산세에 안긴 쿠스코 시내가 원경으로 보인다. 삭사이와만은 쿠스코를 보호하기 위한 방위의 전초기지였으며 요새는 푸카 푸카라, 탐보 마차이, 켄코로 이어진다. 이 석재는 검은 안산암인데, 도시에서 35킬로미터 떨어진 루미콜카에서 채석했다는 사실은 이 구조물이 단순한 성곽이 아니라는 뜻이다.

탐보 마차이. 맨 윗단에 사다리꼴로 움푹 팬 네 개의 니치를 보아
성전의 기능을 하는 공간이었을 것이다. 니치에는 미라를 안치한다.
네 개의 단층 구조로 인해 생긴 물의 낙차가 공간을 이끌어간다.
물을 디자인하는 것은 그것의 존재감을 부각시키는 일이다.

켄코는 석조 기교가 훨씬 세련됐다. 물 또는 피가 흘렀을 홈은
뱀을 은유하는 수문水紋의 디자인으로 보인다.
잉카에서 콘도르는 하늘, 퓨마는 땅, 뱀은 지하를 지배하는 3인방이다.

심성은 영원한 것을 남기려는 마음이다. 자연을 깎아 건축한 것은 암굴 사원이나 석굴암 등 세계의 고대 문명에서 여러 경우를 볼 수 있다. 그것들은 주로 공간을 얻기 위한 수단이었지만, 켄코에서는 바위가 통로이자 공간이며 가구이고 장식이다. 바로 종합적인 조형의 결과물인 것이다.

그들은 흙 땅 위에 건물을 구축하기보다는 동산의 엉덩이만한 암반을 통채로 건축의 장소로 삼았다. 많은 장식적 요소와 공간이 연계된 구도로 보아 제례를 치르는 곳이었을 것이다. 작은 수로를 타고 물이 흘러내리는데 사이트는 크게 원형 광장과 석조물로 구분된다. 그러니까 '땅 위'에 건물을 짓는다는 개념과는 다르다. 암석을 바탕 형태로 두고, 군데군데 작은 장소들을 삽입해가며 인공적 구축물과 결합시켰을 것이다.

그중 암반 위의 플랫폼은 천문관측 공간이라고 추측하는데 확실한 것은 아니다. 점선으로 조각된 저부조低浮彫의 선을 따라 내려오면 암반 밑에 갤러리로 연결되며, 다시 위로 올라오면 작은 광장을 만나고 그 주변에서 많은 조각들을 볼 수 있다. 공간에 대한 설명이 좀 장황해진 것은 이 공간의 구성이 난삽하기 때문이다. 어떤 인공적인 질서에 따르는 것이 아니라, 바위의 형상을 따라 길을 내거나 계단을 깎거나 파서 공간을 만드니 상황이 조형을 결정한다.

원형 광장은 아마 이벤트 공간이었을 것이다. 큰 암석을 배경으로 앉혀진 공간에 크고 작은 니치들이 리듬을 만든다. 이 장소에서 눈을 떼기 어려운 것은 자연 암반의 능선과 골을 따라 조각을 하거나 자연 상태를 응용하여 요목조목 공간을 만들어내는 건축술 때문이다. 잉카의 치밀한 석조술은 건축술의 귀감으로 얘기된다. 어떤 경우는 쓸데없이 공을 들인 것처럼 보이지만, 그냥 멋으로 그러는 게 아니라 구조적인 이유가 있다. 안데스 대의 잦은 지진 때문에 내횡력 구법으로 쌓은 것이다. 모르타르 없이 쌓는 이 구축법은 아귀가 많을수록 동요가 없고, 접면의 길이가 길수록 긴결력이 강해진다.

통치자는 점성술 또는 사물의 동태를 통해 예지력을 가져야 한다. 그리고 이 능력을 신민들에게 자주 확인시켜야 한다. 명민한 통치자라면 길흉을 자신의 뜻대로 유도할 속임수쯤은 터득하고 있어야 한다. 물의 흐름으로 국가의 운세를 점치는 물점이라는 게 있었던 모양이다. 바위 골에 흐르는 물이 어떤 갈림에 이르러 흐르는 방향이 왼쪽이냐 오른쪽이냐에 따라 길흉이 판단된다고 할 때, 그 흐름을 제어할 속임수가 필요하다. 물론 교묘해야 하며 보안이 필요하다. 점괘는 마냥 좋기만 한 것이 아니고 가끔 흉하기도 해야 한다. 낙관과 비관의 균형을 조절하는 것이 봉건 통치의 기술이다.

모든 예술사가 그렇듯이 시대의 미학은 사회적 기운에 따라 발전하거나 쇠퇴한다. 때문에 대부분 문화사도 사회적 이유에 따라 서서히 퇴조하다가 새로운 문화로 대체된다. 그런데 잉카 문화는 1536년 스페인에 귀속되기 직전까지도 융성하다가 급작스럽게 괴멸되며 라틴문화로 대체된다. 쿠스코는 영광과 오욕이 겹쳐 있는 현장이다. 쿠스코는 1983년 유네스코 세계문화유산으로 지정되었다.

흙벽돌의 도시

페루의 수도 리마 한복판에는 두 개의 고대 유적이 있다. 하나는 우아카 우아야마르카Huaca Huallamarca이고, 다른 하나는 우아카 푸크야나Huaca Pucllana이다. 뒤의 것은 좀더 규모가 크고 아직도 발굴 단계에 있지만 두 개 사이트가 모두 잘 정리되어 일반에 공개되고 있다. 이 고고학 유적지는 역사적으로 크게 세 시기로 구분된다. 먼저 리마 이전 시기기원전 2세기~기원후 7세기에 리막Rimac 계곡에서 이주해온 우아야 인들이 종교적 공간을 구축했다. 두 번째는 이시마Ishma 시기8~11세기로서 유적으로는 리마 인의 묘지와 장제 공간이 주로 남아 있다. 마지막으로 잉카 시기15~16세기에 거주지로 확장되어 갔다.

우아카 우아야마르카는 200~500년, 잉카 이전인 리마 시대에 만들어진, 흙벽돌 아도베adobe의 도시이다. 흙으로 피라미드를 쌓으려는 토목공학자의 생각은 지리적 환경에서부터 온 자연적인 발상이다. 리마 주변에서는 좋은 석재가 채취되지 않는데, 왕실은 자꾸만 구축물을 요구한다. 토목공학자가 찾은 해결책이 아도베 벽돌이었다. 그들은 이 알량한 재료를 가지고 큰 규모의 피라미드를 쌓아 올리기 위해 토목공학적 아이디어를 짜낸다. 아도베 블록의 단위 형태는 직방형이 아니라 대충 빚어 만든 덩어리 모양이다. 이 정교하지 못한 벽돌의 형태가 크게 문제되지 않는 것은 어차피 모르타르로 벽돌 사이 틈을 채우면서 구축물 전체가 일체화되기 때문이다.

물론 흙벽돌의 구조적 한계 때문에 안식각安息角: 토목구조물에서 높이에 따른 기울어짐의 각도이 낮아야 한다. 대개 30도 미만이 피라미드의 실루엣 각도

이다. 또한 중부 페루의 건조한 기후가 이 흙벽돌 구축을 가능하게 한다. 리마의 연 강우량은 50밀리미터로 측정하기도 힘든 수준이다. 재료와 구축 방법의 한계 때문에 공간 구성을 입체적으로 하기는 어렵다. 아도베는 마름모꼴로 쌓는다. 우리의 견치석 쌓기와 비슷하며, 디밀어 쌓는 정도에 따라 피라미드의 각도가 결정된다.

피라미드 주위에는 주거지나 일반 건물들이 농경지와 함께 산재해 있었다. 일반 건물은 직각 평면에 목조와 흙벽돌을 혼합한 방식으로 공간을 만들어 기능을 담았다. 공간의 분화가 철저하지 않고 융통성 있게 공간을 쓴 것으로 보인다. 그러나 지금은 피라미드 신단만 보전되고 그 외곽은 모두 근대 도시의 주거지가 점유했다. 현재의 동네들은 1800년 전 리마 사람들이 집을 짓고 살던 땅을 깔고 앉은 것이다. 이제는 어찌할 수 없게 된 것이 백제를 깔고 앉은 서울 암사동과 같다.

우아카 푸크야나도 200~700년 리마 시대에 흙벽돌로 건설한 도시이다. 원래의 주거지에 후기 왕조들이 새로운 도시를 만드는데 선대의 도시를 덮어버리고 그 위에 새 마을을 건설한다. 그렇게 여러 도시가 세월을 묻고 층을 쌓았다. 기존의 대지를 메워 축조된 대지는 흙벽돌 구조의 안식각 때문에 높아질수록 면적이 축소된다. 그렇게 반복되는 적층積層으로 커다란 피라미드 모양이 된다.

흙벽돌은 회반죽에 자갈을 섞어 강도를 높인 후 햇볕에 말린다. 여기에서의 벽돌은 직방형 단위 형태인데, 눕혀 쌓는 것이 아니라 세워 쌓는 것이 구조적 아이디어다. 이 사이트에서는 피라미드 주변의 건물지가 많이 발굴되었다. 푸크야나란 토착 케추아어로 '기도하는 공간'이라

◀ 우아카 우아야마르카는 거대한 피라미드처럼 보이나 그 재료는 흙벽돌이다.
충분한 석재가 채굴되지 않는 지역이었기 때문에 흙벽돌을 이용해 손쉽고도 경제적으로 피라미드를 구축했다. 200~400년경에 축조된 것으로, 초기 우아야 이주 부족이 정착하여 만든 종교적인 장소였다. 이 공간은 700년까지 점차 무덤과 거주공간으로 확장된다.

흙벽돌을 마름모꼴로 쌓는 패턴은 율동적이면서도 역학적이다.
페루의 대서양 쪽 지역은 바다가 가깝지만, 동쪽의 안데스 산맥이 아마존으로부터의
대류를 막고 있어 일 년 내내 건조한 풍토이다. 건축은 기후에 대한 대응이 자유롭다.

건축지 역시 아도베로 구축되었다.
현장은 오랜 세월의 먼지 내음으로 가득하다.

는 뜻이다. 지금 발굴하고 있는 장소는 신단과 공동체의 공간으로 쓰인 종교적 장소이다.

건물은 직방형으로 적당한 크기를 파거나 흙벽돌을 쌓아 공간의 윤곽을 만든다. 공간이 형성되면 적당한 간격으로 나무 기둥을 세우고 그 위에 간소한 목조 지붕을 덮는데 강우량이 현저하게 적으니 평평한 지붕을 설치했을 것이다. 실내는 좀더 고운 흙으로 바닥과 벽을 미장한다. 벽돌로 쌓은 바닥의 높이 차이가 만들어낸 공간은 벤치나 부뚜막, 테이블 같은 작은 공간으로 쓰인다. 마감을 위해 어떤 치장이 이루어졌는지는 알 수 없지만 페루의 도자공예가 한몫 했을 것이다.

생활도구는 주로 토기를 만들어 사용하는데, 우리나라의 큰 항아리만한 크기까지 있어 도공의 기술력이 뛰어나 보인다. 이곳 사람들에게는 신에게 항아리를 봉헌하는 의례Ofrenda de Vasija가 있다. 정성을 다해 만든 항아리를 깨어 신에게 바친다. 페루에서는 그밖에 아도베 도시로 카하마르키야Cajamarquilla, 와리Wari, 파차카막Pachacámac의 중앙 해안문화가 발굴되었다.

건축의 유구는 모두 사라진 데 비해 엄청난 수의 고대 미술 유적들이 남아 페루의 박물관들을 부유하게 만들었다. 도자공예는 동서양의 공통 장르이지만, 이곳만의 독특한 심미의 세계가 있다. 특히 형상 도예가 발달했고 문양 장식이 회화적이다. 우리나라와 비교하자면 삼국시대와 고려 초에 걸치는 시대인데, 잉카의 토기가 훨씬 표현적이다. 그들은 문양보다는 입체적 형상을 강조한 토기를 즐겼는데, 요즘 도예의

우아카 푸크야나에서는 직사각형의 벽돌을 수직으로 세워 쌓는 방법이 독특하다.
이 방법은 수직으로 내리누르는 힘을 견디는 데 유리하다.

우아카 푸크야나의 건축은 땅을 반쯤 파고 흙벽돌을 쌓아 공간의 높이를 만든다.
공간 가운데의 나무 기둥들은 차양을 만들기 위한 것이다.

성애를 묘사한 토기(국립박물관, 리마). 모체 시대(200~600년)에는 형상 토기가 발달했다. 주로 사람과 생물이 주제이며 그 묘사가 구체적이고 노골적이다.

▶ 우아코스 레트라토스, 얼굴 모양 토기병
(국립인류학역사박물관, 리마).
페루의 북부 모치카 시대
(기원전 200년~기원후 900년).
이와 같은 형식을 초상 도기라 하는데
붉은색과 연갈색, 두 색의 조화를
기본으로 하며 묘사력이 치밀하다.

▼ 파체코 봉헌물(국립박물관, 리마).
개 모양의 토기 병은 개의 동작과 표정까지
묘사한다. 잉카 시대까지 도기는
시대에 따라 기교의 부침이 심하지만,
모두 단순한 그릇이 아니라
적극적인 조형의 오브제였다.

경향처럼 조각과 그릇의 경계를 넘나든다.

물론 무엇을 담으려고 만든 것이지만, 기능이 형태를 결정하지는 않는다. 기법으로는 채도와 음각, 양각이 모두 구사되는데, 사실적인 형상 조각이 더 두드러진다. 모든 생활상이 주제가 되며 모든 인물이 모델로 등장한다. 식물보다는 동물, 단순 초상보다는 성애나 운동을 주제로 역동적인 모습을 즐겨 표현한다. 그 묘사는 노골적이거나 과장된 방식으로 표현되는데 도자는 단지 그릇 이상의 생활문화였을 것이다.

미라는 살아 있다

안데스의 예술은 목각·금속·섬유공예가 뛰어나다. 특히 섬유공예는 현대 디자인에 미친 영향이 크다. 언뜻 떠오르는 작가가 에콰도르 출신의 오스왈도 비테리Oswaldo Viteri이다. 섬유공예 기술은 의당 나염과 직조에서 기본기가 뒷받침되어야 한다. 직조 공예와 관련 깊은 것이 페루의 주머니 장묘葬墓이다. 석관도 아니고 목관도 아니고 섬유로 몸체만한 주머니를 만들어 그 안에 시신을 넣는다. 이 보따리에 싸인 시신은 별도로 만든 수직 갱에 안치된다.

몸은 쭈그려 앉은 자세인데 언뜻 어머니의 자궁에 있는 것처럼, 모태로 돌아간 모습이다. 얼굴을 내놓고 목걸이를 걸거나 머리치장을 생전만큼이나 화려하게 한다. 얼굴을 내놓지 않는 경우에는 망자의 얼굴을 인형처럼 그린다. 품을 들일 때는 입체 공예품처럼 만들고 좀 대강 만드는 경우에는 붓으로 그린다. 아주 간단하게는 눈, 코, 입이 선으로만 그려지는 경우도 있다.

잉카의 건조한 기후 덕택에 이 섬유질 관은 오랫동안 보존되고, 시신도 자연 건조되어 미라가 된다. 수직 암굴 묘는 개인 묘가 되기도 하고 좀 크게 만들어 가족묘로 쓰기도 한다. 미라의 생태조직은 아주 사실적으로 그 시대의 정보를 전한다. 우선 수의壽衣의 섬유조직, 묶는 끈, 장식용 동물 털을 분석할 수 있고, 미라의 머리털, 치아, 피부도 관찰대상이다. 해부학적으로는 장기의 건강 상태나 위와 내장에 남아 있는 음식물로 시간을 거슬러 올라가 인물의 상황을 그려볼 수 있다.

물론 부장품도 중요한데 질그릇, 주전자, 장신구는 물론이고, 라마나 개를 같이 매장하는 경우도 있다. 안데스에서 미라문화는 10~14세기에 번성한다. 지금도 안데스의 노인들은 죽기 전에 수의를 장만하는 것이 보편적인 풍습인데 사실은 정치적이며 종교적인 유래를 갖고 있다. 미라가 어떤 정치적 의미를 갖게 되었는지 알아보기 위해 다시 쿠스코로 돌아가야겠다.

쿠스코에서 미라는 여전히 '살아 있는 존재'이다. 왕은 죽은 뒤 태양의 신전에 안치된다. 신전 내부 벽에는 벽감이 나란히 뚫려 있고 선대왕의 미라가 안치된다. 우리나라의 종묘宗廟와 같지만, 죽은 자는 신위神位와 같은 추상적인 표현이 아니라, 미라라는 육체적 표현으로 그의 존재감을 확실히 한다. 더군다나 격납된 미라는 그 공간에서 산 사람처럼 생활한다. 때마다 음식도 먹고 옷도 갈아입고 치장도 한다. 가끔은 가마를 타고 외출하여 자신의 엄연함을 과시한다. 미라 왕은 말도 하는데 그 말씀은 무당이 통역하여 산 사람에게 전한다. 사실은 산 잉카가 죽은 잉카의 음덕을 이용함이리라.

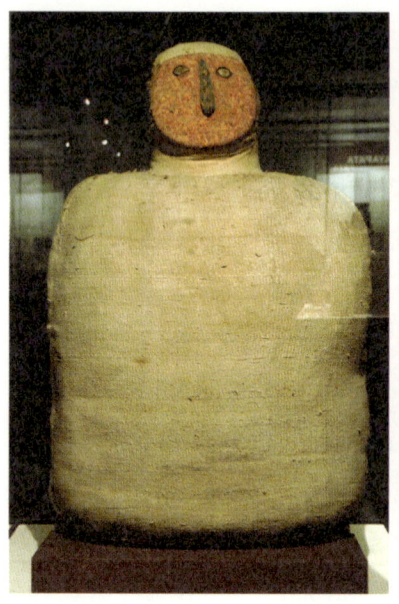 

헝겊 관(국립박물관, 리마, 와리 시기, 500년경).
와리 시대의 묘장은 땅을 수직으로 파고 시신을 큰 헝겊 주머니에 담아 안치했다.

옆 | 헝겊 관(우아카 우아야마르카 현장박물관, 리마). 우아카 우아야마르카의 두 번째
시기인 11세기경 묘지였던 유적지에서 많은 미라와 헝겊 관이 출토되었다.
헝겊 관은 다양한 스타일로 만들어지는데 섬유공예에 솜씨를 볼 수 있다.

죽은 미라 왕과 신하의 관계는 생전의 권력구도를 그대로 따르며 지속된다. 이 권력구조에서 밀려 선조의 미라를 갖지 못한 잉카는 축출되고 새 도시를 찾아나서야 한다. 그들은 정복활동으로 새 부족을 규합해 자신의 왕국을 건설한다. 결국 이러한 습속은 수많은 신흥세력을 만들었고 잉카가 제국으로 확장되는 기동력이 되었다.

안데스에는 잉카 제국과 대립했던 차차포야스Chachapoyas 족이 있다. 그들은 잉카 인에 비해 흰 피부를 가져 '구름의 전사'라 한다. 안데스의 기후가 건조한 것과 달리 차차포야는 습도가 높은 우림 지역이다. 차차포야스 족은 잉카의 미라문화와 다른 매장문화를 가지고 있다. 산중턱에 노천 무덤을 만들고, 자연히 남는 해골을 신성하게 보관한다. 15세기 후반 이 지방을 잉카가 정복하면서 미라를 만드는 습속이 전해진다. 풀과 나무에서 채취한 재료로 진통제, 해열제 등을 만들었던 약학지식으로 약초를 이용해 시체에 방부기술을 구사하는 것이다. 기존의 습속인 '신성의 뼈'가 이입 문화인 '미라'로 대체되어간다. 조상의 힘을 잃은 차차포야스 족은 이제 잉카에 굴복할 수밖에 없다.

쿠스코는 16세기 들어 미라를 둘러싼 내분에 휩쓸린다. 궁전 안에 모신 미라가 포화 상태에 이르고, 황제파와 신흥세력 간에 다툼이 벌어진다. 12대 황제 우아스카르Huascar는 모든 미라를 무덤에 강제로 묻게 한다. 미라를 추앙하던 사람들이 이에 분노하고 왕실에 큰 혼란이 찾아온다. 그즈음 마침 안데스를 넘어 온 스페인의 침략에 잉카 제국은 괴멸한다. 정복자의 사제들은 미라를 불살라버린다. 태양의 신전이 무너진 그 자리에는 성당이 들어선다. 미라를 배척한 우아스카르는 비참한 행색으로 최후의 잉카가 된다. 결국 미라를 잃은 잉카는 전설로 남고 안데스는 가톨릭 사회가 된다.

미라는 절벽 위 안식을 위해 만들어진 공간에서 마을을 내려다보고 있다. 잉카의 정신적 오브제인 미라는 얼굴이 그려진 주머니 관에 담기는데, 팔과 다리를 접어 용적을 최소한으로 한다. 이제 정복자로서 미라의 정치적 역할은 끝났지만 땋은 머리, 귀가 늘어질 만큼 큰 귀걸이, 다채색의 화려한 복식을 통해 당시의 패션과 생활정보를 전한다.

안데스의 유야이야코Llullaillaco 산은 해발 6,739미터로서 남미에서 여섯 번째로 높고 정상에는 만년설이 쌓여 있다. 유야이야코 산은 1877년 폭발 이래 잠복하고 있는 화산인데, 1999년 이 언 땅 밑에서 어린이 미라 세 구가 발견되었다. 아마 이랬을 것이다. 사제가 앞서고 아이들과 선물을 든 사람들이 1킬로미터 정도를 걸어 이 고지에 이른다.

어린이들은 왕이 보낸 화려한 옷을 입고 음식을 먹으며, 술을 먹고 혼절하여 천천히 죽음을 맞는다. 어린이 장난감, 젖병, 많은 먹을거리 등은 영원한 미라의 삶을 위한 동반자이다. 고지대의 차갑고 건조한 기후 때문에 발견된 미라의 상태는 너무도 생생하다. 피부는 탱탱하고 세 갈래로 땋은 머리에는 기름기가 돈다. 얼굴은 그을렸는데 화산 폭발이나 번개 때문이라고 한다.

여섯 살의 사내아이는 붉은 옷에 은팔찌를 끼었다. 10대 소녀는 피부마저 생생하다. 그래서 '고운 처녀'La Doncella라는 이름을 얻었다. 점토 항아리, 깃털 등의 부장품을 보아 아마 아이들은 제물로 산에 바쳐졌을 것이다. 신은 깨끗한 어린이를 좋아한다. 제물로 바쳐질 어린이는 몸에 상처와 흠이 없어야 한다. 그들은 맛있는 음식을 먹고 술을 마시며 의식을 잃을 때까지 제국을 위해 산신에게 보내는 전달자의 임무를 다한다. 이 성스러운 산에 제물을 바치는 습속을 카파코차Capacocha라 한다.

달과 태양과 죽음의 길 테오티우아칸

우리가 고고학과 역사학에 기대하는 것에 비해 아직은 밝혀지지 않은 게 너무 많다. 아직도 인디오 문화는 고고학계의 보물찾기이다. 인류사에서 본다면 그렇게 오래전 일도 아닌데 아스텍의 문화가 희미한 이유는 문자를 갖지 못했기 때문이다. 새삼 한자와 라틴어의 정보 전달 능력이 돋보인다. 콜럼버스 이전의 멕시코 역사는 기원전 1800년경에 존재한 올메카Olmeca에서부터 확인된다. 기원전 1200년~700년경 국가 형태가 형성되고 대륙 문명의 꽃이 피는 시기를 고전기라 한다. 멕시코 중원에서 테오티우아칸Teotihuacán이 건설되는 시기이다. 그 남쪽에서는 기원전 1200년경부터 마야가 등장하고, 오악사카Oaxaca 문화가 형성되고 있었다.

중앙 고원에서 발흥한 테오티우아칸은 900년까지 유지되는데 이때 마야는 고전기의 문화를 이루고 있었다. 절대봉건제 사회로서 정치·경제·사회 체계의 구조화를 이루었고 문화가 융성하며 건축과 예술 분야가 눈부시게 발전했다. 테오티우아칸은 장거리 무역이 발달했는데 지금의 미국 남부, 과테말라와 온두라스 지역과 교역했다. 물자와 문화 교차의 중심에 있었던 테오티우아칸은 국제도시였을 것이다. 경제적 풍요는 종교와 예술의 발전으로 이어진다.

그러나 이렇게 한참 융성하던 문화는 700~1000년 사이 이유도 알 수 없이 역사 속에 잠겨버린다. 그 이후를 후고전기라 하는데, 13세기 무렵부터는 아스텍 문명이 번영한다. 원래 아스텍은 250년에서부터 600년경까지 주변 국가를 흡수하며 도시국가로 흥성했다. 철기문명 이전의 도구만으로 불가사의한 대도시 테오티우아칸과 비슷한 수준의 장대한 문화를 일구었지만, 그들 역시 어느 순간 홀연히 모습을 감춘다. 그즈음 중앙 고원에서는 톨테카Tolteca가 등장한다.

14세기에는 멕시카Mexica라고 불리는 한 작은 부족이 터전을 확실히 잡지 못하고 유랑하다가 현재의 멕시코시티에 자리를 잡으며 제국의 기틀을 닦는다. 그들은 여러 군소 부족을 통합해 1553년 피사로의 정벌 직전까지 여러 부족연맹을 이끈다. 기세등등한 멕시카 부족이 주변 부족을 핍박하고 과도한 조공을 요구하자 불만이 고조된 다른 부족들이 스페인군에 회유된다. 이 주변 부족들이 스페인의 멕시카 토벌에 협력하면서 이 땅에는 누에바 에스파냐Nueva España가 들어선다.

종교 의례를 위한 도시 건축

테오티우아칸은 멕시코시티에서 동북쪽으로 50킬로미터 떨어진 근교에 있어 대중교통으로 접근이 가능하다. 하지만 인디오스 베르데스Indios Verdes에서 출발하는 유적행 버스를 타는 것이 편리하다. 이미 디테일이 사라진 유적은 큰 뼈만 남은 유골과 마찬가지이다. 여기에서 역사적 상상력이 필요한데 고고학 지식과 발굴 기록의 도움이 필요하다. 만약 사전 지식이 준비되어 있지 않으면, 우리는 껍데기 또는 박제된 심미성에 만족할 수밖에 없다.

  테오티우아칸에 가면 케트살코아틀Quetzalcoatl의 층단구조와 조각 장식들을 먼저 만나볼 필요가 있다. 그리고 나서 지금은 뼈대만 남아 있는 다른 피라미드에 기억과 상상력을 입힌다. 한낱 돌무더기 같던 피라미드가 예전의 모습대로 생생하게 피어날 것이다. 역사적 상상력에 아스텍의 사회사 지식을 가미한다면 곧 한 편의 영화라도 만들 수 있을 것 같다. 그만큼 그들의 생활문화는 극적이기까지 하다. 물론 상상하는 것은 역사 왜곡의 염려가 있지만 어차피 학술대회에 나갈 것은 아니니까 자유로울수록 좋다. 그런 뜻에서 멕시코시티 국립인류학박물관과 아스텍 문화에 대한 공부가 긴요하다.

  테오티우아칸 유적지의 입구는 다섯 군데가 있지만, 제1입구로 들어가 우선 케트살코아틀 신전을 보는 것이 좋다. 200년경에 축조된 것으로 추정되는 성채 안에는 신전이 중심을 잡고 있다. 65미터 폭의 신전은 층단구조와 장려한 부조로 장식되어 옛 모습이 생생하다. 결국 이 도시의 모든 건축은 종교적 아이콘들로 뒤덮인 더미였을 것이다.

  이 케트살코아틀은 멕시코시티 국립인류학박물관에 실제 크기로 복원되어 있어 그 디테일까지 살필 수 있다. 층별로 직선의 테두리를 두르고 그 안에 종교적 아이콘들을 부조로 채워넣었다. 이 층단구조를 탈루드Talud와 타블레로Tablero 형식이라 한다. 피라미드에서 탈루드는 경사면으로 단을 만드는 것이고, 타블레로는 수직면으로 단을 높이는 것인데 두 방법을 혼합하여 건축을 구축하기도 한다. 타블레로 층 사이에는 수평으로 긴 뱀이 기어간다. 멕시코에서 조형의 주제로 자주 등장하는

태양의 피라미드(테오티우아칸). 200년에 처음으로 기축 후 계속하여 5단으로 축조한 결과 높이 63미터, 넓이 226×223미터 규모가 되었다. 피라미드는 땅의 단단함을 의심하듯이 밑변을 널찍이 잡는다. 거기에다 높이에 대한 욕망이 몸집을 엄청난 크기로 불린다. 아마 피라미드의 정상에는 신당이 있었을 것이다.

소라는 귀중품이었다. 다색조Quetzalli와 뱀Coatl의 합성체인 케트살코아틀은 비와 바람의 신이며, 아스텍의 하늘과 창조를 관장했다. 머리를 내민 신들이 곧 물을 뿜어낼 것 같다.

'인간이 신이 되는 도시' 테오티우아칸은 500년경에 축조된 도시로 중심에서 20제곱킬로미터 안에 한때는 125,000명이 살았다고 한다. 도시는 아주 구조적이고 계획적으로 짜여 있다. 도로와 배수 인프라 구조를 잘 갖추었으며 공간의 위계가 분명하다. 도시의 공간구조를 이루는 근간은 종교적 의례인데, 곧 자연 신에게 바치는 제물로 인신공양이 이뤄졌다. 고대 사회에서 종교 전례는 종교와 정치를 오가는 양면의 동전이다. 절대자는 정치력을 유지하기 위해 끊임없이 백성들이 하나되는 동기가 필요하고 종교 의례나 축제는 원천적인 수단이다. 현대에서도 파쇼의 통치기술로 곧잘 쓰였다.

테오티우아칸의 기하학적이고도 조직적인 공간구조는 한눈에 보아도 종교 정치의 의도임을 알 수 있다. 달의 피라미드를 향해 뻗은 긴 축은 이 도시의 공간적인 골간이며 모든 종교의식의 기축이다. 항상 사람들은 '거기'를 의식하게 되고 일상의 시선 속에 잡아둔다. 이 공간적 구도를 통해 사람들의 심성에 신성의 존재와 의미를 각인시킨다. 이 길은 인신공양의 의전 때문에 '죽음의 길'이라고 불린다. 그러나 좀더 포괄적으로 보건대 이 죽음의 길은 종교적 숭고함보다도 신정神政 통치의 공포를 연출하는 구조이다. 실제로 이 큰 길은 백성의 통행이 제한되는, 특별한 계급만의 전유 공간이었다. 그러니까 길은 다니자고 만드는 것만은 아니다.

세계의 고대 국가가 대부분 공양의 문화를 가지고 있지만 보통 '희생양'이라고 하듯 동물을 제물로 바치는 데 비해 아스텍의 희생물은 사람이다. 아마 신에게 바쳐진 존재는 영원한 내세를 보장받는다는 뻔한 회유가 있었을 것이다. 간혹 포로를 제물로 바치기 위해 전쟁을 벌이기도 했다. 제물은 피라미드의 정상으로 끌려 올라가 심장을 내놓는다. 희생의 피가 피라미드의 긴 계단을 흘러내리고 땅을 흥건하게 적신다. 시신은 신단에서 계단 아래로 굴러떨어지고 백성들은 환호한다. 피라미드 밑에서 어지럽게 흩어진 유골의 무더기가 발견되었는데, 시신들은 끈으로 묶여 살해되었으며, 두개골 파편은 폭력이 가해진 흔적을 드러낸다. 잔인한 집단살인의 현장과 같다. 제물은 성스럽거나 죽음에 대한 외경감도 없이 타살된다. 제례 후 식인의 풍습이 있었다는데, 일상의 식용이라기보다는 의전의 일종으로 보인다. 이러한 전례의 잔혹함에 대한 이야기는 식민시대에 통치나 선교의 수월성을 위해 실제보다 과장되어 전해졌다는 해석도 있다.

신은 인간의 피에 굶주린다. 엄청난 피를 바쳤음에도 불구하고 제사의 효과를 바라기에는 부족했는지 모른다. 5세기까지 흥성하던 도시는 6세기부터 급격히 쇠퇴하기 시작하여 650년에는 소멸된 것으로 본다. 하나의 제국이 뚜렷한 이유 없이 소멸하는 것은 외침으로 몰살된 경우와 내부에서부터 스스로 붕괴된 경우가 있다. 테오티우아칸은 그 주변에 대적할 어떤 세력도 존재하지 않았다. 오히려 주변 인구가 이곳을 향해 모이는 경향이 있었다. 그러기에 테오티우아칸은 자멸된 것으로 보인다. 유입된 사람들로 인구밀도가 높아지고 농업의 생산력이 임계

달의 피라미드가 중심축의 종국점을 이룬다.
'죽음의 길'에서 이어지는 동선을 피라미드 중앙계단이 정면으로 받아들이기 때문이다.
피라미드라 하지만 묘침이 아니고 제의의 성전이다.

'죽음의 길'이라고 부르는 중심축 가로변의 건물지는 도시적 구조로 짜여 있다.
직각 체계의 격자형 가로망에 기하학적 구성이 정연하다.

태양의 피라미드에서 본 오른쪽 끝이 달의 피라미드이다. 남북 방향으로 20킬로미터 정도 되는 도시의 중심축이 길게 이어진다. 현재 볼 수 있는 '죽음의 길'은 폭이 36.5미터의 넓은 길이며 4.8킬로미터 길을 따라 주변 공간을 거느린다.

달의 피라미드 정상에서 본 도시의 중심가로. 왼쪽으로 태양의 피라미드가 보인다.
이 중심가로를 통해 장려한 의전행렬이 피라미드 앞에 도달했을 것이다.
그래서 이 중심가로는 통로로서의 기능보다도 종교의전 공간이었을 것이다.

점에 이르러 굶주려 죽는 상황까지 이른 것이다.

거주지에서 발견된 유골의 치아는 부실한 건강상태를 말해주는데, 한계를 넘은 부족의 인구밀도, 식량의 고갈과 영양부족, 오물의 범람과 수질의 오염으로 제국은 파국으로 치달았다. 아마 숲과 농지가 황폐화되고, 회복할 수 없는 가뭄이 타격을 가했을지 모른다. 통치자는 흔들리는 민심을 잡기 위해 더 많은 신전의 건설과 노역을 강제하고, 인신공양을 확대한다. 하늘에 대한 기도가 항상 효험이 있는 것은 아니다. 그럴수록 통치자는 신탁을 달래기 위해 더 많은 피를 갈구하게 되고, 신선한 피를 위해 영아까지 희생된다. 정치의 실패는 자꾸 신탁의 오류를 탓한다.

그다음 혁명과 같은 모반이 일어나 황실을 뒤엎어버리고 남은 인민은 뿔뿔이 흩어졌을 것이다. 신전에서 방화의 흔적이 보이는데, 반란과 폭동의 방화인지 또는 통치자의 의도된 화재인지 해석이 구구하다. 아니면 모두가 공멸하고 말았는지도 모른다. 광야의 바람은 이 우둔한 제국이 부끄러워 먼지를 싣고 와 덮어버리고 말았다. 이것이 테오티우아칸의 최후 시나리오다. 이 시나리오는 현재 지구 어느 곳에서도 재연될 수 있다. 종교의 맹목성이 그렇고, 환경 파괴와 부도덕의 팽배, 지도자의 오판, 너 죽고 나 죽자는 막가기가 그렇다.

아스텍 문화를 그리다

테오티우아칸은 물러서서 보아야 보인다. 그 전모를 볼 수 있는 위치가 달과 태양이라는 두 개의 피라미드 정상이다. 여기에서 태양의 눈부심과 멕시코 대지와 도시의 전체 얼개가 분명해진다. 달과 태양이라는 수사는 뒤의 사람들이 만든 것이지만, 태양보다는 달이 중심적 개념이다. 피라미드는 세계 여러 나라가 공유하던 시형식이었다. 단층으로 구성되거나 사면斜面으로 축조되거나 모두 밑동이 넓고 끝이 뾰족한 형식이다. 이 안정되고도 단단한 구조 때문에 국제적인 양식이 되었을 것이다. 고구려 장수왕릉, 광개토대왕릉도 층단형 피라미드이며 그 밑 석실에서 제왕을 영원히 잠들게 하였다. 메소포타미아의 지구라트는 제단이지만, 이집트 피라미드에 버금가는 크기로 마치 하늘에 오르고자 쌓은 것 같다. 무엇보다도 피라미드의 완결판은 이집트 고왕조 시대의 것이다.

이집트 마스타바Mastaba는 완곡으로 쌓아 올린 것이고, 조세르 왕의 사카라Saqqara 피라미드는 층단형인데 형태미보다도 안정적인 구조를 우선했다. 기자의 피라미드에서는 완전한 사각추가 형성된다. 이 국가적 프로젝트들이 엄청난 인간 노동의 희생 위에 이루어진 것은 동서양 모두 공통된 일이다. 물론 역사적 시간의 차이가 크지만, 테오티우아칸의 태양의 피라미드는 그 규모에서 이집트에 버금간다. 그러나 축조 형식에서는 차이가 완연하다. 이집트가 거석을 큐빅으로 다듬어 쌓은 데 비해 아스텍 인들은 막돌을 쌓아 올렸다. 아마 나일 강 주변에서는 큰 사암이 채굴되었던 것에 비해, 아스텍의 지역에서는 큰 돌을 얻을 수 없었던 모양이다.

건축술로 보면, 이집트-기원전 2500년과 테오티우아칸-기원후 100년이라는 시차에도 불구하고, 아스텍은 이집트와 어깨를 겨룰 수 없다.

이집트 기자의 피라미드와 테오티우아칸의 태양의 피라미드는 밑변이 225미터 정도로 비슷하다. 그러나 기자 피라미드의 사각斜角이 45도인데 비해 태양의 신전은 약 30도이며 달의 피라미드는 25도 정도이다. 그래서 높이도 기자의 것이 144미터인데 비해 태양의 피라미드는 그 반 정도인 65미터이다. 각도가 다른 것은 석조의 기술력 차이이고, 큰 돌(이집트)과 막돌(멕시코)이라는 재료의 차이에서 생긴 구법의 결과이기도 하다.

피라미드의 내부공간도 비교된다. 이집트 사람들이 보다 용의주도한 통로와 정연한 현실玄室을 만들었던 것에 비해 아스텍의 현실은 작고 단조롭다. 기자의 피라미드와 달리 테오티우아칸의 피라미드는 제사를 위해 사람이 오르내릴 수 있어야 했다. 이 때문에도 경사 각도를 급하게 할 수 없었을 것이다. 그래서 달의 피라미드는 광장을 앞에 두고 4단으로 구성하여 중간에 플랫폼을 만들었다. 43미터 높이에 면적은 151×141미터로서 태양의 피라미드 3분의 2 정도의 크기지만, 도시의 종국점은 '달'이다. 피라미드는 현재 석축으로 구조가 노출되어 있지만, 아스텍 시대에는 석회로 마감한 표면에 붉은 칠을 했을 것이다.

달의 피라미드에서 도시의 동선은 마무리되고 또 다른 유적으로 연결된다. 1962년부터 발굴과 복원을 마친 케트살파팔로틀Quetzalpapalotl의 궁실 건축지가 그것이다. 앞서의 피라미드들이 대부분 덩어리 조형인데 비해 이 궁실지에서는 공간적인 모습을 볼 수 있다. 화산암 블록으로 구축된 공간은 중정 건물과 건물 사이에 있는 마당과 회랑기둥과 지붕만으로 만든 통로, 내부 공간으로 연속되며 공간의 얼개가 '근대적'이다. 지붕은 평지

케트살파팔로틀 콤플렉스에서 쟈가Jagar의 중정이라 부르는 주랑과 각실.
10×7미터 크기의 파티오와 회랑으로 공간의 얼개를 만들며 위아래 층으로부터 동선을 모은다.
조형은 단순하면서도 구조적이어서 마치 모더니즘의 디자인을 보는 듯하다.
기둥에는 나비와 다색조多色鳥, 케트살파팔로틀의 도안이 보인다.

형상 토기(테오티우아칸 출토, 국립인류학박물관, 멕시코시티).
개 한 마리가 몸을 웅크려 그릇의 볼륨을 만든다.

아래 | 죽음의 복합체(테오티우아칸 출토, 국립인류학박물관, 멕시코시티).
아스텍에서 죽음의 묘사는 아주 흔한 주제이다. 중앙의 둥근 원반은 태양 신전의 정면을
장식하던 부품이다. 광배를 두르고 있는 해골이 혀를 쭉 내밀고 있다.

전사 또는 사제의 입상을 재현한 테라코타
(테오티우아칸 출토, 국립인류학박물관,
멕시코시티, 소랄판Xolalpan, 500~650년).
왼쪽에는 방패, 오른손에는 쟈가의 발톱이 달린
술잔을 들고 있다. 서 있는 자세가 대칭이며,
두 눈을 지그시 감고 있는 모습이
무언가에 몰입한 것 같다.

세 발 채도彩陶(테오티우아칸 출토,
국립인류학박물관, 멕시코시티).
이 용기의 둘레를 장식하는 색채가
프레스코 기법인 점이 특이하다.
성장한 전사가 흑요석 칼을
가슴에 대고 있다.

붕이며 출입구는 목조 린텔수직의 기둥들 위에 수평의 들보를 얹는 방식으로 간이한 구조이다. 중정 주변의 주랑건축에서 수평의 들보를 지른 줄기둥이 있는 회랑을 만드는 사각 기둥은 신화를 다루거나 종교적인 주제의 부조로 꽉 채워져 있지만, 보통 고전기의 전형적인 주초, 주두의 모습은 보이지 않는다. 린텔 역시 평아치로서 단순하여 '근대적'이다.

그 안에 있는 '깃털 달린 소라' 신전은 2~3세기의 것으로 추정된다. 이 문학적인 신전의 이름은 입구 전면에 새겨진 부조의 형상 때문인데, 멕시코 고고학 팀이 벽화가 남아 있는 신전을 캐내는 데 성공했다. 보통 아스텍 문화는 거칠고 드세게 기억되는데, 미술의 세계는 그렇기도 하고 아니기도 하다.

신과 전사의 토조土彫는 확실히 무력적이며 억세게 표현된다. 한껏 과시하는 모습의 당당한 체구, 큼직한 동물 머리의 투구, 휘날리는 깃털 장식, 어깨에서 무릎까지 덮는 갑옷의 무게감 등이 위압적이다. 미술 형식의 밑에 흐르는 죽음은 매너리즘이 되며 인상을 어둡게 한다. 그에 비해 생활도기는 정서적이며 유머가 있고 미려하다. 그러나 확실히 동시대 로마 미술의 매끈함, 우리 삼국시대의 담백함과는 큰 차이가 있다. 야성적인 조형예술은 단순한 심미의 대상이 아니라 다분히 사회문화적인 역할을 했을 것이다.

마야 문명의 숲을 거닐다

안데스를 등에 지고 점점이 잉카가 기지를 틀고, 멕시코 중원에서는 테오티우아칸이 흥성할 때, 유카탄 반도 밑으로 마야 문명이 별자리처럼 엮어져 있었다. 마야는 중앙아메리카에서 케추아 족을 중심으로 일어난 문명으로서 대략 2천 년 전부터 형성되었을 것이라 추측한다. 기원전 500년~기원후 325년경 우리가 현재 볼 수 있는 마야 문명이 형성되는데 이를 전고전기라 한다. 이때에는 올메카의 영향이 짙었다. 324~925년 사이는 고전기인데 초기 고전기인 324~625년에 마야 상형문자가 만들어졌다. 625년~925년경이 마야 문화가 최고조를 이룬 때이며 수학과 천문학이 융성한다. 그러나 800~975년의 후기 고전기부터 퇴조하기 시작해, 975~1200년 사이 마야는 톨테카와 결합되며 멕시카 시대로 접어든다.

그 후 마야는 통일된 국체를 이루지 못한 채 크고 작은 부족 단위가 현재의 멕시코, 과테말라, 온두라스, 엘살바도르 등에 퍼져 있었다. 그만큼 마야 문명은 널리 산포되어 있기에 찾아나서려면 꽤 많은 시간과 발품을 팔아야 한다. 아스텍 문명이 대부분 석조의 기대만 남기고 사라진 데 비해 마야는 비교적 확연한 건축 유구를 보존한 채 우리를 부른다.

초기 마야에는 수백 개의 독립된 씨족국가들이 산재했는데 모두 자신들의 이름을 가지고 있었다. 그중에 멕시코 유카탄 주Estado de Yucatán의 주도 메리다Mérida 근처의 마야판Mayapan에서 융성했던 문화가 있었다. 이들은 마야어를 쓰고 문화적 연계성도 짙어 이 시대의 지역문명까지 통틀어 마야라 한다. 지역적으로 메소아메리카의 고대 문화는 지금의 미국 캘리포니아와 텍사스를 포함한 북부에서 중앙아메리카의 목줄인 파나마에 이르기까지가 큰 몸체이며, 태평양을 가슴에 안고 그의 등을 대서양에 적시고 있다.

태양의 신전(팔렌케). 기단·신당·크레스테리아의 전형적인 3부 양식의 신전을 보여준다.
마야의 신전은 지역과 시대에 따라 신당의 구성과 각부의 비례 차이를 비교해볼 수 있지만,
복잡한 의미와 상징의 복합체로서 하나의 종교적 텍스트로 기능하는 것은 공통적인 성질이다.

마야라 하더라도 지역성에 따라 북부Norte의 유목문화, 멕시코 서부 Occidente 문화, 멕시코 만Golfo de México, 중부 고원문화, 오악사카 그리고 유카탄과 그 이남에 이르는 광범위한 지역까지 마야 문화권으로 그려진다. 메소포타미아·지중해·아시아 등이 이웃의 지역문화와 교류하며 성장하는 데 비해 잉카·아스텍·마야의 메소아메리카는 고립된 대륙이었다. 그만큼 근친적 문화 교차의 환경에 있었다. 비교적 풍요로운 농경으로 잉여 시간을 가질 수 있었고, 이것이 마야 문명의 깊이와 크기를 만들어냈다. 마야는 만신萬神의 종교국가이기도 한데, 이 정치·종교적 사회성이 그토록 수사가 활발한 건축을 만들게 했을 것이다.

마야의 상형문자는 아직도 완전하게 해독하지 못하고 있다. 해독의 준거가 될 만한 단서가 부족하며, 스페인 정복군이 자료를 철저히 파괴했기 때문이다. 또한 부족별로 기호체계에 차이가 나고 심지어 쓰는 사람에 따라 표현이 달라지는 '상형'象形의 자유로움 때문에 해독이 난해하다. 마야의 상형문자는 석회암 판에 새기거나 석회 벽에 부조로 표현되는데, 미술과 같은 형상성을 가지고 있어 장식적 효과를 겸한다.

마야 신전은 지역에 따라 차이가 있으나 대개 다음과 같은 3부 형식의 양식을 기반으로 한다. 기단base: 피라미드 모양이 기초 구조인데 거대한 계단에서 신전이 앉혀진 플랫폼까지는 제의를 벌이는 데 이용되었을 것이다. 전체 구성에서 기단의 비중이 큰 것은 이 제의의 웅자를 표현하기 위한 것으로 보인다. 신당templo: 피라미드 위의 주체 부분으로 내부 공간을 갖춘 제의의 공간은 전면에 주열열을 지어 세운 기둥의 칸을 두고 그 안에 벽화와 부조로 장려한 신의 공간을 구성한다. 크레스테리아cresteria는 우리가 보통 마룻대 장식이라고 하는 건축의 정수리 부분으로서 신당의 머릿장식 부분이다. 마치 관을 쓴 경사 지붕 모양이다.

올메카의 흥미로운 유산, 거대 두상

올메카 문화는 멕시코 만에서 발흥하지만 그 문화의 보자기는 오악사카와 마야 전체를 덮고도 남는다. 이러한 점을 고려할 때, 올메카는 한 지역문화가 아니라 당시에 폭넓게 유행했던 문화의 한 유형으로 보는 게 마땅하다. 이 올메카의 기원을 만나기 위해 비야에르모사Villahermosa로 간다. 멕시코 만을 앞에 둔 이 도시는 지대가 낮고, 여름마다 태풍을 가슴으로 막아내니 홍수로 한 계절 시달릴 각오를 해야 한다. 필자는 이 고난의 도시를 두 번 들르는데, 한 번은 올메카를 위해서이고 다른 한 번은 주변에 산재해 있는 마야의 보물들 때문이다.

비야에르모사에는 올메카의 사이트가 몇 군데 있는데, 시내에 있는 라벤타 박물관에Parque-Museo La Venta 석조들을 모아놓았다. 이 과도한 친절 덕분에 막상 발굴 현장에서는 모조품밖에 볼 수가 없다. 발굴 유적지로서는 라벤타가 제일 크고 정비가 잘 되어 있지만, 석상들은 모두 모조품이다. 여기에서 박물학에 관한 보편적 충고 한마디, '유물은 제자리에!' 근교에 있는 발굴지 라벤타와 시내에 있는 라벤타 박물관과는 헷갈리지 말아야 한다. 라벤타 박물관은 비야에르모사 시내 중심에 있지만 라벤타의 유물을 중심으로 구성한 것이기에 이름을 이렇게 붙였다. 그리고 이 공간은 순수한 박물관이 아니라, 동물원도 함께 있는 복합공

거대 두상(산로렌소, 베라쿠르스 출토, 기원전 1200년~600년).
직사각형 윤곽의 두상, 처진 두 눈, 뭉뚝한 코, 미소를 머금은
두툼한 입술은 어떤 인종을 모델로 했는지 알 수 없다.
다만 얼굴의 묘사력이 아주 구체적이고 뛰어나며 높이 2.69미터에 이르는
조각의 크기가 보는 이를 압도한다.

간이므로 동선이 길다. 대신 올메카의 석물들을 숲과 자연 속에 전시하니 발굴 당시 모습에 조금은 가까울지도 모른다.

만약 그 동물원 속의 유물이 성에 차지 않고, 진정한 올메카의 석조 예술과 만나고 싶다면 살라파의 인류학박물관Museo de Antropología de Xalapa으로 가야 한다. 살라파는 비야에르모사보다 베라크루스에서 더 가까워 서북쪽으로 90킬로미터 떨어진 곳에 위치한다. 박물관의 유물은 현장을 떠나 있어 박제화된 기분이 없지 않으나, 올메카 유산들 중에서는 최고로 정제된 것들과 만날 수 있다. 유물 발굴의 현장감을 살리기 위해 전시는 정원과 야외 전시를 어우르는 구성으로 짜여 있다. 무엇보다 올메카 시기의 예술, 민속을 한번에 볼 수 있다.

올메카의 유산으로 가장 흥미로운 것은 거대 두상Cabeza Colosal이다. 동그래하지만 인디오의 얼굴과는 차이가 있어 그 인종에 대한 해석이 엇갈린다. 찌푸린 미간, 응시하는 눈, 커다랗고 둥근 코, 미소를 머금은 두툼한 입술은 매우 복합적인 인상을 만들어낸다. 동양적인 또는 아프리칸의 인상을 가진 이 조각상은 처음부터 머리 부분만 제작되었다. 크기에서부터 압도당하는데 석재의 질료감 때문에 부동의 무게감이 더해진다. 무엇보다 스케일을 압도하는 중량감은 어떤 종교적 상징성이 아니면 설명이 불가능하다. 큰 것은 높이 4미터에 이르며 무게는 14톤에 달한다.

카리브의 마야 유적 툴룸

유카탄은 멕시코에서 카리브 해 쪽으로 불끈 솟아 나온 반도이다. 반도라고는 하지만 그 덩치가 너무 커서 보기에는 하나의 대륙만하다. 유카탄 전체에는 마치 마야 문명을 뿌려놓은 것처럼 유적이 점점이 이어져 있다. 마야 문명은 부족 간에 정복 전쟁보다는 교역과 교류를 통해 공존하는 길을 택한다. 때문에 문명 단위가 국가만큼 크지 않은 대신, 작은 개체들이 제각기 문화를 일구었다. 유카탄에서도 문명의 중심은 메리다-칸쿤 간의 고속도로 축에 걸려 있다. 마야 도시 툴룸Tulúm은 카리브의 휴양지 칸쿤Cancún에서 가깝다. 그러니까 이 지역은 마야 문명 중에서도 해안을 따라 발달한 지리적 특성을 갖는다. 멕시코의 마야 문명기행은 유카탄 동쪽에서 시작하여 메리다를 횡단하고 다시 내륙을 잇는 노정을 택한다. 그러기에 방문하는 도시의 연대가 앞서거나 뒤서거나 엇갈릴 수 있지만 모두 마야 문명의 시대적 사실이다.

툴룸은 카리브 연안에 위치하여 육지와 바다의 특성을 함께 갖고 있다. 이 도시는 육로 쪽으로 성벽을 쌓았고 바다 쪽은 천혜의 자연환경을 방어 구조로 만들었다. 툴룸이라는 말 자체가 '벽'을 뜻하듯이, 성벽 쌓기와 방어적 입지는 마야 후기에 빈번해지는 외침 때문이다. 도시가 구축된 시기가 최초 564년으로 마야의 고전기 후기에 속하는 만큼 건축의 격조나 치밀함이 떨어진다. 그러나 태양 밑에 선명한 건축미술, 바다의 내음을 머금은 공기, 청정한 바람, 아열대 꽃향기의 그득한 분위기는 특별한 풍광이다.

성벽은 동서 변이 170미터, 남북 변이 380미터 정도로 20만 평 정도의 크기이다. 성벽은 높이 4미터, 두께 6미터의 석조이며 다섯 개의 문을 통과해 성 안으로 들어온다. 바다 쪽은 방어변이지만 이 카리브 해

대신전은 높이 7.5미터로 툴룸에서 가장 높은 건축이고 그 위치의 중심성도 강하다.
그러나 6세기 후반 건축의 양식미는 이미 퇴조하고 기법은 조악해졌다.

를 통해 이웃 도시들과 통상을 했다. 주로 식료품으로 소금·카카오·꿀, 광물로는 흑요석·현무암·옥, 문화상품으로 깃털장식·도기·기구·면화·가죽 등을 사고 팔았다. 툴룸은 내륙에 위치한 도시에 비해 위치상 커다란 이점을 누렸지만 후기 마야의 퇴락기에 들어서 도시는 성장을 멈춘다.

전체적인 도시구조는 바다를 등지고 육지를 향하는 형국이다. 대신전El Castillo이 육지 방향으로 전면을 잡고 큰 가로 조직을 거느린다. 이 신전을 중심으로 하는 핵심 구역에 귀족들의 저택과 소신전 들이 남아 있다. 대신전의 조형은 정면성을 확실히 하기 위해 앞이 터진 중앙부가 뚜렷하며 좌우에 부속 건물을 두어 대칭을 이룬다.

석조 건축에서 벽을 틔우는 방법은 린텔 구조와 아치 구조가 있다. 린텔은 기둥 위에 긴 통돌을 얹어 창이나 문을 달거나 개방한다. 아치는 통돌이 아니라 작은 단위들을 쌓는 구법으로 초기 방법은 코벌 아치이다. 이 방법은 출입구의 머리 부분을 삼각형이나 반원형으로 하되 수평으로 쌓는 석재를 조금씩 안으로 내어 아치 모양을 만든다. 본격적인 아치는 로마 시대에 개발되는데 돌이나 벽돌로 아치를 쌓되 켜의 줄눈들이 원의 중심을 향하는 방법이다.

마야의 건축은 대개 린텔이나 코벌 아치의 구조법을 보이니, 건축기술적인 면에서는 초보이다. 앞마당 중앙에 신단을 쌓고 대신전을 그 뒤에 앉혔다. 그래서 신전의 의식은 내부 공간만이 아니라 외부 공간에서 더 활발하게 치러졌을 것이다. 신당 정면에는 깊은 세 칸의 니치를 만들고 중앙 칸 머리에는 '하강하는 신'Dios Descendente의 부조를 걸었다. 이

내려오는 신의 아이콘은 마야 신전의 여러 곳에서 볼 수 있어 어떤 특정 신을 가리키는 것이 아니라 일반적으로 신의 강림을 표현하는 것 같다.

아예 '하강하는 신'이라는 이름을 달고 있는 소신전은 규모가 작지만 마야 툴룸의 전형적인 신당 양식이다. 지붕은 평지붕이지만 머리띠를 두껍게 하고 부조를 채운 장식띠로 둘렀다. 다리를 벌린 채 머리가 아래로 향해 있는 신의 아이콘이 머릿돌을 장식하는데 마치 우리나라 고건축의 편액처럼 걸려 있다.

'회화의 신전' Templo de las Pinturas은 툴룸의 건축 중에서 부조와 벽화를 가장 잘 보존하고 있어서 이 이름을 얻었다. 신전은 2층 슬래브 집 같은 구조인데 전체 규모는 아담하다. 툴룸의 건축이 대부분 평지붕인 것은 마야 시대 건축이 주로 경사 지붕을 갖고 있는 것과 비교된다. 그만큼 툴룸의 건축은 양식적으로는 뒤처진다. 아래층 전면 다섯 칸의 기둥은 주간이 좁아 기술의 한계가 보이며, 높이도 낮아 신당을 떠받치는 게 힘겨워 보인다.

건축의 비례감이 옹색하고 정밀도가 떨어지는 조형이지만 전면을 덮고 있는 부조와 내부 벽화가 장려하다. 특히 귀퉁이 부분에서 주제를 집약적으로 묘사한다. 귀퉁이는 시각적으로 양면이 노출되어 조각이 건물 벽 배경에 묻히지 않고 두드러진다. 이 귀퉁이의 조각 수법은 마야의 다른 신전에서도 적극적으로 구사된다. 건물 몸체를 일곱 개의 수평 띠로 구성하고 띠 안에 부조를 채워 넣었다. 그밖에 몇 채의 저택들이 중심부를 차지한다.

그중 알라츠 우이닉 저택은 툴룸 최고의 궁실이었을 것이다. 'Halach

◀ 툴룸은 카리브 해안의 도시로서 해안 왼쪽으로 도시가 전개된다.
이렇게 바다로 터진 곳에서 해양 교역이 이루어졌다.

Uinic'이 '진짜 사나이' 쯤의 뜻인데 부족의 왕을 지칭했단다. 저택의 규모도 제일 크다. 저택은 낮은 기단 위에 구축되는데 공간구조는 베란다, 포치양식 건축물의 문간 앞에 지붕이 있는 부분, 홀, 각 실로 구성되며 전체적으로 대칭구조이다. 여기에 실내 공간 못지않은 크기로 옥외 공간을 만들었으니, 내·외부로 이어지는 아열대 생활의 모습이 그려진다. 중앙부의 초가지붕 같은 캐노피는 유적의 부조 기록에서 연역해 만든 것이며 이 부분이 중앙임을 나타낸다. 가옥은 지붕 구조를 석조나 슬래브로 해결하지 못하고 초가지붕을 얹었는데 석조와의 이질감으로 오히려 독특해 보인다.

숲의 바다 코바에서 찾은 마야

코바Cobá 역시 칸쿤에서 접근하는 게 편하다. 큰 호수를 끼고 있으니 수자원이 풍부하고 산림이 발달했다. 마야의 유적은 숲의 바다 코바에 꽁꽁 숨어 있는 듯하다. 그러나 일단 찾아 들어가보면 방대한 유적의 사이트가 고구마 줄기처럼 줄줄이 엮어져나온다. 건물의 종류도 다양하여 크고 작은 피라미드와 신전이 있고 구기장球技場이 둘이나 있다.

코바는 500~900년에 융성하던 후기 고전기의 도시로서 1841년에 발견된 후에도 버려져 있었다. 현재 유적은 코바, A, D, 노오츠 물Nohoch Mul 그룹으로 나누어 영역을 구분하는데 숲속에는 아직도 발굴되지 않은 유적들이 산재해 있다. 보통 하나의 그룹은 몇 개의 축조물로 이루어졌는데, 각 그룹들이 이웃 동네처럼 숲속에 점점이 나누어져 있다.

하나의 그룹을 보고나서 다음 그룹으로 이동하려면 꽤 긴 숲길을 거

'하강하는 신'이라는 이름은 신당의 머리 가운데
조각에서 비롯되었다. 평지붕은 건축 형식 중에서 가장
간이한 방식이고 몸체의 얼개도 단순하다.

하강하는 신. 린텔 위의 아이콘처럼 조각된 신이 하늘에서
땅으로 다이빙하는 모습이다. 신이 강림하는 공간을 뜻하는 것으로
툴룸 마야의 건축에서 자주 찾아볼 수 있는 조각이다.

회화의 신전은 2층으로 된 소신전으로 건물 몸체에 수평 띠를 두르고 부조를 채워 넣었다. 남향의 정면에 네 개 기둥이 다섯 칸의 신전 공간을 만드는데, 전체적으로 비례가 납작하여 옹색한 인상이다.

회화의 신전 신당에도 '하강하는 신'이 새겨져 있고, 몸체 전체를 부조와 벽화로 채웠다.
하단 머리띠 장식에 새겨진 조각은 '비의 신'이다.
이렇게 귀퉁이에 새긴 조각은 양면을 노출하기에 훨씬 입체적으로 표현된다.

쳐야 한다. 이 바람에 사이트 안에서만 이동하는 자전거 인력거꾼들의 수입이 괜찮다. 유적지 전체가 도보거리 안에 있어 삼림욕과 함께하는 역사기행이 근사하다. 다만 몇 번은 길 잃을 각오를 해야 한다. 그래도 서로 길을 묻는 관광객들을 자주 만나니 영영 길 잃을 염려는 없다.

   코바 그룹의 구기장은 규모가 크지 않으나 폭이 좁고 긴 장방형의 평면이다. 종단면을 자르면 역사다리꼴처럼 되니 경기는 바닥만이 아니라 경사면을 오르내리며 역동적으로 치러졌을 것 같다. 장변 양쪽의 경사면 위 플랫폼이 관중석인데 선수와 관중의 위치가 밀착되어 있어 박진감 넘치는 경기를 구경했을 것이다. 구기는 한정된 공간에서 농구처럼 골대에 골을 넣는 경기인데, 골대가 양 단변 쪽에 있지 않고 장변 양쪽에 있다. 여기에 공을 집어넣는단다. 그것도 손으로 넣는 것이 아니라 엉덩이로 차서 말이다.

   '엉덩이 구기'_{臀球: 필자 명명}의 규칙과 기교는 잘 알려져 있지 않으나, 두 가지 자료가 경기 장면을 선명하게 설명하고 있다. 부조의 묘사는 이 경기가 엉덩이 기술의 경기임을 말하는데 그밖에 다른 테크닉이 구사되는지는 잘 모르겠다. 6인제인지 9인제인지, 경기 인원은 구장 크기에 따라 달라질 것 같다. 편은 어떻게 구성되는지, 수비와 공격으로 나뉘는지도 불분명하다. 경기장의 장변은 코바에서처럼 경사면일 수 있고, 치첸이트사처럼 수직면일 수도 있지만 장변과 단변이 모두 막혀 있으니 사이드 아웃은 없고 골라인 아웃이 없는 모양이다. 경기장은 단순히 게임을 위한 공간이 아니라 의전을 치르는 신전과 같은 전례 공간이 함께 있다.

코바의 마야 유적지에는 구기장이 여럿인데 코바 그룹에 있는 경기장은
폭이 좁고 길이가 길어 비례가 늘어난 구성이다.
경기는 바닥 평탄면만이 아니라 경사면을 함께 사용했을 것이다.

툼바의 티로 묘지Tumba de Tiro-Nayarit에서 발견된 토기 조각은 현장감 넘치는 경기 장면을 보여준다. 토조는 경기장이 축소된 스케일이지만 몇 명이 두 팀으로 나뉘어 경기를 치르고 있어 긴장감이 넘치고 경기장 장변 양측의 관중은 열광적으로 응원한다. 단면에 배치된 두 건물은 팀의 수장이 관전하거나 의전을 치르는 공간이었을 것이다. 선수 한 명이 공을 들고 상대를 향해 서 있는 게 막 경기를 시작하는 모양이다. 선수의 복장은 다른 부조 기록에서 잘 나타나는데, 엉덩이 보호장구와 어깨, 팔의 보호대가 두드러진다.

코바 그룹에 있는 신전은 긴 기단 위에 피라미드 한 기가 얹혀 있다. 이 신전을 현장에서는 'castle'이라고 하고 'church'라고도 하는데 모두 마뜩치 않다. 보통 마야의 피라미드가 대지 위에 독립적으로 축조되는 것에 비해, 이 사원은 하나의 플랫폼 위에 여러 시설들과 함께 연결된 공간을 구성한다. 그러니까 피라미드는 홀로 존재하는 것이 아니라, 주변의 여러 제의를 위한 부수적 공간과 시설들을 함께 거느리는 것이다. 이집트의 피라미드도 대지 위에 사각추만 남아 있지만, 원래는 그 주변에 의전을 위한 많은 부속 공간을 거느리는 구조였다.

피라미드는 23미터 높이로 우뚝 서서 코바의 늪을 내려다본다. 신전은 아홉 개의 섹션으로 구분되는데 그만큼 여러 번의 증설을 거듭한 결과이다. 첫 번째 구축은 묻혀 있지만, 그 위에 쌓은 두 번째 구축에서 볼트 구조의 방과 계단실을 볼 수 있다. 이를 근거로 할 때 신전은 초기 고전기에 건축을 시작해 고전기에 완성한 것으로 보인다.

비교적 피라미드와 신당의 모습이 잘 남아 있는 것이 '프레스코화의

▶ 구기장 조각(국립인류학박물관, 멕시코시티, 기원전 200년~기원후 600년 추정).
　장변에 관중들이 앉아 있고 단면 양쪽의 건물은 의전 공간으로 보인다.
　선수들의 표정이 진지하고 투지에 넘친다.

신전'Templo de los Frescos이다. 고전기에 구축을 시작하고 증설을 거듭한 끝에 정상의 신당은 후기 고전기 양식으로 마무리된다. 피라미드 밑으로 이어지는 여러 가지 공간들은 이곳이 복합적인 장소임을 알게 한다. 우리는 지금까지 대부분 독립된 요소로서 피라미드를 보아왔으나 원래 마야의 신전은 콜로네이드_{수평의 들보를 지른 줄기둥이 있는 회랑}나 가로축과 같은 배치구조에 얽혀 있었다.

D 그룹에 있는 구기장은 코바 그룹의 경기장보다 규모가 좀더 크지만 평면 비례는 비슷하다. 경기장 바닥 중심에 해골 모양의 부조가 깔려 있어 사람들은 이 구기가 단순한 놀이나 스포츠가 아니라 목숨을 건 승부였다고 말한다. 승자에게는 영광이 돌아가지만 패자는 목을 내놔야 하는 경기에는 전쟁 노예가 많이 동원된다. 어쩌면 제의의 희생양을 정하는 죽음의 경기였을 게다.

D 그룹의 사이베 피라미드는 기본적으로 정방형 평면이지만 네 귀퉁이가 동그래해 부드러운 느낌이다. 이렇게 귀퉁이가 둘려진 형태는 정확한 기하학적 구성을 피하는 수단이기도 할 것이다. 이 역시 다듬지 않은 돌로 축조되어 있는데 현재의 모습은 3단 피라미드 형태이다. 중앙에는 큰 계단이 설치되어 있지만, 정수리에서는 신당을 볼 수 없다.

코바 유적에서 가장 압권은 노오츠 물 그룹의 피라미드이다. 'Nohoch Mul', 즉 '큰 언덕'이라는 이름처럼 유카탄 마야에서 제일 높은 구축물이다. 우선 높이가 42미터나 되어 과연 저곳을 올라가보아야 할지 아니면 밑에서 보고 말아야 할지 고민하게 한다. 그렇지만 일단 올라가봐야 하는 것은 이 정도 높이에서야 주변에 광활하게 펼쳐진 숲의 바다를 볼 수 있기 때문이다. 정상에는 작은 신당이 한 채 있는데 피라미드의 거창한 몸체에 비해 이 정부頂部는 왜소해 그 비례가 어색하다.

건축가가 전체적으로 피라미드 높이에 욕심을 부려 너무 높은 사각추를 만들다 보니, 정상부가 생각보다 좁아졌다. 건축가는 이를 뒤늦게 깨달았지만, 그렇다고 다시 깎아낼 수도 없고 그냥 신당을 앉힌다. 그러다 보니 신당의 크기가 작아질 수밖에 없었던 것이 아닐까. 현재의 신당은 피라미드보다 뒤늦은 후기 고전기에 축조된 것이다. 정상부 신당의 정면 중심, 포치의 상인방上引枋에 걸친 부조는 '하강하는 신'의 아이콘이다. 하늘에서 신은 두 다리는 위로 하고 머리는 아래로 향한 채 땅으로 다이빙한다. 신당의 내부는 삼각볼트 구조인데 전체 형태가 왜소한 만큼 깊이가 얕다.

메리다Merida는 일제 때 멕시코에 이민온 한국인들이 도착한 곳이다. 구한말 1904년, 제물포항에서 이민 브로커의 꾐에 빠져 이주한 이민들은 차라리 유민流民이라 함이 맞다. 그들은 정확한 행선지와 소요 기간도 몰랐던 여정을 마치고 두려움으로 이 땅에 올랐다. 우리는 이 이민단을 '에니켄'이라고 하는데 모두 집단농장에 투입되었다. 에니켄은 원래 선인장과의 식물인데 이민자들은 에니켄에서 섬유질을 뽑아내 밧줄이나 줄침대 등의 섬유 도구 만드는 일을 주로 했다. 그래서 그들 반노예 이민자들을 에니켄이라 불렀다. 한때 에니켄 산업은 멕시코 경제의 버팀목이었다. 에니켄을 재배하고 추수하기 위해서는 혹독한 멕시코의 뙤약볕과 굶주림과 향수병을 견뎌내야 했다.

척박한 환경에서 고된 장시간의 노동으로 수많은 이민자들이 죽어나 갔다. 이민 1세들은 이미 세상을 등졌고, 후손들은 대부분 대도시로 이 주했지만 메리다는 멕시코로 이민간 한인들의 두 번째 고향이다. 메리다를 거점으로 하여 그 주변의 마야 유적은 규모가 큰 것만 추려도 툴룸Tulum, 치첸이트사Chichén Itzá, 욱스말Uxmal 등이다. 그밖에 작은 유적이나 아직 발굴을 기다리는 사이트들이 얼마나 더 있는지 알 수 없다.

고전기 마야를 대표하는 치첸이트사

마야는 원천적으로 바로크의 미학적 성질을 품고 있다. 과장된 매너, 연극적 장면의 연출, 거기에 아열대 특유의 긴장하지 않는 생활문화가 그러하다. 우리가 마야의 시대사 중에서 7세기 전후를 고전기라 한 것은 단지 양식적인 규범이 정해진 시기라는 것을 말하기 위해서다. 때문에 마야의 고전기 특징은 질서와 통일과 엄정함이라는 클래식의 미학이 아니고, 오히려 표현적으로 헤테로피아하다.

치첸이트사 역시 마야 고전기7~11세기의 대표적인 유적이지만, 건축에는 바로크적인 표현이 넘친다. 유적은 피라미드, 구기장, 크고 작은 신전, 목욕탕, 시장 등 여러 가지 빌딩 타입과 커뮤니티 시설을 가지고 있다. 사이트 안에 들어서면 구축물들이 하도 많아 어디로 향해야 할지 헷갈리지만 우리의 시선은 자연히 거대한 스케일의 대 피라미드로 이끌릴 것이다.

성El Castillo 또는 쿠쿨칸Kukulcan 또는 케트살코아틀이라 불리는 대 피라미드는 전형적인 유카탄 마야의 양식으로서 기단부와 그 위의 신당으

◀ 코바는 숲 속에 묻혀 있다가 1841년 다시 발견되고, 1920년에야
존 스테판 교수에 의해 조사되었다. 코바 유적 중 노오츠 물은 그 높이가 42미터로서
유카탄 마야 유적 중에 제일 높다. 이 정도 높이의 유적에 오르면 주변에 펼쳐진
'나무의 바다' 樹海의 깊이를 벗어난다.

로 구성된다. 피라미드는 아홉 개 층단으로 쌓아 올려지며 그 체감률피라미드가 높아질수록 각 층이 좁아지는 비율이 멋지다. 물론 이러한 층단은 구조적 안정성 때문에 형성하는 것인데, 각 단마다 띠 장식을 둘러 층을 강조한다.

피라미드는 네 방향으로 계단이 나 있는데 각 난간마다 뱀이 같이 흘러내려온다. 뱀은 지반에 이르러 머리를 드는데, 그는 땅에 내려서는 좀더 강한 인상을 남기기 위해 입을 크게 벌린다. 뱀은 지역을 가리지 않고 어떤 영묘함을 표현하는 영원한 주제인가 보다. 이집트가 그랬고 인도와 앙코르와트도 그랬다. 그 묵음默音의 행동, 수시로 형태를 바꾸어 만드는 유연한 형상성, 파충류의 차가움, 치명적인 독의 힘 등이 만들어내는 이미지가 그럴 만하다. 우리는 앞으로 마야의 장식에서 수도 없이 뱀과 만날 것이다. 그러나 유적을 뒤지는 중 살아 있는 뱀은 한 마리도 못 보았다.

피라미드의 단조로운 형태에 비해 전사의 신전Templo de los Guerreros은 훨씬 공간적인 구성이다. 후기 고전기 톨테카 건축의 대표적인 예를 보여준다. 쿠쿨칸 신의 상징이라는 '깃털 달린 뱀'이 꼬리를 들어 기둥을 만들고 땅에 내린 머리는 입을 크게 벌리고 있어 무섭다. 이 쿠쿨칸의 인상적인 모습은 당시 건축가들에게 인기가 있어 마야 신전의 전면을 조형하는 전형이 된다. 전사의 신전 상단에도 쿠쿨칸 기둥이 포치를 만들고 그 앞에 착물Chac Mool이 배치된다. 꽤 널찍한 이 공간에서 대단한 의전행사가 벌어졌던 모양이다.

착물은 희생물을 바치는 신전의 핵심 공간이다. 후기 마야에서 톨테

대 피라미드(치첸이트사). 초기 고전기 후반(7세기경)의 양식임에도 네 면이 동일한 점대칭의 사각추 형태로서 삼각형을 이루는 체감률이 세련되었다. 춘·추분이면 해의 그림자가 계단 섶에 뱀 모양을 만든다는 얘기로 더 유명해졌다. 모두 9단으로 쌓은 높이 24미터 피라미드의 계단은 한 면에 91단씩, 네 면을 합치면 364개이고, 여기에다 플랫폼 한 단을 더하면 총 365단이 된다.

카와 멕시카에 전승되는데, 그 특이한 포즈가 인상적이다. 두 발을 모으고 무릎을 세운 채 땅에 눕지만, 윗몸은 들어올린 고난도의 포즈이다. 고개를 전면 계단 쪽으로 돌리는데 정확히 직각으로 돌린 얼굴의 표정은 규범화되어 있다. 눈은 크게 떴지만 애써 무심한 표정을 짓는데 무릎 위의 쟁반을 외면하는 모습이다. 이 쟁반 위에 희생자의 심장을 올려놓았다고 한다.

이 전사들의 신전에서부터 기둥 1,000여 개가 늘어선 긴 주랑이 이어지는데, 통로에는 원기둥이 배치되다가 방향을 전환하는 교차축의 기둥은 특별히 각형이다. 그 뒤로 시장mercado이 위치한다. 공간 형식이 꼭 현대의 쇼핑 아케이드 늘어선 기둥 위에 아치를 연속적으로 만든 공간와 닮았다. 주랑을 따라 이어지는 작은 방들은 소매상가 같고, 그 안에 작은 원형광장이 있다. 이 광장은 좌판을 벌릴 만한 시장으로 보인다.

이 시장에서 계속 걸어가면 사우나 욕탕이 나온다. 벽에 기댄 벤치, 불을 땐 흔적, 환기구, 상하수도 그리고 폐쇄적인 공간 형식이 목욕탕이었음을 말해준다. 여기에서 마야 건축의 전형적인 삼각볼트 구조를 볼 수 있다. 삼각볼트는 건물 전체를 석조로 할 경우 합리적인 구법이고, 삼각형으로 높아지는 천장고는 내부 공기의 환기를 위해서도 훌륭하다.

마야의 콤플렉스는 구기장을 하나 이상 가지고 있다. 구기장은 정규 규격이 없는데 아주 커서 축구장만하거나 아주 작아서 족구장만하기도 하는 등 일정하지가 않다. 아마 부족의 세력이 크면 구기장도 크게 만들었을 것이다. 이 경기 시설만 보아도 치첸이트사의 위세를 알 수

전사의 신전은 그 공간 구성이 가장 복합적이다. 전면에 부조로 새겨진
사각 열주랑이 배치되고 높은 기단 위에 신당이 얹힌다.
중앙 계단과 그 상부의 의례 공간이 다채로워지는 후기 고전기 건축의 모습이다.

전사의 신전 중앙에 안치된 착물은 인신공양에서 제물을 얹는 곳이라고 한다.
착물의 뒤로 즐비한 뱀의 기둥이 상단의 공간을 만드는데 지붕이 덮인 모습을 상상해야 한다.
높이 10미터, 폭이 40미터인 공간에 세워진 석주 열의 구성에서
톨텍 문화와의 연관성을 읽는다.

있다. 일반적으로 구기장의 두 장변은 경사면으로 축조되는 데 비해 여기의 것은 12미터의 직립 벽으로 높다. 그러나 모두 장방형의 비례이며 긴 축을 따라 두 팀으로 나뉘어 경기를 치르는 방식은 현대 구기와 같다.

구기는 마야 인들에게 유희 이상의 퍼포먼스였을 것이다. 우선 전체 유적 사이트 중에서 차지하는 경기장의 규모166×68미터가 그렇고, 건축적 내용이 충실한 것을 봐도 그렇다. 경기장에 부속된 쿠쿨칸 신전이 이 장소가 예사 공간이 아님을 말한다. 경기장의 축대 위에 신당이 얹혀 있는데 조각과 건축 기법이 치밀하고 양식적 격조가 있다. 결국 한 시대가 가지고 있는 건축문화가 그 국가의 시대정신이며 잠재력을 웅변한다.

작은 신단의 피라미드와 납골당El Osario, 여기에서도 뱀은 주인공이다. 뱀은 길다. 뱀은 아주 은밀하게 운동하는데 기어서 오르내리는 동작이 파충류답다. 그래서 뱀보다는 '배암'이라 부르는 것이 더 마땅해 보인다. 뱀은 '긴 것이 긴다'라는 미적 코드를 갖기에 긴 계단의 장식으로 자주 채용된다. 피라미드는 전체적으로 사각추 형상으로 안정적이게 쌓아 올렸는데, 그 머리에 얹은 신당이 건축의 절정을 이룬다. 오랜 세월이 지나면서 조금 불안정한 신당 건축은 사라지고 안정적인 피라미드 구조물만 남은 경우가 많다.

마야의 건축 중에서 특이한 빌딩 타입은 천문대El Caracol이다. 천문대는 모양이 요즘의 천문 망원대의 돔처럼 생겼다. 그렇다고 망원경이 있

신전 위의 신당. 경기장을 내려다보는 쟈가 신전의 부속 건물이다.
전형적인 '깃털 달린 뱀', 쿠쿨칸 신의 상징이 전면에 자리한다.

대 구기장(치첸이트사). 장축의 공간으로서 양쪽 장변 가운데에 골대가 설치된다.
마야의 구기장 중에서 가장 큰 규모로 길이 166미터, 폭 69미터이다.
이 정도면 현대의 축구장보다 크다.

천문대는 장대한 플랫폼 위에 돔 공간을 포함해
여러 시설이 복합되어 있었던 것으로 보인다.

는 것은 아니고 빛과 물그림자로 천문학 정보를 얻었던 것으로 짐작된다. 또한 기단이 크고 기단 위에 공간이 있는 것으로 보아 의전적인 공간과 합해진 것 같다. 이 기단을 오르는 계단 난간에도 뱀이 등장한다. 기단 위에 올라가면 공간이 넉넉한데, 베란다처럼 여러 가지로 기능하는 열려 있는 공간이었을 것이다.

돔은 큰 드럼drum: 북을 뉘어놓은 모양처럼 둥근 몸체 부분 위에 얹혀 있다. 이 드럼 부분이 주기능을 하는 공간이다. 돔의 평면은 정원이며 반원의 종단면은 완전한 반구半球이다. 놀랍게도 석조 돔은 이중구조이다. 지붕 겉면이 있고 그 안에 내피가 있다. 이탈리아 르네상스의 쿠폴라는 이 이중 돔으로 커다란 스케일과 엄청난 무게를 유지할 수 있었다. 같은 이치이다. 이 이중구조 사이에는 한 사람이 통행할 수 있는 간격이 있어서 이 틈을 타고 돔의 정점까지 올라갈 수 있다. 돔과 드럼 사이의 허리 장식띠 코니스에는 일정한 간격으로 장식 조각이 있다. 이러한 원주의 기하학적 분할과 규칙성의 근거는 방위나 시간의 코드일 것이다.

치첸이트사에는 '수녀원'이라 불리는 꽤 규모가 큰 건물이 있는데, 마야에 여성 사제가 있었는지 알 수 없으니 무슨 발상인지 모르겠다. 스페인 정복 시대에 수녀원으로 쓰이면서 그러한 이름을 갖게 되었다고도 하는데 기독교가 이단의 공간을 사용했다는 것도 그렇다. 건축은 여러 시대에 걸쳐 증축을 거듭한 것으로 보인다. 그만큼 구성이 복잡하고 공간의 전이가 다양하다.

이 수도원은 치첸이트사에서 가장 화려한 장식성을 뽐내는 건축이기도 하다. 건물의 전면을 휘감는 부조, 창과 문, 트레서리매듭 형태의 부조 장식, 귀퉁이 조각이 장려하다. 장식의 주제는 역시 종교적이며 비의 신이 자주 등장한다. 겉으로는 피라미드처럼 거대한 괴체塊體로 보이지만, 그 안에는 공간이 감추어져 있다.

최고의 마야 양식 욱스말

욱스말은 6~10세기 건설된 도시로서 멕시코의 마야 유적 중 크기가 큰 편이다. 도시는 마야 최고의 푸욱Puuc 양식이 주를 이루며 건축의 격조도 높다. 유적 입구에 들어서면 먼저 대 피라미드가 등을 내민다. 등 뒤로 우회하면 그 위용이 시각적으로 드러나기 시작하는데 주변에 건축들이 촘촘하게 자리해 아직 피라미드의 전모를 알 수는 없다. 시각거리가 생길 때까지 잠시 그와의 조우를 미루고, 이구아나 신전Templo Iguana 쪽으로 돌아 들어간다.

대부분 마야의 신전 이름들은 너무 자의적이다. 어떤 문양이 새겨져 있거나, 부분적인 요소 때문에 얻은 속칭이 그냥 이름으로 굳어져버린다. 이제는 고유명사가 되어 어쩔 수 없지만 마야의 건축가들이 이 명패를 보면 웃을 것 같다. 이구아나 신전은 장방형의 단아한 건축인데 독립된 건물이라기보다는 연속된 구축물 중의 일부분이 남은 것 같다.

비례는 현저하게 낮아 옹색하고 주간의 비율도 1:1 정방형으로 답답하다. 그러나 주간의 정연함, 단순화된 몸체, 수열적 구성 등은 그리스 고전기의 도릭 스타일을 닮았다. 실내의 깊이가 얕은 주랑 형식이지만 전면의 광장을 주시하는 관조의 공간으로 보인다. 입면에서 기둥 위에 세로로 길게 형성된 아키트레이브Architrave: 건물 머리에 띠 모양으로 길게 장식하는

천문대 돔의 한 부분이 손실되어 이중구조가 노출되었다.
석조로 만든 돔은 난이도가 높은 건축술인데 이러한 이중 돔은
이탈리아 르네상스의 쿠폴라와 비슷한 기술이다.

천문대 계단 소맷돌은 치첸이트사에서 뱀의 묘사가
가장 표현적인 곳이다. 길고 차가운 묵음의 영묘함이 느껴진다.

수도원의 공간은 여러 단계에 걸쳐 구축되어 구성이 복잡하다.

수도원 귀퉁이의 장식은 마야의 주신인 '비의 신'이 차지한다.
이 각도에서 우리는 귀퉁이의 조각이 매우 시각적으로 두드러지는
수법임을 알 수 있다.

부분가 내부에서는 삼각볼트가 된다.

　욱스말의 주인공, '마법사의 피라미드'magician's pyramid라고 불리는 대 피라미드는 높이가 35미터이다. 길이 85미터, 폭 50미터의 덩치에 비해 주변 회랑과 부속 건물들이 촉박한 위치해 있어 피라미드의 전모를 편하게 볼 수가 없다. 어쩌면 부속 건물들의 크기를 위축시켜 상대적으로 대 피라미드의 위용을 강조했는지 모른다. 피라미드는 네 귀를 둥글게 하여 형태감은 부드러우나 각형의 것보다 무게감은 더 장중하다.

　피라미드 하단은 내부 공간이 있는 신전이다. 피라미드가 현재의 위용을 갖추기 전에 여러 해에 걸쳐 증축공사를 거듭하며 신단이 축성된 것이다. 피라미드 상단에도 신당이 있는데, 맨 앞의 것이 다섯 번째 신당Templo V이다. 곧 건축 위의 건축이며 절정의 공간이다. 무엇보다 이 피라미드에서 인상적인 부분은 계단 양측에 조각된 '비의 신'이다. 이 조각은 한 가지 주제지만 다양한 변용으로 계단을 따라 조각된다. 즉 어떤 고정된 표정을 갖고 있는 게 아니라 자꾸 얼굴을 바꾼다. 그러나 응시하는 눈, 뭉뚝하고 긴 파충류를 닮은 코, 요란한 귀고리 장식, 훤히 드러낸 이빨의 묘사는 항성恒性이다.

　이 피라미드는 신사의 기능을 갖는데 '기우'祈雨 의식이 중심이었을 것이다. 피라미드를 둘러싼 주랑은 수직기둥과 수평보의 구성으로 이 역시 그리스 고전기의 도릭 양식과 닮았다. 스케일은 왜소하지만, 주랑의 내부 천장은 삼각볼트 구조이다. 삼각볼트는 구조적인 한계 때문에 스팬기둥과 기둥 사이의 거리을 크게 할 수는 없으나 연속 기둥의 공간은 투시도 효과가 뛰어나다.

삼각 아치 입구에서 본 '마법사의 피라미드' 정면은 시각을 압도하는 구도이다.
상단에 제5 신당이 얹혀 있다. 욱스말은 700~1000년 사이
3단계에 거쳐 축조되면서 건축이 점점 장대해졌다.

계단 측면에 새겨진 '비의 신'의 상세 조각. 하나의 전형적인 조형이
변용을 거듭하며 계단을 따라 올라간다. 아니, 내려온다고 표현하는 게 맞을 것 같다.

옆 | 피라미드의 주 계단은 급한 경사로 치켜 올라가는데, 한정된 공간에서 높이를
극대화하려는 의도일 것이다. 계단 양측을 장식하는 '비의 신'이 건축의 목적을 말한다.

이구아나 신당의 정면은 길고 단순한 직방체에 수직기둥과 수평보가 연속된 구조이다.
마치 그리스 고전 건축을 보는 듯한 간결한 미학이지만
기둥의 높이와 기둥 간격의 비례가 낮아 옹색하다. 이는 높은 기둥을 만드는 것이
어렵고, 지붕의 정면 띠 장식을 크게 한 결과이다.

욱스말의 수도원 또는 수녀원 쿼터Nunnery Quadrangle는 공간적인 표현이 두드러지고 건물의 복원상태도 빼어나다. 낮은 경사지에 장대한 기단으로 땅을 고르고 네 건물이 큰 직방형 마당을 만든다. 그중 장변인 동쪽 건물의 허리 부분을 통과하여 마당으로 들어선다. 잠시이지만 어두운 볼트 공간을 지나 입구에 들어서면 갑자기 내리쬐는 햇빛과 함께 파티오의 잔디와 백색 건물이 대비를 이루며 합창한다. 연속적으로 길게 이어지는 방들과 중정에 깔린 적막한 분위기가 서양의 수도원과 닮았다. 사방의 건물 길이로 결정되는 코트의 크기 80×60미터는 의외로 크다.

각 건물의 깊이는 1칸 또는 1칸 반 정도로 얕지만, 이는 면적보다도 전체의 길이를 길게 하려는 건축가의 의도이다. 북관이 13칸, 남관은 포치를 포함하여 9칸과 양쪽 끝의 별관 2칸, 서관 7칸, 동관 7칸으로 모두 38칸이나 된다. 이렇게 해서 시각을 압도하는 수평의 스펙터클이 만들어진다. 수도원을 만드는 건물은 모두 주랑을 전면에 가져 칸들이 공간의 합창을 리듬으로 반주한다.

우리나라의 종묘가 19칸으로 장대한 수평적 장면을 만드는 것과 같은 이치이다. 마당은 정방형이 아니라 안으로 갈수록 약간 길이가 줄어드는 사다리꼴인데, 건축가의 의도인지는 모르지만, 투시도 효과로 인해 마당이 실제보다 더 깊어 보인다. 앞에 있는 북관은 평행하지 않고 약간 기울어진 배치인데 정면으로 맞닥뜨리는 것보다 건축의 입체감이 더 살아난다.

건물의 재료는 연갈색의 사암이라 조각이 용이하다. 그러하기에 온몸을 부조로 장식하는 건물의 외관은 하나의 오브제 미술이기도 하다.

수도원 쿼터의 입구가 삼각볼트 구조이다.
이 입구를 통과하면 사각형 중정이 드러난다.

수도원 쿼터에서 네 채의 건물이 만든 파티오는 빛이 그득하다.
중정을 둘러싸는 건물들은 공간의 깊이가 얕은 대신 길이가 길다.
모든 건축이 뱀·비의 신·건축술·신화 등의 기호로 가득해
종교적 텍스트를 건축화한 것으로 보인다.

아니, 장대한 서사시이다. 동관 정면에는 '건물'을 묘사한 부조가 있어 당시의 가옥 모양을 유추하게 한다. 이 수도원에서 가장 자주 등장하는 것도 '비의 신'이다. 건조한 유카탄 지역이기에 '비의 희구'는 숙명일 것이다. 남관의 전면은 한 마리의 뱀을 묘사하는 큰 틀이고 다시 작은 칸을 만들어 이야기들을 담는다. 다시 말해 건물은 이 뱀을 그리기 위한 화폭이며 텍스트인 것이다. 건물의 왼쪽 끝에서 뱀 머리가 시작되어 건물 몸통을 가로질러 오른쪽 끝에 가서야 꼬리가 나타난다.

이 마야 건축에서 장식이 중요한 이유는 그것이 미적 쾌감의 대상만이 아니라 하나의 텍스트북이기 때문이다. 신화·설화·사실을 기승전결 구조로 이야기하는데, 건축이 몸 전체로 이 이야기를 휘감는다. 이것이 장소와 건축과 이미저리_{육체적인 감각이나 마음속에서 발생하여 언어로 표출되는 이미지의 통합체}의 동시텍스트hypertext인 것이다. 이구아나 신전이 있었듯이 거북이 신전Casa de las Tortugas도 있다. 중요한 신전은 머리띠를 부조 장식으로 장려하게 하는 데 비해, 가는 원기둥을 채운 이 건물의 머리띠는 단순하다. 다만 머리띠 맨 위에 거북이 조각이 수평으로 건물을 일주하기에 이러한 이름을 갖게 되었다.

거북이 신전을 지나 행정 궁실이 있는 지역에 들어선다. 행정 궁실은 길이가 상당한데, 거대한 삼각볼트의 홀이 두 개 끼어들어 세 부분으로 분절된다. 2층으로 구성된 입면은 상층부를 모두 덮는 장식으로, 전형적인 기하학적 구성이다. 여기에서도 귀퉁이 장식은 '비의 신'이다. 긴 건축의 외관은 아래 몸체와 위 프리즈로 구분된다. 밑 몸체의 평탄함과

행정 궁실이라 하는데 이 역시 장대한 길이의 건축이다.
욱스말의 건축가는 면적보다도 길이로 시각을 압도하는 버릇이 있다.
너무 긴 길이를 세 토막으로 분절하여 두 개의 현관홀을 삽입했다.

'비둘기 건물'이라고 부르지만 머리 모양에서 연상된 이름일 뿐이다.
그 뒤로 실제 건축이 형성되었을 것이다.

장식이 꽉 찬 상부의 프리즈가 대립되며 긴 수평선을 만드는 것이다. 그러니까 밑부분이 주기능 공간이지만, 외관에서는 윗부분의 장식 띠를 위한 받침일 뿐이다. 마야 건축가들이 얼마나 '읽는 건축'과 '보는 장식'에 열중했는가를 알 수 있는 대목이다.

마스크의 이미지들은 소위 영묘한 동물을 본 따는 수형신獸形神, Zoomorphic인데 인상주의 미술의 특징을 보인다. 뱀은 땅과 물을 엮어 비옥함을 이루는 역할자가 분명하다. 무엇보다 장식을 이루는 두 세계, 기하학적 구성과 자연적인 형상성의 조화를 엿볼 수 있다. 이 상징은 천문학적 해석 또는 시간에 따른 삶의 사이클을 말하는 알레고리일 게다.

19세기 이 사이트를 방문한 스테판스John L. Stephens가 '비둘기 집' 같다고 한 게 이름이 되어버린 성관이 있다. 머릿장식에 구멍이 숭숭 뚫린 모습이 그러한데 이 부분은 크레스테리아라는 장식이다. 길게 발달한 건물은 작은 중정들을 끼고 있다. 건축의 공간을 이루는 통로와 니치는 옅은 곡선의 삼각볼트로 되어 있어 직선 삼각볼트보다는 기술적으로 진전된 모습을 보인다. 이 마야 최고의 문화도시는 12세기 말 중앙 고원의 최강자인 시우Xiu 부족에게 찬탈당하고 만다.

마야 문명을 해독하다

유카탄에서 내려오면 남부 멕시코 깊숙이 팔렌케가 있다. 가장 가까운 공항이 있는 비야에르모사를 거쳐 가는데 우리는 올메카를 보기 위해 이 도시에 들른 적이 있다. 비야에르모사 공항에서 팔렌케까지는 네 시간 거리이다. 팔렌케에서의 아침은 원숭이 울음소리로 시작된다. 원

팔렌케의 건축들은 긴 기단 위에 연속적으로 여러 신당이 얹혀 있다.
그 첫 번째 신전을 '해골의 신전'이라 한다.

신전 건축 하단에 새겨진 해골의 부조 때문에 '해골의 신전'이라는 이름을 얻었으나,
팔렌케의 피라미드는 기본적으로 묘실을 겸한다.

숭이 울음이라 하여 끽끽거리는 정도가 아니라 숲 속을 쩌렁쩌렁 울린다. 남부 멕시코가 밀림의 땅임을 여실히 말해준다. 대충 40제곱킬로미터에 이르는 면적 안에 마야의 도시가 밀림의 치아파스Chiapas 산맥을 등지고 펼쳐져 있다. 멕시코 중남부 지역 치아파스의 팔렌케 문화는 유카탄 지역의 것과 차이가 많다. 광대한 사이트에 유적들이 산포되어 있는데 궁전, 사원, 구기장 등 빌딩 타입이 다양하다.

특히 마야 문명을 해독할 귀중한 단서들이 이곳에서 많이 발굴되었다. 사이트는 숲길에 자리한 '해골의 신전' Templo de la Calavera이라는 소신전으로부터 시작된다. 비교적 높은 플랫폼 위에 평행하는 두 개의 입구를 가진 3실 구성이다. 남아 있는 내력벽기둥과 함께 건물의 무게를 지탱하도록 설계된 벽 밑둥이에 해골 모양의 석회 부조를 가지고 있어 지금의 이름으로 불리나 특별한 역할이 있는 것은 아닐 것이다. 내부 공간은 일반적인 마야 신전의 전형적인 모습이다. 신당은 중앙실이 좌우에 작은 실을 거느리며 대칭을 이루는데 아마 신성소로 사용되었을 것이다.

스투코Stucco: 벽돌이나 목조 건축물 벽면에 바르는 미장 재료. 건물의 방화성과 내구성을 높일 뿐만 아니라 건물의 외관을 아름답게 한다 위에 파랑과 빨강으로 채색이 되었던 흔적이 보인다. 지금은 대부분 벗겨졌지만, 마야의 석조는 석회로 마감해 부조를 새기거나 채색했다. 그 원색이 녹음과 보색의 대비를 일으키는 풍경을 상상해본다.

기단으로 이어져 있는 제13신전Templo XIII에서는 묘실을 볼 수 있다. 피라미드 위의 신당과 그 밑의 묘실이 연결된 경우이다. 마야의 거대한 플랫폼은 기단과 같이 돌로 꽉찬 것이 아니라, 그 안에 공간을 포함하

비문의 신전의 기단 밑에는 공간이 함입되어 있는데,
여기에서 수많은 부조와 그림이 발견되었다.

고 있다. 그중 석관이 있는 묘실이 하나 있는데 이를 통해 플랫폼 밑의 공간이 죽은 자를 위한 곳임을 알 수 있다.

　1949년 이 유적을 처음 발굴 조사한 루스Alberto Ruz Lhuillier를 흥분시킨 것은 '비문의 신전' Templo de las Inscripciones이다. 그는 처음 신당의 바닥 밑에 공간이 있다는 것을 상상도 못했지만, 바닥의 슬래브에 작은 구멍이 규칙적으로 뚫려 있음을 눈여겨본다. 구멍에 손가락을 넣어 들어올리니 공간이 나왔다. 밑을 파기 시작했다. 바닥 밑의 공간은 계단으로 이어지며 자꾸 아래로 내려간다. 플랫폼 아래에는 지하실 구조의 장제실이 있고 위아래 공간을 계단으로 연결한다. 이곳에서 고고학적 보물들이 쏟아져 나왔다. 여섯 구의 유골과 석관도 나왔다. 피라미드의 23미터 아래에 마야 인들이 1천 년 동안 숨겨두었던 것이 기어이 드러나 버렸다.

　피라미드 기단 위에는 다섯 칸의 신당이 얹혀 있다. 이만한 규모의 신당은 많지 않다. 신당 입구 필라스터Pilaster: 벽벽면에 각주角柱의 모양을 부조하여 기둥 꼴로 나타낸 것 인방에 일부 남아 있는 상형문자와 신성소 벽 패널의 석회 부조에서 이 빌딩 이름이 연유했다. 마야의 기록물 중 제일 긴 문헌이라 하는데, 신당 중앙실 세 개 석관에만 600여 개의 상형문자 비문이 새겨져 있다. 이 군주는 과시욕이 심했던 모양이다. 보좌에 앉아 있는 그는 쟈가 머리 위에 다리를 얹고 있다. 최고의 힘과 권위를 나타내는 기호이다.

　팔렌케의 대표적인 건축은 궁전이다. 일단의 규모도 그러하거니와 복잡한 공간의 얼개도 이 장소가 왕국의 중심임을 알게 한다. 궁전은 기단 앞에 큰 광장을 두고 있는데, 그냥 빈 마당이었을 리가 없다. 이 앞마당은 궁전 전면의 계단식 기단과 함께 보아야 한다. 아마 광장에서는 여러 가지 의전 행사가 벌어졌을 것이다. 경사진 기단은 관람석이 되고 왕이 궁실에서 나오면 신하들이 합참한다.

장대한 기단 위에 건축된 궁전의 전모에서 우뚝 솟은 탑이 시야에 먼저 들어온다. 탑의 기능은 천문대라고 하기도 하고 감시탑이라고도 한다. 위치와 조형으로 보아 궁실 보안을 위한 감시탑이나 전망대로 적합할 것 같다. 이 탑이 있는 중정을 포함하여 기단 위에는 세 개의 파티오가 연결되어 있는데, 작은 마당을 만들기 위해 주랑과 건물을 둘러친다. 파티오의 기능이 중요해 보이는 것은 건물 공간이 모두 내향 구조로서 항상 중정을 응시하고 있기 때문이다. 중정은 고요하게 가라앉아 있으며 햇빛이 그득하고 건물들을 숨쉬게 한다. 여기에서도 많은 부조와 기록화가 뭔가를 말한다.

주랑은 삼각볼트 구조인데 여기에서 건축가의 아이디어를 볼 수 있다. 중량이 불가피한 석조 건축에서 직하중을 경감시키기 위해 규칙적인 간격의 니치를 공백으로 삽입하는 것이다. 그렇게 해서 내력기둥 위는 두터운 벽량을 유지하지만 기둥과 기둥 사이의 무게는 줄일 수 있다.

여러 개의 궁실을 순환하며 빛과 어둠, 채워진 괴체와 비워낸 허체의 반복이 이어진다. 공간은 다시 기단 밑에서 이어지는데, 이 거대한 기대基臺는 상당한 규모의 지하 공간을 가지고 있다. 연결 통로를 따라 줄줄이 이어진 방들은 아마 여러 시종과 보안군의 숙소 또는 식량 저장고

궁전 건축은 넓은 기단 위에 중앙탑 및 궁실 건축들이 얹혀 있는 구성이다.
유적의 중심이기도 하지만 파티오와 회랑과 내부 공간이 얽히는 복잡한 구조이다.
기단 밑에도 방과 복도가 있어 지상의 궁전을 서비스한다.

궁전은 세 개의 파티오와 그 둘레의 회랑으로 연속된다.
왼쪽 무너진 안쪽의 복도 위에 벽감들이 보인다.
여기에 미라나 오브제를 수납했다.
벽감은 구조적으로 지붕의 무게를 줄이는 수단이기도 하다.

제3 파티오의 기단 부조는 단순한 장식이 아니라 신의 메시지이다.
아마 마야 인들은 이 마당에서 신과의 유희를 즐겼을 것이다.

로 쓰였을 것이다.

 궁전 뒤로 다섯 채의 신전이 궁전을 에워싸고 있는데, 그중 세 개의 신전이 한 그룹을 이루며 건축적인 구도를 형성한다. 6세기에 구축된 잎사귀 십자가의 신전Templo de la Cruz Foliada, 태양의 신전Templo del Sol, 십자가의 신전Templo de la Cruz이 ㄷ자로 위치하며 작은 광장을 공유한다. 그러니까 집체의 효과이다. 세 신전의 규모는 정면 세 칸으로 비슷하며 건축적 양식도 닮았다. 피라미드 기단 위 그 정점에 얹힌 신당, 포치와 같은 전위 공간과 그 안 깊숙한 곳의 신의 방, 삼각볼트 구조, 급한 경사 지붕 그리고 지붕 위에 크레스테리아를 얹는 형식이 그렇다. 포치 주변에 상형문자의 부조가 그득하며, 신당 중앙실의 기단과 기록 석판이 그 신성의 역사를 말한다.
 마야의 신전은 건물 안과 밖에 상형문자와 부조로 시각언어를 구사하니 완전한 하나의 그림책 같다. 뿐만 아니라 주변에 기록 기둥이나 비석을 세우는데, 그 내용 역시 군주에 관한 것이다. 다시 말해 마야의 신전은 본문과 주석이 엮어진 건축으로 구현된 책이다. 경사지붕을 만들고 난 후 용마루의 처리는 시각적인 마무리로 중요하다. 마야 건축의 마룻대 장식인 크레스테리아는 기능보다는 신당의 장려한 풍모를 위한 것이다. 우리나라 건축에서 용마루에 치미鴟尾를 만들거나, 일본 신사에 치기千木가 있듯이 장식적이되 구조의 부산물이다.
 사람의 꾸밈에 비유하면 왕관이나 깃털 달린 모자를 쓰는 형국이다. 수탉의 볏, 사슴의 뿔, 앵무새의 이마 깃털 등과 같은 이치이다. 이 머

태양의 신전. 팔렌케 신전은 아래 기단 부분이 낮고 위의 신당 부분이 발달한다.
신당은 몸체, 박공지붕, 크레스테리아로 구성되어 마야 신전의 전형적인 양식을 갖추고 있다.

십자가의 신전 신당. 전면 포치 부분이 탈락되어 마야 건축의 구조법이 드러났다.
삼각볼트, 열쇠 구멍 모양의 벽감 등이 지붕 구조에 내포되어 있고
그 위에 마룻대 지붕 장식을 얹었다.

삼각구도로 배치된 세 신전 중 태양의 신전(왼쪽)과 십자가의
신전(오른쪽)이 광장을 공유한다. 이와 같은 배치는 건축을 일렬로 짓거나
개별로 짓는 것에 비해 장소의 표현을 배증한다.

릿장식은 구조상 가장 훼손되기 쉬운 요소이지만 여기에서는 보존상태가 좋다. 초기 신전 건축에는 이 부분이 두드러지지 않는 데 비해, 후기 피라미드로 갈수록 크레스테리아의 규모와 장식성이 화려해진다. 그런데 장식의 과잉은 자연히 신당 몸체가 받는 하중을 가중시켜 벽체는 두꺼워지고 내부 공간은 위축된다.

태양의 신전은 세 개 단층의 피라미드를 축조하고 그 위에 신당을 얹었다. 신전의 건축적인 주제는 결국 통치자의 존재감이다. 군주의 과업을 찬양하며 신과의 관계를 수사修辭한다. 대개 이런 사연이다. 하늘 아래 군주는 죽어서 지하의 신이 된다. 이 신전도 통치자가 탄생한 635년을 봉축하며, 684년 재규어 2세Serpiente Jaguar II의 즉위를 위해 건축되었다는 기록이다. 요즘도 마찬가지이지만, 군주는 모두 자신의 통치에 대한 후세의 평가에 민감하니 기록도 미화하게 마련이다. 자신의 정치적 욕망을 건축적으로 실현했다는 점에서는 이집트 파라오와 닮았다.

십자가의 신전은 다섯 개의 큰 이중 층단 위에 구축된 신당으로 현재 전면 포치의 절반이 사라졌다. 이 손상된 부분 때문에 건물이 단면도 형태가 됐는데, 그 덕택에 삼각볼트, 니치의 구성, 지붕 구조 등을 선명하게 볼 수 있다. 실내는 두 개의 측실과 하나의 중앙실이 신성을 받든다. 신전 안밖의 부조가 이 신전의 역사를 말하는데, 상형문자를 읽지 못하는 우리들에게 그림으로라도 그 뜻을 전하려는 듯하다. 담배 피는 군주, 뱀과 재규어의 군주가 풍성하게 차려입고 있다. 군주 자리를 세습한 684년의 일이란다. 신당 내부에는 봉물을 얹어놓았을 탁자가 중앙에 있고 그 주변은 벽화와 부조로 장식된다.

실내 요소 중에서 가장 인상적인 것은 향로인데 현장에는 남아 있지 않고 사이트 뮤지엄에서 본 기억을 떠올려야 한다. 향로는 높이 1미터 정도의 화려한 토조土彫로서 일본의 하니와埴輪와 닮았다. 의장은 여러 신의 얼굴을 수직적으로 구성하는데 조각 사이 틈으로 향 연기가 스며 나왔을 것이다. 그렇지 않아도 험상궂은 얼굴이 연기까지 토해내니 대단한 연출이다.

그밖에도 유적은 북쪽 그룹, 그룹 B, 무시엘라고스 그룹Grupo de los Murciélagos으로 이어진다. 도무지 어디가 팔렌케 사이트의 끝인지 알 수 없다. 아마 현재 발굴된 규모보다 더 넓은 미발굴 지역이 숲 속에 숨죽이고 있을 것이다. 팔렌케의 고고학 공원에는 사이트 박물관이 함께 있다. 어떤 유적에서 발굴된 유물들을 유적지와 함께 둘러본다는 것은 역사의 입체적 전개도를 그리는 것과 같다. 보통 우리는 유적 현장에서 건물의 잔해를 보지만, 대개는 껍데기만 남은 불완전한 모습이다. 유적 현장에 생활과 문화를 덧입혀주는 것이 사이트 뮤지엄의 유물들이다. 박물관은 열여섯 개 주제로 구성되어 있다.

① 신과 함께 하는 장소 ② 왕조와 그의 군사력 ③ 신과 사는 장소 ④ 팔렌케 향로대의 디자인 요소 ⑤ 도시의 핵 ⑥ 죽음의 장소 ⑦ 위락생활 ⑧ 지하세계로의 길 ⑨ 지배자의 장소 ⑩ 왕실에서의 생활 ⑪ 도시민의 삶 ⑫ 도시의 생활 ⑬ 팔렌케의 지배자들 ⑭ 공공과 개별의 공간 ⑮ 팔렌케 조망 ⑯ 내부 공간. 이 박물관에서 우리는 마야 상형문자, 수많은 부조의 수사, 생활문화를 살펴볼 수 있다. 신전과 궁전의 구조를 파악하며, 장식과 가구를 현장의 유적지를 둘러본 기억과 도킹시킨다.

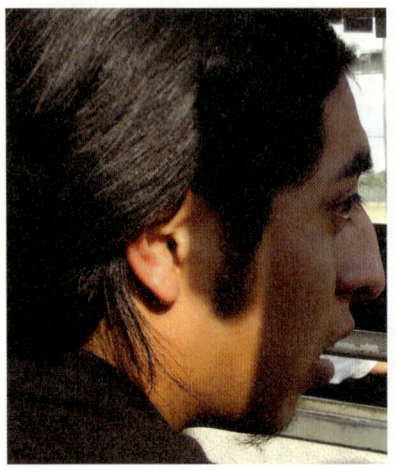 

팔렌케의 청년 인디오와 옛 마야 인 석판 부조. 인디오는 콜럼버스 이전과 이후라는 시간경계와 식민과 근대라는 사회경계에 걸쳐 있는 다중적인 경계선 위에 위치한다. 이 복잡다단함 때문에 자신들의 정체성을 말하는 데 자유롭지 못하다.

옆 | 석판부조는 유적에 새겨진 군주 Ahkal Mó Nahb III 의 얼굴이다(팔렌케 박물관).

통치자를 만나고 마야 사람들과 조우하며 그들이 무엇을 생각하는지 엿본다. 유적이나 박물관에서 수많은 부조에 묘사된 인물을 만나는데, 불쑥 놀라게 하는 것은 옛 마야 인이 현재의 남부 멕시코 인디오와 꼭 닮았다는 사실이다. 높은 매부리코, 커다란 아몬드 형 눈, 두툼한 입술 등 유전자의 항성이라는 게 이런 것이다.

보남팍 마야가 남긴 채색벽화의 화려함

보남팍 마야 유적은 팔렌케에서 접근하는데, 멕시코 남부 치아파스에서도 거의 과테말라와 접경하는 위치이다. 대중교통편이 충분하지가 않아 이용하는 데 불편함이 있다. 이곳은 라칸하Lacanhá 강 계곡을 동쪽으로 끼고 있어 기후가 습하며, 라칸돈Lacandon 숲 속에 숨어 있어 침침하다. 초기 고전기580~800년경의 도시로서 24제곱킬로미터의 면적에 사이트들이 90~110미터 거리로 그룹을 이루며 산포되어 있다. 우리나라 사찰처럼 숲길을 따라 들어가다보면 한참 만에 나무 사이로 갑자기 유적이 모습을 드러낸다.

보통 나무 숲은 침침한데 유적지는 큰 마당에 막힘없이 탁 트이니 밝은 잔디밭이 어두운 숲과 대비되어 그 등장이 갑작스럽다. 90×110미터 정도의 마당에는 비석 몇 개 외에는 구조물이 남아 있지 않지만, 마당은 마을의 펼쳐진 장면을 위한 시각적 조건으로 중요하다.

사람 키보다도 월등히 큰 비석에 빼곡히 기록된 군주에 대한 찬송, 그러니까 우리는 마야의 기호와 정보의 공간으로 들어가는 것이다. 여덟 개의 주 신전들은 산의 경사를 따라 올라가며 계단형으로 구축되는데, 여기에서 건축물의 배치가 독창적임을 알아본다. 보통 평지에 건물을 나열해놓으면 건물들이 한눈에 들어오지 않는다. 이에 비해 경사를 따라 건물을 아래에서 위로 배치해놓으면 마당에서부터 건물 전체가 하나의 파노라마를 만든다. 각 신전 건물의 규모는 작지만, 이러한 경사 배치로 인해 거대한 신전의 층단 같은 인상을 형성하는 것이다. 평지에서 경사면으로 이어지는 대지의 구도와 장면은 어떤 연극적 의도와 같다.

맨 앞에 있는 건물을 지나 커다란 광장에 이른다. 광장은 가운데 비석만 서 있는 빈 마당처럼 보이지만, 이것이 원형의 모습은 아닐 것이다. 아마 더 많은 시설과 공간적 요소로 채워져 있었을 것이다. 광장에 이어서 경사면을 따라 신전들이 구축되는 것으로 보아 이 마당은 전례 또는 행사를 치르는 공간이었음을 짐작케 한다. 광장 전면으로 경사면을 따라 석축 계단을 조성하고 여러 채의 신당을 건축했다. 다시 말해 보통 마야 건축이 신당 하나하나마다 피라미드 기단을 구성하는 데 비해, 이곳은 하나의 큰 기단 위에서 신당들이 집체를 이루게 한 것이다.

마야 신전의 내부 장식은 석판에 얕게 새긴 부조가 많다. 좀더 간이한 방법으로는 석회로 부조를 만드는데, 석조에 비해서는 표현력이 여릴 수밖에 없고 내구성도 약하다. 부조는 채광이 풍부해야 그 내용이 잘 드러나는데, 대개 신전의 입구에서 부조가 있는 신탁까지의 거리가 3, 4미터를 넘지 않아 내부의 기록을 잘 읽을 수 있다.

'회화의 신전' Templo de las Pinturas은 1946년 유적 발굴에 나선 사진가 자일스 힐리Giles Healey를 흥분시킨 현장이다. 보남팍의 신전은 내부 공간이

아크로폴리스 기단(보남팍). 큰 경사 기단 위에 작은 신당들이 차곡차곡 얹혀 있다. 마야 문명의 건축 중에서는 초기 유적에 속한다.

'회화의 신전' 내부 채색벽화. '보남팍' 자체가 마야어로 '채색된 벽'이란 뜻이니
회화의 신전은 보남팍 신전의 존재 이유이다. 세 칸의 방에 그려진 주제는 각각
① 의전 행렬 ② 전쟁, 정복자의 패배자 ③ 개선, 왕의 영광을 나타낸다.
벽화는 낡고 희미하지만 멕시코시티에 있는 국립인류학박물관에 재현된 그림은 좀더 선명하다.

모두 채색벽화로 채워져 있는데 보존 상태가 완벽하다. 우리가 보남팍을 방문하는 목적도 사실은 이 벽화 때문이다. 처음부터 신전 자체가 이 벽화 장식을 고려해 지어진 것으로 보인다. 내부 공간은 긴 장방형에 세 칸으로 나누어져 있는데 각각 주제가 있는 회화가 그려져 있다. 마치 근세 갤러리와 같은 형식이다. 세 칸의 방에 그려진 세 가지 주제는 종교의례·전투·개선이다.

왼쪽 방의 벽화는 의전행렬 장면인데 이 부족의 영광 시대를 상징한다. 그만큼 복식이 화려하고 태평성대의 분위기이다. 가운데 방은 전투 장면으로서 정복자와 패자의 대비가 두드러진다. 군주의 힘을 과시하는 순간이다. 오른쪽 방은 승리의 표현이다. 전쟁에서 이기고 부족민들의 환호를 받으며 개선하는 장면이다. 그야말로 '통치자 만세'이다. 이렇게 통치자의 위업을 주제로 한 이 시대 예술은 정치적인 수단이었다.

예술의 프로파간다는 이미 고대국가부터 시작되는데, 화가들은 국가 홍보처의 역할을 했다. 그림은 글을 읽지 못하는 대중에게 강력한 전달 수단이 된다. 벽화는 채도가 높은 안료로 칠해져 있으며 형태의 윤곽을 검은색으로 강조한다. 음영과 원근법이 구사되지 않기 때문에 강조할 것과 약화시킬 것은 크기에 차이를 둔다. 정복자, 곧 군주는 크고 신하는 작고, 패배자는 형편없는 크기이다.

끝나지 않은 마야 이야기

마야의 유적지가 대부분 오늘날 도심 밖에 위치하는 것에 비해 몬테알반Monte Alban은 오악사카의 언덕에 있다. 산허리를 지그재그로 올라가는 자동차가 힘에 부친다. 고대 도시가 고원에 위치하는 것은 방어적 기능 때문이다. 그러나 역사적 사실을 조금만 낭만적인 해석에 양보하면, 몬테 알반은 하늘을 젓는 마을이다. 이 높이는 하늘과 훨씬 가까우며 주변이 눈 아래 펼쳐지는 시각적 소개疏開가 벌어진다. 선입감인지 모르지만, 공기가 좋지 않기로 악명이 높은 멕시코 도시를 탈출한 것에 몸이 먼저 반응하는지, 자꾸 숨을 깊이 들이쉰다.

유적의 입구는 사이트 박물관을 겸하고 있는데 규모는 크지 않지만, 마야 문명의 특징을 알게 한다. 해골을 변형시키는 성형 습속이 인상적인데, 올메카는 사람의 머리를 역삼각형으로 성형했고 어떤 마야 종족은 세로로 긴 머리 모양을 미인으로 여겨 그렇게 해골을 성형했다. 전시는 설화적인 부조의 표현 또한 일관하여 보여준다. 표현은 자유로워졌지만, 조각의 심도가 그리 깊지 않은 것이 전형적인 후기 양식으로 보인다. 마야의 빌딩 타입도 좀더 다양해졌다. 경기장은 바닥이 깊고 경사가 가팔라 관람자의 시야가 넓어졌다. 아마 이 건축가는 객석의 관람 시각을 더 중요하게 보았던 모양이다. 중심 구역은 마당을 가운데 두고 남북으로 길게 구성되는데 여러 번의 확장을 통해 건축물이 다채로워졌다.

엘 타힌El Tajin은 베라쿠르스에서 가깝지만 교통편이 마땅하지 않다. 살라파에서 시외버스를 타고 판판틀라Panpantla de Olarte에 들어가서 다시 택시를 타고 40분 정도 가야 유적지에 도착한다. 찾아가기가 어려운 대신 나머지 시간에 지방 소도시에서의 즐거움을 누릴 수 있다.

엘 타힌은 10세기부터 조성된 멕시코 동북부 마야의 대표적인 도시로 번성하다가 식민지 시대에 버려졌다. 19세기에 발견되어 복구될 때

몬테 알반은 고원 위의 도시로 하늘이 가깝다.
오른쪽에 위치한 파티오에서 광장까지 이어지는 중심축의 전경이다.

엘 타힌의 마야 유적. 이곳은 층단 신전 양식의 전형을 보여준다.
각 층단에는 니치가 연속하여 파져 있는데 여기에 불을 밝히거나 봉물을 수납했을 것이다.

까지 사람들의 발길이 닿지 않아 건축이 잘 보전되어 있다. 이곳은 마야의 피라미드 양식이 다 그렇고 그런 것이 아님을 웅변한다. 엘 타힌의 건축가들은 피라미드를 하나의 매스로 하지 않고, 층단으로 구성하는데, 층마다 수평선을 깊이 넣는다. 그래서 비례는 훨씬 낮지만, 마치 불교의 탑파처럼 보인다. 각 층단에는 일정한 간격으로 니치를 파고 리듬을 만든다. 이렇게 생긴 공간인 감실 안에 봉물을 안치했을 것이다. 이 부분에서 상상력이 필요하다. 감실마다 꽃과 과일과 촛불이 채워진 피라미드의 모습을 떠올려본다. 더욱이 이제 해가 지고 스멀스멀 어둑해지면 피라미드에 출렁이는 불의 춤, 진동하는 꽃향기! 건축은 이런 것이다. 엘 타힌은 19세기에 발견된 이후 오랜 복구 작업을 거쳐 1992년 유네스코 세계문화유산에 올랐다.

이제 자꾸만 등덜미를 잡는 마야의 숲에서 빠져나와야겠다. 이번에 둘러본 곳들 못지않게 중요한 티칼Tikal, 엘 미라도르El Mirador, 툴라Tula 외에 많은 유적들이 내미는 손을 뿌리친다. 마야, 끝이 보이지 않는 숲의 바다. 저 속에 아직도 깨어나지 않고 누워 있는 마야가 얼마나 더 있는지 모른다. 마야에 대한 소개가 좀 길어졌지만, 이 정도는 장구한 마야 문명의 겨우 한 자락만을 보았을 뿐이다. 그러니 어떻게 이 땅을 '신대륙'이라 할 수 있는가.

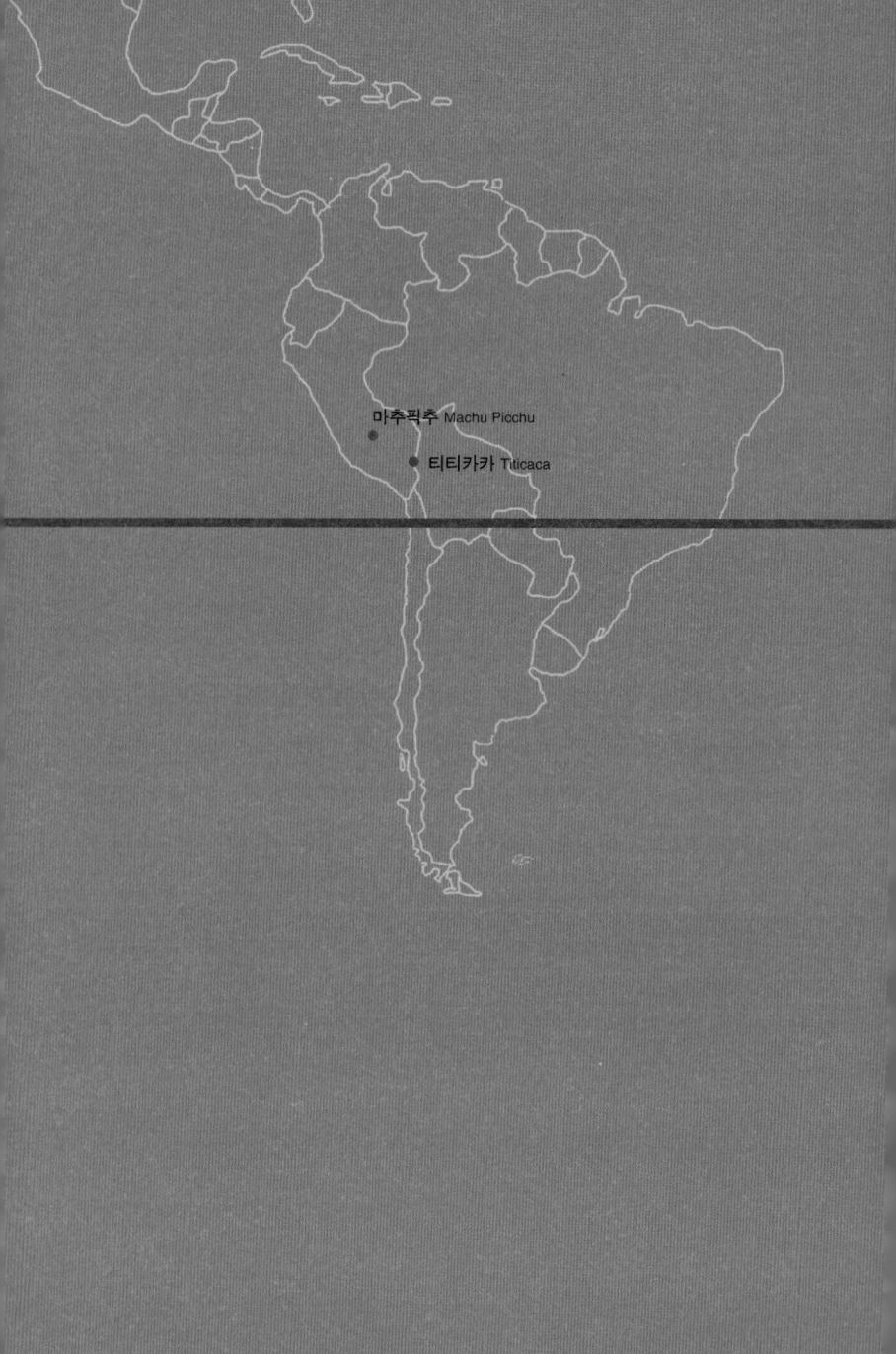

물 위의 삶이라는 것이 편안할 리 없다. 그들을 위협하는 적이 사라진 지 오래인데도 아직 이 불완전한 삶과 생활문화를 유지하는 이유는 무엇인가. 그들은 나름대로 터득한 호수에서의 삶의 방식을 믿고 또 버텨보는 것이다. 티티카카 호수의 '건축가 없는 건축'에 대해 우리가 시선을 기울이는 것은 일체의 허식 없이, 자본의 영향을 받지 않은, 가장 깨끗한 심성으로 지은 결과물을 볼 수 있기 때문이다. 여기에서는 어떤 기존의 미학적 이해도 소용없다. 당장 그들이 손에 쥘 수 있는 재료와 수단을 가지고 지어야 하며, 공간은 생활에 익어야 하고 경제적이어야 한다. 어설프지만 오랫동안 축적된 지혜가 디자인을 결정한다.

3 하늘을 닮은 땅

물 위의 땅 티티카카 호수

세상의 땅이란 게 참으로 고르지 못하지만, 삶은 더욱 끈질기니 인간은 이렇게 저렇게 땅 위에 건물을 짓는다. 남미 대륙의 왼쪽 어깨인 안데스는 페루 위에서 시작하여 칠레 아래에서 끝난다. 안데스는 대륙을 종단하는 장대한 산맥이지만 험준한 것만은 아니고 고원을 등에 업고 있어 사람을 배척하지 않는다. 그래서 안데스 산맥 안에는 사람의 마을들이 점점이 박혀 있다.

안데스에서 두 곳을 보려고 하는데, 하나는 고원의 호수 티티카카El lago Titicaca이고 다른 하나는 고원의 도시 마추픽추Machu Picchu이다. 모두 손이 하늘에 닿는 땅이다. 안데스의 하늘은 완전한 하늘이었다. 하늘이란 투명해야 완전해진다. 그러니까 지구에서 완전한 하늘을 보려면 단 몇 킬로미터라도 높이 올라가야 한다. 그런데 그게 일상에서 쉽게 만나는 높이는 아니다. 백두산의 높이가 2,744미터인데, 해발 4,000여 미터에 이르는 곳에 올라야 하니 허파가 편치 않은 여정일 게다.

안데스 산맥 해발 3,810미터에 위치한 티티카카 호수는 면적이 8,135 제곱킬로미터 정도로서 충청남도 크기만한 면적으로 지구에서 가장 높은 곳에 있는 호수이다. 티티는 '퓨마'를 뜻하고 카카는 '돌'이란다. 이 장쾌한 넓이를 페루와 볼리비아가 공유하고 있다. 그래서 페루에서도 볼리비아에서도 호수에 접근할 수 있다. 볼리비아보다는 페루의 여행 인프라가 발달해 있어 대개 그쪽으로 접근한다. 페루 쪽의 티티카카 호수는 작은 도시 푸노Puno를 배후로 하는데, 푸노는 커다란 아치를 그리며 마치 만灣처럼 두 팔을 벌려 호수를 끌어안고 있다. 푸노는 16세기 식민지 시대에 도시 형태가 만들어졌는데 아르마스 광장과 성당을 중심으로 하는 격자형의 계획도시이다. 그러나 이 기하학적 질서는 도시 중심을 벗어나면서 산동네를 타고 흐트러진다. 거대한 바다 같은 호수는 두 가지 건국설화를 담고 있다. 그리 오래된 것도 아닌 역사를 전설로 채우는 것은 역시 문자를 통한 기록보다는 입에서 입으로 전해지는 서사적 전달에 익숙한 탓이다.

첫째 이야기, 잉카 문명의 창시자인 '망코 카팍'이 여동생 마마 오쿠료와 함께 호수 안 태양의 섬에 강림한다. 이 태양의 아들은 주변을 섭렵하며 세력을 넓히고, 쿠스코를 수도로 삼고 잉카를 발전시킨다.

둘째 이야기, 여덟 명의 자손 중 망코 카팍이 쿠스코에서 탄생하여 도시를 일구고 제국의 기초를 닦았다. 첫 번째 설은 티티카카에서 두 번째 설은 마추픽추에서 유력하다. 바다만큼 큰 호수 티티카카는 쿠스코가 수도가 되면서 변방이 되고 말지만, 이곳은 원래 안데스의 고산족 아이마라의 터전이었다. 안데스 산맥의 눈물이 스물일곱 개의 강으로 흘러 데사구아데로 강으로 모이고 볼리비아의 우루우루 호수와 포포 호수로 흘러든다. 말하자면 안데스가 머금고 있던 물을 십시일반으로 모아 최대 수심 280미터, 평균 수심 107미터의 티티카카 호수를 만드는 것이다.

호수의 남쪽 볼리비아, 현재의 라파스La paz 근처에는 잉카 이전의 티아우아나코 문명의 유적이 산재해 있다. 이 고대 도시들은 스페인 정복 시대에 소실되었지만, 1904년부터 고고학 발굴 작업이 계속되며 수중 유적이 드러나고 있다. 티아우아나코 문명은 기원전 1200년경에 일어난 것으로 추정되지만, 일부 사원 유적은 1만 7000년 전의 것이라는 주장도 제기되고 있다. 이 유적의 윤곽이 완전히 드러나면 고대 비라코차 신을 위해 만들어진 종교도시가 역사에 다시 등장할 것이다. 비라코차는 건축·천문·예술·생활의 지혜를 가르치고 호수 너머로 사라졌다. 그리고 사람들은 그의 재림을 위해 티아우아나코 신전을 만들어놓고 기다렸다는 것이다. 마야의 하늘신 쿠쿨칸, 아스텍의 하늘신 케트살코아틀, 잉카의 비라코차는 연계되거나, 동일하거나, 혼용되고 있는 것 같다. 비라코차는 흰색의 신으로 백인의 스페인 군인을 신의 강림으로 착각케 한 장본이기도 하다.

티티카카 호수 안에는 우아카바카니Huacavacani, 토라니파타Toranipata, 산타마리아Santa Maria, 코파카바나Copacabana 등 모두 40여 개의 섬이 사람들을 얹고 있다. 말이 섬이지 실제로는 호수 위에 떠 있는 부초의 땅이다. 우로스Uros 섬은 푸노에서 40분 거리라는 이점 때문에 관광객이 찾기도 하지만, 네 시간 모터보트를 타고 가야 하는 칼리엔테스Calientes, 세 시간 거리인 타르킬레Tarquile는 막연하고도 처절하게 고립되어 있다. 원래부터 우로스 족은 그렇게 축복받은 민족이 아니어서, 코야 족에게 핍박받고, 잉카가 따돌리고, 스페인에게 쫓겨 밀려나 오랫동안 수난을 겪으면서 순수 혈통이 흐려졌다. 그들은 케추아 족·아이마라 족과 혼혈을 이루어 우로우로 족으로 전이된다.

이 따돌림 당한 족속, 기구한 순둥이들은 밀리고 밀려 물가까지 나와 핍박은 피했지만 생활이 막막하다. 그들은 무진장한 갈대를 이용하여 호수에 인공의 땅을 일군다. 19세기 초 스페인으로부터 남미가 독립하면서 핍박의 원인들은 제거되지만, 그들은 이 물 위에 떠있는 섬을 떠날 수가 없다. 여전히 뭍에서 살 방도가 없고, 오랜 물 위 생활에 익숙해져버린 것이다. 그래서 이 섬마을이 유지되고 있다. 제일 가까운 갈대 섬도 푸노에서 30분 정도 뱃길로 나가야 있는데, 산정호수이기에 물결이 없다. 호수 물은 흑청색 잉크를 풀어놓은 듯하다. 아마 퇴적물과 빛의 반사 때문일 것이다. 크고 작은 섬들의 군집으로 동네가 형성되고, 대가족 단위로 섬을 만들고 집을 지어 생활한다.

섬은 갈대 토르토라tortora로 축조된다. 3미터 정도의 두께로 갈대를 쌓아 대지를 만드는데, 밑에 있는 갈대가 썩으면 새 갈대를 위에 쌓아 항시 그 두께를 유지해야 한다. 땅이 쿠션 같으니 평소대로 걸으면 뒤뚱거리게 된다. 토르토라는 이 사람들에게 만능의 수단이다. 땅이 될 뿐만 아니라 가축 먹이가 되고, 배를 만들고, 그릇을 만들고, 집도 만든다. 갈대는 결의 방향대로 잘 써야 한다. 별다른 건축의 도움 없이도 집을 지을 수 있는 것은 갈대의 곧고 질긴 성질을 잘 알기 때문이다. 갈대의 단면은 대롱처럼 속이 비었지만, 겉 결은 강인하다.

이들을 엮으면 강력한 역학적 성질이 생긴다. 이치로 치면 현대의 초고층 건축수법인 번들 튜브bundle tube구조와 같다. 무진장 많고 공짜인 갈대를 결대로 엮어 짜면 돗자리처럼 되는데, 갈대의 수직면은 직하중에 강하다. 이를 이용해 갈대를 세워서 벽을 만들고 뉘어서 지붕을 얹는다. 이러한 구법 때문에 가옥의 형태는 두 가지 유형이 있는데 직방형의 박공집과 원형 평면에 고깔을 씌운 원추형 집이다. 그래 봤

토라니파타 섬. 푸노의 티티카카 호수에는 42개의 인공 섬이 있다.
해발 3,812미터 섬에 살고 있는 사람들은 태양신 비라코차의 자손이다.
그들은 전설적인 티아우아나코 문명의 후손으로서,
안데스의 다수 민족인 케추아 족, 아이마라 족과는 다른 민족이다.

물 위의 땅과 가옥은 배 위에서 사는 수상가옥과 달리 충분한 마당을 갖는다.
집의 공간이 좁으니 자연히 음식 조리, 빨래 등을 마당에서 해결한다.

갈대 토르토라를 말리면 방향의 결대로 강한 응력을 발휘한다.
갈대는 주식 재료이기도 하고, 땅·집·배·가구 모두 갈대로 만든다.
갈대로 만든 것들은 따로 마감이 필요 없고 고도의 기술이 필요한 것도 아니다.
이 토르토라는 이스터 섬의 원주 생활문화에서도 보았다.

자 모두 불완전한 건축이다. 더욱 큰 문제는 바닥의 습기인데 별 대책이 없는 모양이다. 우기에는 뭍으로 올라와야 한다. 갈대는 가볍기에 부력을 갖지만, 접착력을 위해 흙을 깐다. 이렇게 하면 작은 텃밭 정도는 만들 수 있다. 이 인공의 땅에서 감자를 키워 주식으로 삼았단다. 이 갈대의 땅에서 사람들은 못하는 게 없다. 농사짓고 고기잡고 축구도 한다. 호수에서는 자연스레 물고기나 수산물이 중요한 먹거리다.

고기잡이는 주로 그물을 쓰지만, 가마우치 낚시법도 쓴다. 모가지를 묶인 가마우치 새가 물고기를 잡게 하고, 채 삼키기 전에 그 생선을 빼앗는다. 이 어로법은 일본의 가고시마에서도 보았는데 좀 치사해 보였다. 점차 호수의 어종이 줄자 그들은 송어 양식기술을 터득해 서너 평 정도 되는 그물 테두리에 송어를 기른다. 아무리 들여다보아도 어획량이 대단해 보이지는 않는다. 잡은 물고기를 가능한 아끼고 오래두고 먹으려면 건어로 말려야 한다. 이 '까라치'라는 기법은 아직도 유용한데 말린 물고기가 생선이라고 하기에는 민망한 크기이다.

갈대집의 내부 공간이 협소하니 생활공간이 마당—그것도 마당이라 한다면—으로 확장된다. 밥을 짓고 빨래하고, 모든 집안일을 갈대 마당에서 해결하니 생활의 대부분이 노출된다. 사람들은 자외선에 마냥 노출된 채로 살다보니 피부가 거칠고 단단하다. 멀리 다닐 곳이 없는 환경이니 쭈그려 앉는 자세가 일상의 모습이다.

요즘은 수입의 큰 부분을 관광에 의존하는데, 식구 모두가 생계에 매달려야 한다. 여기서도 모계의 역할이 중요한데, 남자들은 마실 다니며 엄벙덤벙 행동하지만 어머니들은 역시 억척이다. 여인네들은 민속공예에 열심이며, 아이들은 스케치북을 꺼내 그림 솜씨를 선보이거나 노래라도 해야 한다. 일교차가 극심한 고원지대에다 물 위에서 살다보니 밤에는 엄청 춥다. 낮에는 강한 햇빛 때문에 모자가 필수이고, 밤에는 별 난방 수단이 없으니 잔뜩 껴입는 복식이다. 어느덧 생계수단의 일부가 된 관광수익 때문에 섬주민들은 항상 잘 차려 입고 사는데 삶의 아이러니이다.

극채색의 의상이 청색 호수 배경과 대립적이다. 빛나는 극채색의 구도 안에서 주요 색인 적색과 푸른색이 보색 관계를 이루고 녹색과 노란색 역시 대립한다. 장신구의 극채색 구성은 더 정교하고 화려하다. 이 곤궁함 속의 화려함이라니!

물 위의 삶이라는 것이 편안할 리 없다. 그들을 위협하는 적이 사라진 지 오래인데도 아직 이 불완전한 삶과 생활문화를 유지하고 있는 이유는 무엇인가. 이 공화국의 땅에 오르지 못하는 이유는 여전히 빈궁이다. 그들은 나름대로 터득한 호수에서의 삶의 방식을 믿고 또 버텨보는 것이다. 이들에게 국제적인 관심이 기울어지면서 공동체 생활이 안정되어가고 있는 것 같다. 학교도 세우고 주민센터도 있다.

일요일 미사가 끝난 뒤에는 마을 축구경기가 열린다. 이곳의 '건축가 없는 건축'에 대해 우리가 시선을 기울이는 것은 일체의 허식 없이, 자본의 영향을 받지 않은, 깨끗한 심성으로 지은 결과물을 볼 수 있기 때문이다. 여기에서는 어떤 미학적 이해도 소용없다. 당장 그들이 손에 쥘 수 있는 재료와 수단을 가지고 지어야 하며, 공간은 생활에 익어

살림, 육아 등의 가사 노동뿐만 아니라 관광업과 같은 경제활동에서도 여성들은 야무지다.
그들의 장려한 원색의 복식은 척박한 생활을 무색케 한다.

수상가족합창단. 요즘에는 어업이나 농업보다도 관광업이 주요 경제활동 수단이다.
그러니 하루 종일 잘 차려입고 찾아오는 관광객들을 맞아야 한다.

야 하고 경제적이어야 한다. 때문에 어설픈 구축이지만, 오랫동안 축적된 지혜가 디자인을 결정한다.

이 갈대의 집은 점차 양철집으로 대체되어가고 있다. 할 수 없는 일이다. 갈대 집은 점차 집이라기보다는 볼거리로 남을 것이다. 우리의 초가집이 그랬다. 이 척박한 민속이 유지되고 있는 것도 페루의 주거복지가 여의치 못하기 때문에 불가피한 상황, 삶의 아이러니이다. 살 만하거나 살고 싶어서 유지되는 문화가 아니다. 그들의 삶을 훔쳐보면서도 내내 마음이 무거운 이유이다.

안데스의 주름 마추픽추 가는 길

해발 4,335미터, 만년설의 풍광이 아름답게 펼쳐져 사람들은 잠시 발길을 멈춘다. '1달러 사진 모델'은 여기에도 있다. 무턱대고 사진을 찍자고 조르는 것이 아니라, 그냥 애잔한 눈길을 보낸다. 그 눈빛에는 안 넘어갈 수가 없다. 안데스 소녀는 극채색의 전통 복장을 잘 차려입고, 리마 두 마리를 조연으로 데리고 다닌다. 소녀가 멈칫멈칫 다가와서 뭐라 말하는데, 집중해보니 내가 자기의 사진을 찍었는데 1달러를 줄 생각을 아니 한다는 모양이다.

이걸 어떻게 하나, 저 멀리 만년설 산을 찍는 각도와 그녀가 서 있던 위치가 같았던 모양이다. 나는 그 논리적인 모델의 사진을 한 장 더 찍고 2달러를 냈다. 소녀가 자신이 찍혔다고 주장하는 먼젓번 사진과 찍지도 않은 것을 그냥 돈만 주기는 뭣하여 한 장 더 찍은 사진을 합한 두 장의 모델료이다. 내 나름대로 잔머리를 굴려보았지만, 부조리의

안데스의 1달러 모델. 극채색의 패션과 리마 몇 마리가 스타일을 빚어낸다.
특정 지역의 생활 색채는 문화인류학적으로 해석할 수 있다. 대개 주변 환경이
척박할수록 극채색이 빛난다.

"푸노 지역이 행복한 여행을 빕니다."

계산법이다.

밤하늘에 '별이 뜬다'지만, 사실이 아니다. 밤하늘을 '별들로 바르는 것'이 맞다. 고대 사람들이 하늘을 유한한 천장처럼 그린 것은 꼭 그럴 만하기 때문이다. 안데스에서의 밤하늘이 그렇다. 밤하늘은 별점박이 무늬로 도배해놓은 거대한 천장이다. 밤이 되면 안데스는 산이 아니라 하늘이 된다. 산은 자신의 모습을 침묵으로 숨기고 대신 밤하늘을 내놓는데, 세상에! 그 촘촘한 별들의 사실.

안데스의 밤하늘은 따져보면 빈 하늘 면적보다 별들에 의해 점유된 면적이 훨씬 넓고 크다. 서울 밤하늘은 별이 있는 둥 마는 둥 하지만 안데스에서는 그야말로 쏟아져 내린다. 서울의 밤에는 별이 다섯 개밖에 없지만, 안데스에는 수백만 개가 있다. 안데스에서는 시력이 갑자기 좋아진다. 서울에서는 500미터 앞을 못 보지만, 안데스에서는 5킬로미터 앞까지 본다.

마추픽추를 가는 도중 짬을 내어 샛길로 빠지면, 마라스Maras 마을의 소금밭 살리네라스Salineras를 볼 수 있다. 안데스 산속의 염전이다. 대지가 이맛살을 찌푸리듯이 주름을 잡으면 산맥이 되는데, 대서양 물이 이 주름 사이에 갇힌다. 이 갇혔던 해수를 조금씩 내어놓은 결과물이 소금밭이다. 산악 염전이지만 그 규모가 만만치 않다. 작은 도랑같이 흘러내려오는 염수를 계단식 땅에 받아놓고는 안데스의 강한 햇빛에 말리면 된다. 염전이 만들어낸 부정형의 조각들은 마치 우리네 조각보의 모습 같다. 우리나라 계단식 밭과 닮았지만, 배추 대신 소금이 익어간다. 코발트블루빛 하늘과 녹청의 숲을 배경으로 소금의 흰 빛이 눈부시지만, 염전 바닥은 갈색으로 가라앉아 있다. 상류의 소금은 식용과 약재로 쓰이는 상품이고 순도가 떨어지는 하류의 소금은 동물 사료로 쓰인다. 이 사이트는 유네스코 세계문화유산 지정을 신청해놓았는데 잘 될지 모르겠다.

안데스 산은 워낙 몸집이 커서 그 안에 들어서면 스케일을 짐작하기가 힘들다. 산들이 순하게 생겨서 산세의 긴장감보다는 희박해진 공기, 청량감, 구릉의 너울 등이 안데스가 보여주는 일상의 풍경이다. 그러나 이 밋밋하던 거대함은 마추픽추에 이르면서 갑자기 응축된 지리의 모습으로 우리의 시선을 압박해온다. 마치 지형을 거칠게 구겨서 지금까지와는 다른 농축된 세계를 만드는 듯하다. 산은 가급적 넓은 땅을 끌어모아 주름을 잡는다. 깊은 녹색 그림자 속의 진짜 녹음綠陰이다.

검푸른 절벽의 떼가 눈앞으로 몰려든다. 산은 솟음으로써 모양의 반쪽만 시선에 내주는데, 뒤의 반쪽은 다른 빛으로 새롭게 하기 위해 감춰둔다. 키가 큰 산이 온몸으로 가리고 남은 하늘은 조각뿐이다. 하늘은 산이 은밀히 몸짓하고 남은 여백이다. 그러나 이 여백도 짧은 오후, 순식간에 해가 저물면 암흑으로 사라진다.

이 녹음이 절벽과 마주하는 풍경 사이에 아구아스 칼리엔테스 역마을이 있다. 이 마을에 더운Calientes 물Aguas, 유황 온천이 있었다. 쿠스코를 출발한 열차의 종착역인데, 열차는 안데스를 헤집고 와서는 싣고 온 것들을 이 골짜기에 처박아놓고는 되나간다. 기차는 더 갈 수도 없고 더 갈 일도 없다. 자동차로 오건 열차에 실려 오건 마추픽추에 가려는

▶ 산속의 소금밭 살리네라스(마라스). 까마득히 먼 옛날 구겨진 지형에
 갇혔던 소금물이 오늘날에 와서 유용하게 쓰인다.
 경사를 따라 만들어진 소금밭이 하얀 조각보처럼 펼쳐진다.

마추픽추 산마을의 저녁. 깊은 산골짜기에 해가 떨어지면
일상의 풍경은 사라지고 산과 하늘의 모노크롬만 남는다.

사람들은 일단 이 마을에 모여들고, 산마을에서 하루를 신세지게 된다. 우루밤바 강과 계곡과 험준한 산이 코앞에서 펼쳐지니 시각적 긴박감이 마음을 놓아주지 않는다.

고원에 새겨진 건축

마추픽추는 잉카의 후기 세력 파차쿠티Pachacuti가 1450년경 만들었다는 산정의 도시이다. 우루밤바Urubamba 강을 밑에 두고 해발 2,430미터 절벽 위에 자리하고 있으니 아래에서 봐서는 그 존재가 드러나지 않는다. 도시의 면적이 5제곱킬로미터라고 하지만 그 절반은 경사면을 깎아 억지로 도시에 끼워 넣은 형국이다. 여기에 최대 인구 만 명이 살았었다. 이들 역시 안데스 산악 위에 도시의 유적을 남기고는 이유를 말하지 않고 일순에 사라졌다.

사라진 이유가 문제가 아니라, 왜 이 고단한 도시를 만들었는지부터가 문제이다. 번잡한 쿠스코로부터 은둔하기 위해 만든 여름의 도시, 외적의 침입에 이골이 난 잉카의 피난처, 정신적이거나 종교적인 도시 등 해석이 여러 갈래이다. 소수의 인구이지만, 도시의 공간 구성에서 왕족-승려-장인-서민의 계급 구조가 엿보이며, 라마 목축과 계단식 밭 등 경제활동의 흔적이 풍부하니 임시로 만든 도시는 아닐 것이다. 한동안 이 도시의 잉여 생산물은 쿠스코로 실어날랐다 한다.

잉카는 1533년 프란시스코 피사로에게 괴멸되고 말지만, 이 산속 어딘가에 빌카밤바라는 비밀의 도시가 있다고 전해져 왔다. 그러나 그 단서라는 게 '높은 산 위에 정교한 기술로 구축된 건축들이 우뚝한 도시'

가 전부라 간소하기 짝이 없다. 그리고 누구도 그 도시의 실존을 알지 못했다. 미국의 고고학자 하이램 빙엄Hiram Bingham, 1875~1956은 그 알량한 기록을 굳게 믿고 발굴의 기회를 노린다. 그는 고고학을 공부하는 한편 발굴 자금을 모으지만 턱없이 부족했다. 그러나 한 연상의 여인과 결혼하며 자금 문제가 해결되었다.

1911년 7월 24일, 페루 남부를 뒤지던 빙엄은 원주민 멜초르 아르테아가Melchor Arteaga의 도움으로 첩첩산중에서 도시의 흔적을 발견한다. 도시가 잠적한 지 400년 만의 일이다. 빙엄은 계곡 사이를 전진하다가 우루밤바 강과 만났다. 폭음을 질러대는 급류도 주민의 도움으로 통나무 다리를 만들어 건넜다. 이제 계곡을 기어올라가야 한다. 어느 정도 높이에서 시야가 확보되고 그는 수평으로 전진한다. 갑자기 큰 계단이 나타났는데, 그것이 '잉카의 잃어버린 도시'가 시작되는 남쪽 계단식 밭이었다. 그는 이 도시를 빌카밤바로 여겼지만, 전사들의 무덤이 없다. 기대하던 잉카의 황금도 찾을 수가 없었다. 실망한 그는 마추픽추보다 더 깊은 곳에 빌카밤바가 있을 것이라 생각했지만 우선 미국으로 돌아간다.

황금을 찾겠다는 꿈은 접었지만 1914년 예일대학과 내셔널지오그래픽 사의 지원을 받아 그는 다시 안데스에 온다. 고고학적 발굴의 성과로 오늘날 볼 수 있는 대강의 도시 모습이 회복되어 있었다. 정작 빌카밤바는 거기에서 80킬로미터 떨어진 북쪽에서 1960년에 발견되었다.

마추픽추의 소멸은 스페인 정복군과는 관련이 없다고 보는 게 일반적이다. 만약 그들의 눈에 들었다면 역사는 또 한 장을 영원히 잃어버렸을 것이다. 도시는 자멸한 것이 아니라 16세기 전반 즈음에 버려진 것으로 보는 것이 유력한 학설이다. 사연이야 어떻든 현장을 보는 것이 급한데, 자동차는 들입다 굽이굽이 산길 도로를 지그재그 긋느라고 영 올라가는 느낌이 들지 않는다.

양¥이 척박한 초식을 소화하기 위해 창자가 아홉 번이나 꺾어져 길다는 뜻의 구절양장. 바로 마추픽추의 산길은 꼭 양의 창자 모양인데 아홉 번이 아니라 열세 번 접힌다. 그래도 점차 시야는 높아지고 우루밤바 강이 눈 밑으로 보이기 시작한다. 산등을 마치 옆으로 긁는 모양의 길을 올라 유적 입구에서 도달하면, 아! 이곳의 높이가 짐작된다. 유적 입구를 지나 기대감과 흥분을 몇 분은 더 꾹꾹 누른 후에야 마추픽추의 장관이 눈앞에 갑자기 터진다.

'늙은 봉우리' 마추픽추는 건너편의 '젊은 봉우리' 우아이나 픽추 Huayna Picchu와 마주보고 있다. 도시는 계단식 밭을 스커트처럼 두르고 그 위에 얹혀 있다. 도시는 구축된 것이 아니라 새겨진 것이다. 자연히 도시의 공간 밀도가 조밀하다. 공간을 흥청망청 쓰는 건축가들에게 이곳은 공간을 얼마나 경제적으로 쓸 수 있는지를 보여준다. 절벽이나 다름없는 산자락을 계단식으로 접어 면적을 만들고, 한 뼘을 아껴 농사를 지었다. 우리나라에도 다랭이논이라는 게 있는데, 윗단에서 물이 차면 아랫단으로 계속 흘러내리는 관개 시스템 Pozo seco 을 이용한다. 감자, 옥수수, 유카, 지노아, 코카 잎 등을 자급자족했다. 안데스 사람들에게는 필수품인 코카는 고원의 기압을 이기게 도와주며 삶의 청량제이기도 하다.

우리는 도시 안으로 섣불리 들어갈 수가 없다. 도시와 계단식 밭이

산길은 사진 왼쪽 아래의 우루밤바 마을에서 시작하여
열세 번이나 꺾어진 후에야 오른쪽 마추픽추에 이른다.

마추픽추 '감시인의 집'. 저 아래 우루밤바 강까지 600미터의 수직 암벽이다.
도시와 계단식 밭이 조감되는 위치에서 유네스코 세계문화유산의 전경을 눈에 가득 담는다.

한눈에 내려다보이는 위치, '감시인의 집'Recinto del Guardián에서 보는 도시의 극적인 장관에 발이 떨어지지 않는다. 그래도 그 경외감을 정상에 오르고자 하는 조급증이 이긴다.

이제 대강의 도시 구도를 눈에 익히고 도시 안으로 들어간다. 두 봉우리 사이에 고원의 공간이 있고 거기에 도시가 길게 드러누워 있다. 언뜻 계획도시의 모습이기도 하고, 자연적으로 형성된 것처럼 보이기도 한다. 계획적이라는 것은 광장을 중심으로 하는 공간의 얼개가 분명하고, 큰 건물과 작은 건물의 군집이 위계에 따라 배치된 것으로 보이기 때문이다. 그러나 고원이라 하더라도 지형이 험하니 공간의 구도는 지형에 따라 그때그때 달라질 수밖에 없다. 이것이 계획성과 자연성이 융합된 하나의 도시 모습이다.

성문을 들어서면서부터 도시 공간이 시작되는데 성문의 크기는 대단할 것이 없지만, 석조의 돌쩌귀 등에서 돌을 다루는 귀재들의 솜씨가 시작된다. 성문은 방어를 목적으로 하기에 아주 좁은데, 그리스 고대 도시 미케네에서도 그랬다. 통돌로 수평보를 얹어 개구부를 만들고 돌을 쪼아 만든 돌쩌귀에 성문을 달았을 것이다. 성문 주변의 석축에서는 두 가지 수법이 보이는데 아랫단은 석재가 크고 마름질이 되어 있으며 윗단은 막돌 쌓기다. 아래 석재가 굵고 아귀 맞춤으로 치밀하게 작업된 것은 직압直壓을 견디려면 내구력이 뛰어나야 된다는 역학적인 계산 때문이다. 기능적으로는 손이 닿는 아래와 그렇지 않은 위를 구분해 작업한 것으로 보인다.

◀ 마추픽추의 전경. 방어 도시의 형국이지만, 얼마나 하늘 가까이에 있는지 실감이 된다.
중앙의 광장을 중심으로 밀도 높은 공간이 엮어진다. '늙은 봉우리' 마추픽추가
건너편의 '젊은 봉우리' 우아이나 픽추를 상대하는데 젊은이가 400미터 더 크다.

도시 성문, 태양의 문. 방어 기능을 고려해서인지
도시 규모에 비해 '태양의 문'이라 하기에는 성문이 너무 작다.

주교의 집. 신성한 공간 영역 중에 첫 번째 건축이다.
두 개의 출입구를 가진 가옥으로 그중 큰 규모의 건물이며
안벽의 벽감에는 봉헌물이나 미라를 안치했을 것이다.

성문 이후의 경로는 크게 시계 방향으로 전개되는데 우선 도시의 의전 공간이 나타난다. 신성의 광장La Plaza Sagada을 중심으로 하여 세 창의 신전Templo de las Tres Ventanas, 주교의 집, 주신전 등이 첫 번째 영역이다. 이 장소가 중요함을 금방 알아볼 수 있는 것은 건축의 규모가 크고 돌을 다듬는 솜씨가 비교적 정치情緻하기 때문이다. 잉카시대 건축의 계급에 따른 구별은 재료와 기술 구사 정도에서 선명하게 나타난다.

주신전은 허리 아래만 남아 있지만, 석재를 정교하게 갈아낸 마감과 치밀한 축조 구법이 신성의 광장에서도 핵심적인 공간임을 말한다. 특히 하단부의 석재는 한 변이 1~1.5미터나 되는 큰 부재들로 축조되었다. 주신전 뒤로 일련의 건물이 그룹을 이루고 있다. 빙엄이 발굴 당시 이를 '장식의 방'Chamber of the Ornament이라고 부른 게 이름으로 굳어졌지만, 고위직의 묘당 또는 장제장으로 짐작된다. 여기에서도 잉카 석조의 전형적인 다각결구多角結構 방식이 입체적으로 구사되고 있다.

'세 창의 신전' 역시 돌의 마감과 축조 방식이 특별하다. 창이 세 개 뚫려 있어 그렇게 부르는데 사람들이 여기에 잉카의 건국신화를 읽는다. 모든 게 모르는 것 투성인데 이와 관련한 설명은 상당히 구체적이다. 잉카 발상에 관한 설화로서 람프토코라는 세 개의 구멍에서 여덟 명의 형제자매가 나와 그중 한 명이 제1대 황제 망코 카팍이 되었고 쿠스코에 잉카 제국의 기초를 세운다. 건축에 쓰인 돌은 단위가 대단히 크고, 마감이 '간 다듬' 정도로 정치하며 잉카 특유의 다각결구 축조방식을 볼 수 있다. 큰 돌은 2.75미터에 달하고 축조는 ㄱ, ㄴ, ㄷ자 모양으로 퍼즐처럼 맞추어 볼륨을 만든다. 이는 기교 이상이다.

세 창의 신전. 세 개의 창을 가져 지금과 같은 이름이 붙었지만,
지붕이 있는 건물이 아니라 세 개의 벽으로 공간을 구획하는 와이라나 양식이다.
마추픽추의 건축들은 품격에 차등이 분명한데 석재의 크기와 종류, 다듬기의 정도로 구분된다.
특히 이 신전은 대형의 석재로 다각결구 접합 상세가 치밀하다.

여기에서 건축은 혼으로 쌓는 신성한 일이다. 신성의 광장에서 이어지는 인티와타나Intihuatana는 비교적 높은 지대 뒤에 있어 천측소로 추정된다. 작은 마당에는 조각해서 구축한 기대가 있는 것이 아니라 돌기둥이 솟아 있다. 잉카 인들은 무엇을 세우는 게 아니라, 그냥 돌기처럼 깎아 양각한다. 이 기둥에 태양을 묶었단다. '인티와타나'가 곧 '태양Inti 을 묶는 장소Watana'이다. 해를 묶는다는 것은 시간을 고정한다는 의미인 것 같고, 짧은 해를 갖는 이 절애의 산악 동네에서 나타나는 조급함의 표현인지 모른다. 혹은 태양의 위치를 측정해 계절과 농사 시기에 관한 정보를 얻었을 게다. 이러한 천문학적 해석은 마야에서도 허다하다.

여하튼 이곳의 터진 시야와 전망만은 최고이다. 그들은 원초적으로 우주와 태양에 대한 구조적 개념을 땅에 그리려 한 것 같다. 다시 말해 하늘과 강과 산과 태양과 풍광과 바위와 건축이 통합되어 우주적 기하를 만든다. 이 태양을 향한 정열이 거대한 기하를 만든다. 여하튼 잉카는 태양의 아들이며 그는 태양, 계절, 시간을 관장하는 능력이 있어야 한다. 곧 정종政宗 일체이며 절대적 존재로서 태양을 기표로 삼는다.

쿠스코 태양의 신전은 복도 축이 66도이며, 하지가 되면 그 공간에 햇빛이 꽉 찬다고 했었다. 그 각도의 끝이 마추픽추와 일렬을 이룬다고 한다. 확인할 수는 없지만 믿지 않을 이유도 없고, 이 고대의 장소를 우주적으로 또는 과학적으로 설명하고 싶은 뜻은 알겠다.

도시 전체의 중심인 주광장Plaza Principal은 도시의 장축을 따라 형성되지만, 산지의 지형 때문에 모양이 반듯하지는 않다. 공간을 만들다가 암반과 만나면 그냥 끌어안고 구축한다. 광장의 단면도 몇 개 단으로

인티와타나 천측소. 중심 공간 중에서도 솟아 나온 곳에 위치해 있어
그 장소의 중요도를 짐작할 수 있다.

태양 묶기 기둥. 태양을 묶는다는 말은 종교적인 수사이겠지만, 일몰이 빠른 산악 지방의 정서가 반영된 표현으로 보인다. 지구의 남회귀선 작용에 의해 이 돌기둥은 3월 21일과 9월 21일 정오에 그림자를 만들지 않는다.

이루어진다. 다만 도시 전체에서 중심성을 확실하게 장악하고 있으며 대부분의 공간에서 직접 주광장으로 접근하는 것이 가능하다. 만약 스페이스 신텍스Space Syntax: 어떤 공간이 전체 중에서 갖는 중심성과 접근성의 계량방법를 측정해본다면 중심도와 접근도가 최고 수치를 나타낼 것이다. 그러니까 광장은 의전의 중심 공간이며 여러 가지 행사가 치러지는 중요한 장소였을 것이다.

광장은 도시의 중심에 위치할 뿐만 아니라, 주변보다 낮은 곳에 있어 도시의 어느 위치에서도 광장의 모습을 조감할 수 있다. 그로써 광장은 자연스럽게 사람들의 일상적인 시선 안에 들어온다. 도시 공간이 협착하니 가옥들도 밀도가 높고 사이 간격도 조밀하다. 집을 옹골지게 지으니 내구성이 뛰어나고, 오랫동안 사람의 발길이 닿지 않았으니 유적의 보존 상태가 좋다. 마추픽추의 가옥은 석조로 몸체를 만들지만, 바닥과 지붕은 목조로 짓는다.

특히 상류층 주거 영역의 건축은 석재가 더 다듬어지고 구축 수법도 정교하다. 이에 비해 서민 주거 지역에서는 상대적으로 거친 석재와 정치도가 떨어지는 구조를 볼 수 있다. 지붕은 전형적인 박공지붕이고 장변을 경사지붕으로 하니 우리의 맞배지붕전후 두 면이 ∧모양으로 맞닿은 가장 단순한 지붕 형태과 형태가 같다. 상류층의 주거군은 층고가 훌쩍한데, 아마 실내는 2층으로 구성했던 모양이다. 박공은 경사가 급한 이등변삼각형 모양이기에 커다란 지붕 밑에 공간이 형성된다. 급한 경사지에 집을 지으면 높고 낮은 두 개의 층이 생기게 되는데, 이 가옥은 두 개층 모두에서 드나들 수 있다.

◀ 주광장의 조망. 전체의 중심으로서 각 부분으로부터의 접근성이 고르게 보인다.
보통 도시가 중심에 밀도를 높이는 것에 비해 마추픽추는 중심이 비워진 도넛 모양이다.
광장의 왼쪽이 아난Hanan, 신성의 장소이고 오른쪽이 우린Hurin, 거주공간이 있는 아랫마을이다.

'현명한 사람들' Amaustas의 상류 주거군. 이 가옥은 2층이며 위아래 층에서 출입할 수 있는 구성을 볼 수 있다. 지붕은 박공 목구조에 초가를 얹었다.

낮은 층의 입구는 주거 공간으로 이어지고 뒤의 높은 층에서는 2층 또는 다락방으로 들어갈 수 있다. 물론 실내는 복층 공간이 되겠다. 목조 부분은 모두 훼손되고 없지만, 석벽에 들보를 끼워 넣은 자국이 내부 목조의 형식을 짐작케 한다. 광장에서 가까운 주택군이 특히 규모가 크고 단위마다 세 개의 문이 달렸다. 그래서 '세 현관의 주거'라고 한다. 즉 내부 공간은 최소한 세 칸으로 나누어졌을 것이라 본다. 규모가 있는 2층 건물들은 왕이나 귀족들이 기거했을 것 같다. 잘 다듬어진 석재와 정교한 석축 기법을 보아 그렇다.

안데스의 척추를 따라오면서 해발 4,000미터를 오르내려보았지만, 마추픽추의 고도도 만만치 않다. 발걸음이 찬찬해지고 숨을 자주 골라야 한다. 그렇게 걷다가 힘이 들면 단체 여행팀의 가이드 설명에 슬그머니 끼어드는 게 요령이다. 잠시 숨도 고르고, 설명도 들을 수 있다. "왜 이렇게 힘들고 어렵게 건물을 지었는지 아시겠습니까? 지배자가 인민을 끊임없이 노동으로 몰았거든요. 딴 생각의 틈을 주지 않으려고요. 이 돌들처럼." 원, 이런. 가이드 중에도 반체제가 있다. 자리를 털고 일어난다.

노동의 착취는 이집트 파라오 시대에도 있었고, 물론 잉카시대에도 그랬을 것이다. 인민은 군역軍役, 사역使役 등으로 잉여의 노동을 국가와 군주에게 바쳐야 했다. 그러나 잉카의 고난도 석축법은 괜히 복잡한 게 아니라 필연적인 이유가 있다. 이 절묘한 석조 구법은 잦은 지진에 대비하기 위한 힘겨운 투쟁이다. 건축의 장인들은 도구의 한계를 극복하며 척박한 수단으로 손톱이 빠져라 최선을 다했을 것이다. 건축물의 결합 구조에서 내구성은 결구의 각도와 변이 많을수록 건강해지고, 접변에 틈이 없이 밀착되어야 완강해진다.

여름 도시의 비밀

이제 마추픽추의 하이라이트로 들어간다. 콘도르의 신전 Templo del Condor이라 부르는데, 전체적인 형상이 날개를 펼친 모습이기에 사람들이 붙인 이름이다. 앞서 쿠스코의 켄코 신전에서 잉카 인들이 자연의 암석들과 인공의 공간을 결합시킨 모습을 보았는데, 그 통합성을 다시 한 번 목격하게 된다. 원래 그 자리에 마치 바로크 예술품 같은 기암奇巖이 하나 있었던 모양인데, 건축가가 여기에 인공의 공간을 더한다. 아니면 로댕의 조각 예술을 잘 아는 건축가가 있어 자연과 인공을 버무려 만들었는지도 모른다.

돌의 불완전함에 인공미가 더해져 완전해지는지, 아니면 인공의 부족함을 돌이 보족하는지, 또는 그 둘 다가 목적인지도 모른다. 돌은 자신의 물성을 고집하면서도 인공의 공간을 허용하기에 구축성이 더 완강해진다. 돌의 틈을 비집고 공간을 만드는 일은 돌의 근육을 촉각하는 일이다. 이 완강하고도 어려운 공간 구조 때문에 지하 감옥이라는 이름도 얻었다. 반지하의 공간에 반쪽은 감옥이고 나머지 반쪽에는 돌 의자가 하나 있는데 구멍에 손을 넣으면 마치 고랑을 채운 것 같은 모습 때문에 취조실이라 한다.

또 하나의 커다란 암석과 인공 석축이 중합重合되어 '태양의 신전'을 만들었다. 이 복합 건축은 큰 바위 동산 하나를 파고들며 공간을 만든

콘도르의 신전. 하늘로 뻗치는 암석의 날개를 인공 석축이 힘껏 확장한다.
그 밑에서 100여 개의 해골이 발견되었는데 아마도 희생제의가 벌어졌을 것이다.
그런데 해골의 80퍼센트가 여성이라니 선택된 여성들 야크야스Acllas가 죽음을
맞은 장소인지도 모른다.

것이다. 돌을 깎아 계단을 만들고 그 바위 사이로 표현하려는 절박한 의도는 무엇인지, 매우 심각한 목적이 있었을 것이다. 그것을 능묘La Tumba Real라 하는데 여기에서 수많은 미라, 특히 대부분이 여자인 미라가 발굴되었다.

석굴 내부는 돌을 깎고 갈아 깊은 공을 들였다. 다듬어진 돌이 벽체를 만들며 여러 개의 니치를 구성하는데, 이 부분에 미라를 안치했다고 한다. 돌을 파고들며 만드는 공간은 작업의 난이도 때문에 최소 크기를 가지고 합목적에 이르러야 한다. 계단은 누워서 겨우 들어갈 것 같고, 내부 공간은 자꾸 몸을 구부리게 만든다. 그러함에도 이 공간이 근사한 것은 건축가가 돌의 물성을 잘 알고 있었기 때문이다.

능묘 위로 'J'자 모양으로 벽을 둘러쳐 만든 공간이 '태양의 신전'이다. 그러니까 성당 밑의 지하 묘당처럼, 위아래 공간은 복합적인 신성의 장소였을 것이다. 태양의 신전은 자연석 위에 아귀를 맞춰 인공으로 쌓은 석축의 균형이 절묘하다. J자형 공간 안에는 제단 모양의 탁자가 있는데 역시 돌을 깎아 만든 것이다. 중앙의 돌기는 묘석墓石 같은데 돌의 주변을 깎아 오뚝하게 양각했다. 그 기능이나 목적은 역시 모른다. 신단과 같은 바위가 있고 벽 중단에 규칙적으로 구성되어 있는 니치에는 장식물이나 등잔을 올려놓았을 것이다. 건물의 외관은 석벽 주위로 정방형의 창이 나 있어 성채처럼 보인다.

이 고원의 삶에서 물이 얼마나 소중한지는 그들이 수로를 어떻게 조형하는지를 보면 안다. 물은 수평으로 흐르다가 수직으로 떨어져 한 곳에 고여 있다가 이내 사람들의 항아리로 들어갔을 것이다. 이 절묘한

태양의 신전. 직선이 직경 10.5미터 정도로 휘어져 들어오며 J자 모양의 공간을 만든다. 자연의 암반과 인공의 축조가 결합된 특별한 몸짓이며, 두 개의 창문과 석조의 요소가 정교하게 다듬어져 신성한 공간이었음이 짐작된다.

능묘. 태양의 신전 밑으로 건축이 연속되는데 자연 암석을 파고, 갈고, 깎아 토목 작업을 공예처럼 한다. 이 치밀한 석조 공법을 아슬라Ashlar, 마름돌 쌓기라 하는데, 가히 건축은 경제와 효율의 논리로 설명되는 것이 아니다.

물의 공간. 돌이 물을 조형한다. 마추픽추의 관개 시스템은 수자원의 경제적인 이용과 수공간의 정서적 활용을 동시에 충족한다.

물의 운동과 조형의 결합도 자연 암반과 인공 디자인으로 통합된다. 물의 미학은 매우 복합적이다. 명징, 투명, 습윤, 차가움이 성질이며, 빛 반사에 능하다. 유연한 유체는 형태 변이에도 만능이다. 무엇보다 그 소리의 연출력에 유의해야 한다. 구르고 흐르고 떨어지는 물의 음계들이 중창重唱을 한다. 더욱이 그 소리는 주변의 암반에 반향되며 더 깊게 여러 겹의 소리를 만들어낸다. 이것이 바로 수문水紋의 디자인이자 물의 미학이다.

난공불락, 공격하기는커녕 범접하기도 어려운, 완강한 요새의 도시를 버리고 그들이 떠난 이유는 잘 모르겠다. 어디에 이상향이 있어 이 도시를 포기한다는 말인가. 현장에 공작하다가 만 채석장이 보이니, 도시를 쓰다가 버린 것이 분명하다. 돌을 갈고 저미어 도시를 만든 사람들이 그렇게 쉽게 이곳을 버릴 수는 없다.

삶이 너무 노출되면 주변에서 오는 스트레스를 감당하기 어렵지만, 너무 고립되면 소외로 인한 불안감이 생긴다. 계단식 밭의 소출로 사는 것이 한계에 이르렀는지 모른다. 땅이 제한된 상황에서 인구가 늘고 밀도가 높아져 과밀의 스트레스를 받았거나 전염병이 돌았거나, 모두 인구밀도가 높고 제한된 구역이기에 가능한 일이다. 정황상 더 그럴 듯한 해석은 이곳이 항구적인 도시가 아니라 잉카 황실의 '여름 도시'라는 것이다. 그들은 쿠스코의 7~8월 추위페루는 남반구에 위치해서 우리와는 계절이 반대다를 피해 좀더 따뜻한 남쪽, 이 우루밤바에 하계 도시를 건설했다는 것이다. 이렇게 임시 도시였던 마추픽추는 갑자기 잉카가 쇠멸하면서 무주공산이 되고 그대로 잊혀졌을 것이다. 사람들이 떠난 빈 도시는 오랫동안 산바람과 죽은 자의 차지가 되었다.

안데스에는 시신을 곱게 차려 입혀 동굴에 안치하는 풍장風葬의 습속이 있었다. 죽은 자를 산 자처럼 여기기에 부장품을 넣는 것은 당연하고 계절과 때마다 옷과 장신구를 갈아입히기도 했다. 죽음 후의 세계를 삶의 연장으로 보는 나라들이 많이 있지만, 풍장은 육신을 태우거나 묻어버리는 것과는 다르다. 물론 이집트의 미라도 사후에 육신을 보전하는 문화이지만, 이집트는 더운 지역이라 내장과 뇌를 걷어내고 고도의 방부처리가 필요했다. 미라는 천으로 겹겹이 싸서 밀봉하고 또다시 관에 넣은 후 꽁꽁 닫았다.

이에 비해 안데스의 고원은 자연 건조가 되는 환경이라 생전의 모습이 죽어서도 그대로 유지된다. 머리카락이 곱고 살결이 살아 있다. 말하자면 죽어서도 산 물상의 사실이다. 시신을 화장하고 혼백만을 믿는 것과는 차원이 다르다. 몸은 정신의 그릇이니 귀중하며 몸과 마음은 불이不二라는, 즉물주의卽物主義인 것이다.

여하튼 산 자들이 떠난 후 죽은 자만이 도시를 지키고 있었는데 그들이 모두 여성과 아이들이었다고 한다. 신성의 광장 뒤쪽 암굴묘 La Roca Funeraria Cementerio Superior에서 173구의 미라가 발견되었는데, 그중 150구가 여자였다는 게다. 여자와 아이를 죽여 남겨놓고 남자들만 어딘가로 떠났다고 하기도 하고, 여자들이 '선택된' 희생양이었다고도 한다. 빙엄은 이 묘지의 양태로 보아 이 요새 도시가 여성을 주축으로 하는 종교 도시였다고 믿는다.

여하튼 안데스에 깊이 숨어 있던 도시는 스페인 정벌군의 탐욕어린 손아귀를 피할 수 있었다. 그리고 이 사이트는 1983년 유네스코 세계문화유산으로 지정되었다.

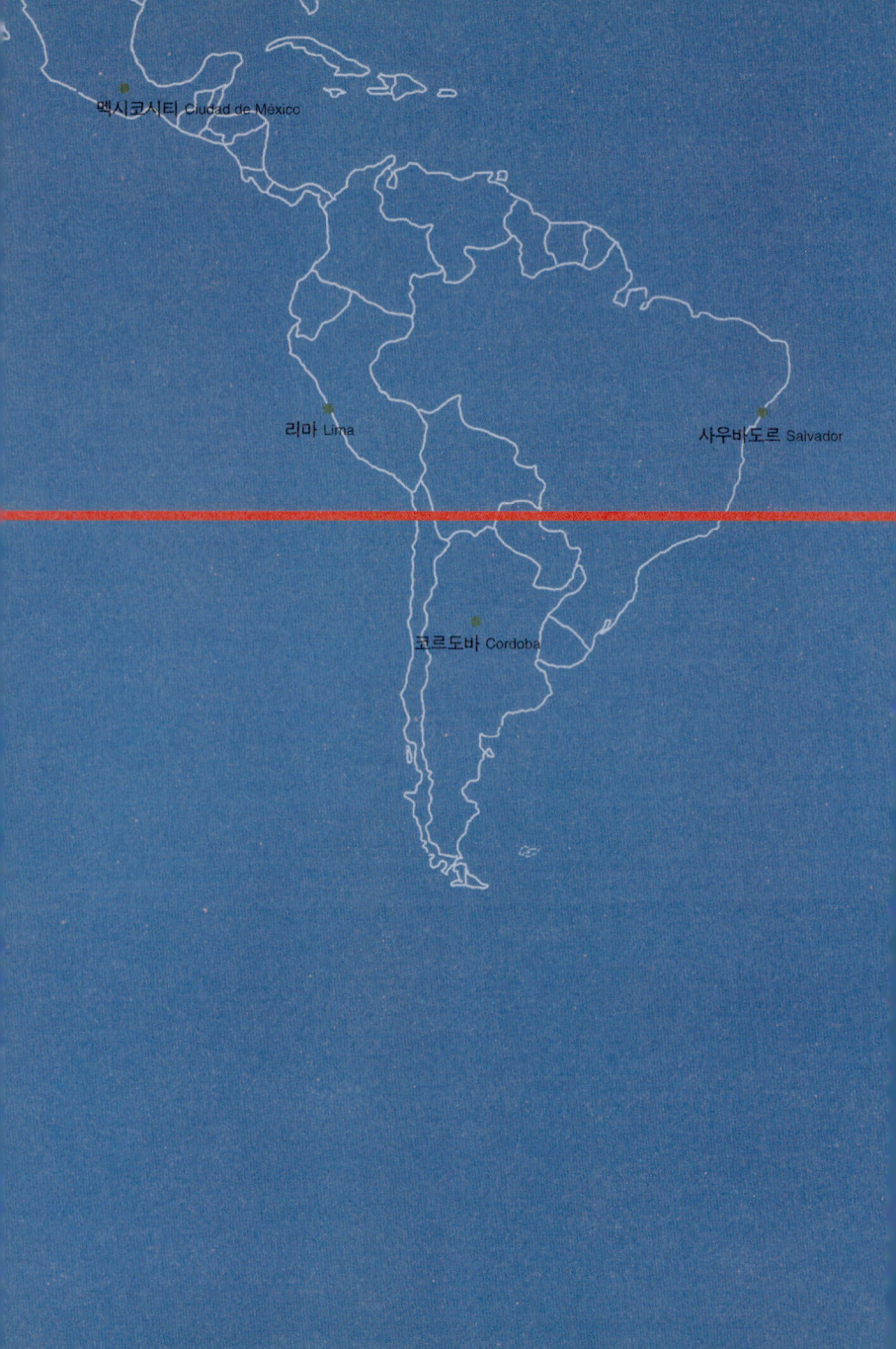

멕시코시티에서 문화의 덧칠이 역력한 현장은 '세 문화의 광장'이다. 이는 아스텍·식민지·근대라는 3세대 문화가 공존하는 장소여서 얻은 이름이다. 아스텍 신전 위에 산티아고 성당이 지어졌다. 신전 유적과 성당의 외장 재료가 같은 석재여서 마치 두 건물을 의도적으로 연계해 지은 것처럼 보인다. 세 문화가 겹쳐 있는 시간의 축조판인 셈인데, 그 축적이 자연스럽지 않다. 기독교가 아스텍을 깔고 앉아 있으며, 현대는 옆으로 조심스럽게 물러나 있다. 이곳이 바로 목테수마 2세가 스페인에 마지막까지 항전하다 무릎을 꿇은 장소이다.

4 인디헤나에 라틴을 칠하고 근대를 덧바르다

스러지는 잉카

1533년 11월 15일, 스페인 점령군은 마지막 잉카인 13대 아타우알파 Atahualpa를 살해하고 쿠스코에 입성했다. 잉카는 13대에 걸친 왕조사가 있지만, 역사 초기인 7대까지는 설화로만 전해지는 시대이고 8대부터가 잉카의 역사시대인데 때는 15세기 중엽이다. 잉카는 역사시대의 후반 50년 동안에 가장 흥성하여 현재의 에콰도르·아르헨티나·칠레에 이르는 광대한 판도를 그렸다. 그러나 16세기에 들어 만연하는 전염병으로 우아이나 카팍이 죽은 후, 왕위 계승 전쟁이 일어난다. 그 결과 형인 우아스카르는 쿠스코의 잉카가 되며, 아타우알파는 키토의 잉카가 되었다. 잉카는 내분과 내란을 거듭하다가 1528년 스페인군이 침입했을 때에는 극도로 허약해져 있었고 쉽게 괴멸되고 만다.

기마군의 총과 보병의 활이 충돌할 때 승부는 뻔하다. 이 위기를 벗어나기 위해 잉카의 사제들은 간절하게 기도하고 인신공양도 했지만, 잉카의 태양은 땅에 떨어지고 만다. 프란시스코 피사로는 단 168명의 군사를 이끌고 1532년 페루에 상륙하여, 1533년 첫 번째 교전에서 잉카의 후예를 제압한다. 피사로는 황제의 신하들을 총살하고 잉카 아타우알파를 사로잡았다. 옛 잉카에서 왕은 포로가 되어서도 왕의 권한을 유지하는데 정작 신민들은 그로부터 아무런 지시를 받을 수가 없으니 왕이 포로로 사로잡히면 모든 게 마비 상황이 된다. 잉카는 자신의 몸값으로 큰 방 가득한 황금을 제안하고 전국의 금을 모아 바친다. 그리고 피사로는 판결한다. 황제의 목을 장대에 매달아라. 그후 잉카 왕실의 운명은 우리나라 구한말처럼 기구하다.

스페인 정복 후 잉카 왕실에도 부나비가 있어, 파우야 잉카Paulla, 1537~49는 쿠스코에서 왕실을 유지하지만 괴뢰정부이다. 역시 이름뿐인 왕, 카를로스 잉카Carlos, 1549~72는 스페인 여자와 결혼한다. 잉카의 저항은 소극적이나마 끊이질 않지만 그 마지막 모습은 처연하다. 스페인 정복자는 망코 카팍Manqo Qhapaq, 1533~45을 꼭두각시 잉카로 내세우지만, 그는 안데스 깊이 빌카밤바로 잠적하여 게릴라가 된다. 그러나 1571년 빌카밤바마저 붕괴되고, 그의 아들 투팍 아마루Túpac Amaru는 체포되어 1572년 처형되었다.

쿠스코의 대광장에서 투팍 아마루가 참수된 지 2백 년이 지났으나 사람들은 죽은 잉카가 투팍 아마루 2세로 다시 태어날 것이라 믿었다. 1781년 쿠스코를 신성의 도시로 회복시키기 위해 투팍 아마루 2세와 벌거벗은 것이나 다름없는 병사들이 새총과 몽둥이와 칼로 무장하고 최후의 항전을 벌이지만 무모한 일이다.

"총알을 맞고도 쓰러진 채 돌멩이를 던지며 대항했다. 산자락은 시체밭이 되었다. 식민군대 병사들은 주검과 창과 부러진 깃발 사이를 걸으면서 여기저기서 소총 몇 자루를 주워 든다. 투팍 아마루는 이제 승리자의 얼굴로 신성한 도시 쿠스코에 돌아갈 수가 없다. 포석에 질질 끌리는 쇠사슬에 묶인 채 나귀 등에 실려 쿠스코로 들어간다. 식민자의 신 교회 종이 미친 듯이 울린다." 에두아르도 갈레아노, 『불의 기억』

같은 해 쿠스코 광장. 하늘을 향해 누운 투팍 아마루 2세의 팔과 다리가 말 네 마리에 묶인다. 말 네 마리가 사방으로 발굽을 찬다. 그러나 투팍 아마루 2세는 쉽게 찢겨지지 않는다. 그는 허공에 한참 떠 있다. 그 이듬해 투팍 아마루 2세의 사촌인 디에고 크리스토발은 스페인의 어용 황제로 즉위하고 평화협정에 서명한다. 식민 정부는 혁명군의 특별사면을 약속하고 혁명군은 무장해제된다. 다시 그 1년 반 뒤 쿠스코의 광장에서 이 투팍 아마루 2세의 사촌 왕은 벌겋게 달군 집게로 살점이 뜯기고 목을 매단다. 그의 어머니도 교수형에 처해지고 사지가 찢겨진다. 다시 그 17년 후 1799년 스페인 마드리드, 페르난도 투팍 아마루는 쿠스코 광장에서 투팍 아마루 2세의 처형을 피눈물로 지켜보던 아들이다.

"신열에 온몸을 떠는 페르난도 투팍 아마루가 눈덩이를 연신 토해내는 꿈을 꾸며 죽어가고 있었다. 페루의 위대한 황제의 아들이 30년도 못 되는 짧은 생을 이역에서 마감한다. 추방과 투옥으로 얼룩진, 쥐처럼 고난한 삶이었다……" 에두아르도 갈레아노, 『불의 기억』

페루에서 투팍 아마루는 기념비적인 인물로 사람들에게 매우 짙은 기억으로 남아 있다. 1983년에는 '투팍 아마루 운동'이 공산주의 성향을 띠며, 도시 게릴라와 연계해 과격한 좌파 저항운동을 펼치기도 했다.

사실 라틴아메리카가 식민지가 될 운명은 그보다 훨씬 전에 결정되어 있었다. 스페인이 아메리카에 상륙하기 50년 전, 15세기 대항해 시대를 열면서 스페인과 포르투갈은 세계를 어떻게 나누어 가질 것인가를 저희들끼리 논의한다. 1494년 토르데시야스 조약, 이미 포르투갈과 스페인은 세네갈 앞 카보베르데 섬에서 서쪽 1,700마일2,700여 킬로미터에 가상의 선을 긋고 그 서쪽은 스페인, 그 동쪽은 포르투갈의 것이라고 약조했다. 스페인 마드리드 외곽의 작은 마을 토르데시야스에서 체결되었다고 하여 그렇게 부르는데, 한 대륙의 운명이 이토록 간단히 정해질 수도 있었다.

인디오 제국들의 운명을 결정한 이 조약문은 유네스코 세계기록유산에 등재되었다. 그렇게 해서 중남미의 땅 덩어리 중에서 브라질은 포르투갈의 것이 되고, 나머지 대부분은 스페인의 것이 된다. 실제로 토지 분할은 조약처럼 이행되지 않는데, 식민지 찬탈 과정에서 두 나라가 적당히 타협하여 큰 충돌 없이 나누어 먹었다. 그래서 브라질은 포르투갈어를 쓰고, 나머지 중남미 대부분은 스페인어가 국어이다. 이렇게 사람은 역사를 흐르는 대로 놔두지 않고 진보라는 명분으로 자꾸 뒤틀고 수정한다. 이제 그 왜곡이 가장 격렬하게 시작되는 두 장소, 쿠스코와 멕시코시티를 간다.

비행기라는 축지법으로 리마에서 쿠스코로 날라온 것이 좋지만은 않았다. 리마는 해발 1미터이고, 쿠스코는 해발 3,399미터이다. 세 시간 만에 일어난 높이의 차이를 몸이 감당하지 못한다. 호흡은 가쁘고, 속은 울렁거리고, 발은 중력을 잃은 듯 휘청거린다. 백두산이 2,744미터이고 한라산이 1,950미터이니 얼마나 높은 곳에 사람들이 사는지 알 만하다. 인디오들은 이 환경에 적응하기 위해 신체구조가 지속적으로 변화해온 모양이다. 그들은 키가 작고 대신 가슴이 널찍하다. 폐활량을

분지 도시 쿠스코 전경. 그 중심에 보이는 아르마스 광장과
두 개의 교회당, 쿠스코 대성당과 라 콤파냐 데 헤수스 교회당이
식민 도시의 전형적인 구성을 보여준다.

극대화하고 중력을 덜 받기 위한 진화의 결과이다. 잉카는 이 고산에 쿠스코를 건설하여 수도로 삼고는 스스로를 '세계의 배꼽'이라 했다. 대부분 잉카의 도시들은 방어 기능을 우선적으로 고려한 모양이다. 적들이 쳐들어와 봤자 백전백패인데, 최대의 난적은 고산병이다. 쿠스코는 분지의 지형으로서 주변의 도시를 둘러치고 있는 산세 안에 도시가 움푹하게 들어앉아 있다.

스페인 점령군의 제일 목표는 태양의 신전Coricancha 또는 Qoricancha, 아니 황금이다. 식민군은 들이닥치자마자 신전을 뜯어 엄청난 금을 쓸어담았다. 그리스도의 승리. 그들은 용납 못할 이단의 신전을 그리스도의 이름으로 깔아뭉개고 산토 도밍고 교회당Iglesia de Santo Domingo을 지어 '스페인의 하느님'께 바친다. 하느님의 칭찬에 목이 마른 스페인은 태양의 신전 위에 산타 카탈리아 수도원을 세웠다. '스페인의 하느님'은 아직 성이 덜 차셨는지, 1650년 대지진을 내려 이 수도원을 흔들어버리신다. 그리고 여러 번의 개축을 통해 건축은 더욱 장려해졌다.

쿠스코에서는 아직도 이 장소를 태양의 신전 또는 산토 도밍고라고 하는데, 한 장소를 역사의 전신과 후신의 이름으로 같이 불러 자주 헷갈리게 한다. "산토 도밍고는 어느 쪽으로 가나요?" "아, 코리칸차요?" "네, 산토 도밍고요." "네에, 그러니까 코리칸차요!" "산토 도밍고라니까요." 물론 신전의 석재는 파편이 되어 성당과 정부청사의 신축 재료로 쓰였다. 이 능멸의 일은 식민지 시대 모든 신전에서 벌어진다. 굴러든 새 돌이 헌 돌을 빼낸다고 하더니, 빼낸 헌 돌이 아주 유용하다. 잉카의 신전을 기초로 하여 그 위에 올라선 성당은 금장金裝으로 호사를

이 건축을 태양의 신전, 코리칸차라고 하고 산토 도밍고라 부르기도 한다.
밑동은 잉카의 신전이고, 그 위를 교회당이 깔고 앉아 있다.
교회 건축에는 양식적 전형이 보이지 않으나, 종탑은 정면을 이루고 오른쪽 발코니에서는
북아프리카 이슬람의 영향을 받은 스페인의 무데하르 양식이 보인다.

수도원 성당은 중정과 회랑이 중심을 이룬다.
내부는 스페인 건축술과 잉카 궁전의 건축 요소가 엉켜 있다.

다 한다. 잉카의 금공예품을 용광로에 부어 얇은 금박판을 만들어서 신상과 성당 내부를 도배한다. 행복한 성모. 사원은 중정과 회랑을 품어서 내향하는 방식으로 공간의 시형식을 만든다. 전형적인 유럽의 수도원 내 성당의 형식이다.

식민 도시 쿠스코

스페인의 쿠스코는 식민 도시로 모습을 바꿔가는데, 아르마스 광장 Plaza de Armas, 산토 도밍고 광장 그리고 산 프란시스코 광장을 세 거점으로 한 계획도시로 변모한다. 그 중심이 아르마스 광장이다. 이곳은 잉카 시대의 우아카이파타Huacaypata와 아우카이파타Aucaypata라는 두 개의 광장을 합쳐 확장한 것이다. 계획도시라 했지만, 모두가 잉카 시대의 토대 위에, 잉카의 건축 재료로, 잉카 사람들의 노동으로 재축된 것이다. 그러니 허리 아래는 잉카의 석축이고 가슴 위는 스페인식인 '섞어 양식'이 건축의 통상적인 모습이다.

중남미의 도시들은 대부분 아르마스Armas라는 이름의 광장을 가지고 있다. 이는 무기·군사라는 뜻인데 광장이 시민을 위한 공간이라기보다는 군사적인 목적으로 쓰였기 때문이다. 식민시대 군사를 동원하면 인민들이 무기를 들고 광장에 집합했을 것이다. 물론 군사 퍼레이드나 종교적 행사가 치러지기도 했으며, 사형대도 광장의 한 부분을 차지한다. 징벌은 사람들의 환시環視 속에 벌어지는 공개 처형인데, 이것은 죄수의 처단뿐만 아니라 살아 있는 사람들을 향한 경고의 뜻이 더 크다. 아르마스 광장 주변으로는 대성당과 정부청사가 나란히 있게 마련인

데, 식민 정치와 종교의 위세를 과시하기에 충분한 스케일이어야 한다. 쿠스코 아르마스 광장에는 두 개의 성당이 대각 방향으로 광장을 공유한다. 마을의 규모에 비해서는 성당의 스케일이 과해 보인다. 유일신과 식민 정치의 뜻이다.

대성당은 비라코차 신전 위에 1550년부터 축조를 시작하여 100년의 시간을 소모하여 완성했다. 정치와 종교가 결합된 쿠스코의 상징물이다. 쌍탑의 정면은 탑부가 강조되다보니 오히려 포르티코Portico: 건축 정면의 현관 부분와 중앙부가 위축되었다. 탑의 위용에 걸맞게 남미 최대의 종을 1659년에 설치하였다. 쿠스코는 분지 도시이기에, 아마 종소리가 쿠스코 전역에 울려 퍼졌을 것이다.

성당은 정면의 비례가 낮아 답답해 보인다. 건물 폭과 높이의 비례가 2:1 정도로 너비가 더 크다. 양쪽의 탑을 제외한 몸체 부분의 비례도 1.7:1로 폭이 높이보다 넓다. 높게 짓는 축조 기술이 부족한데 평면 규모에 집착한 결과이다.

정면의 조형은 바로크 양식이지만 건축적으로 치밀하지 못하다. 양탑과 중앙부의 포르티코를 제외한 벽면은 평탄한 석축이고 종탑 상부와 현관 부위에 장식을 집중했다. 반면에 실내 장식은 극단적일 만큼 화려하다. 황금 장식으로 구원을 갈구하는 내부 장식은 오히려 처연하다. 내부 공간은 여덟 칸의 기둥 간격으로 매우 깊다. 좌우 양쪽 벽을 따라 예배실을 구성하며 두 개의 아일Aisle: 성당의 양측 벽면을 따라 만드는 통행 공간을 둔다. 가운데 칸인 네이브Nave: 성당의 신도석이 있는 몸체 공간, 신랑의 치수가 상대적으로 좁은데, 그것 역시 미숙한 고딕 구법 때문이다. 그

◀ 여기에서 크게 네 갈래의 길이 잉카의 제국으로 확산되었다. 그래서 그들은 쿠스코를 세계의 배꼽이라 했으니 아르마스 광장은 배꼽의 배꼽이다.
왼쪽의 대성당과 오른쪽의 예수회 교회당이 건너편에서 서로 마주보고 있다.

러나 전체적으로 평면의 크기가 장쾌하기에 내부에서 느끼는 공간감은 한참 깊다.

잉카의 11대 황제 우아이나 카팍의 궁전 자리에 라 콤파냐 데 헤수스 교회당Iglesia la Compañía de Jesús을 지었다. 교회당은 대각 방향의 대성당과 함께 아르마스 광장을 내려다보고 있다. 왜 대성당과 이 교회당이 한 장소에 나란히 있는가. 예수회의 선교활동이 로마 가톨릭과 구분되기 때문이다. 기독교 안에서도 선교의 목표는 다르다. 대성당은 도시 성당이고, 예수회 교회당은 종파 성당이기 때문에 그 규모에서 차이가 난다.

교회당은 1650년 지진으로 파괴된 것을 재축한 것이다. 이 역시 전면 쌍탑을 가진 멕시칸 바로크 양식이다. 대성당에 비해 정면의 수직 비례가 높아 더 그럴 듯하게 보인다. 정면의 장식성도 대성당에 비해 더 다듬어져 있다. 약 100년 뒤에 지어진 건물이기도 하지만, 규모에 대한 욕망이 대성당만 하지는 않기 때문이다. 예수회 교회당도 장려한 내부를 만들기 위해 노력했지만 대성당보다는 검소한 편이다. 예수회의 종교 정신이 그러하다. 내부 평면은 아일이 없이 단일 공간으로 네이브를 형성한다.

이러한 양쪽의 통로공간이 생략된 단일 신랑身廊 평면은 예수회 교회당의 전형이다. 예수회 교회는 1:2의 장방형 비례로 주간 모듈을 만들고 이를 반복하여 나르텍스Narthex: 교회당의 현관홀와 네이브를 구성한다. 내부 공간은 단순하지만 수직 비례가 훌쩍하다. 피어Pier: 높은 기둥가 치솟아 아치를 만들고 간소한 리브rib: 지붕을 만드는 늑골를 천장에 엮고 있다.

◀ 대성당 네이브의 측면 회랑은 사각 기둥 위로 아치를 얹어 지붕을 구성한다.
　고딕의 의장을 시도하고 싶지만, 그 난이도를 소화하지 못했다.
　대신 장려한 실내 장식에 열 개 채플과 두 개의 제단을 금과 은으로 덮는다.

성단 위 돔은 르네상스 양식의 요소이다.
네 기둥 위에 펜덴티브를 구성하고 돔을 올려놓는데 그 정점에 빛이 들어오는
랜턴을 만든다. 바티칸의 산 피에트로 성당을 축소한 듯 닮았다.

몸체 공간에서 장방형의 주간은 성단 부분에서 정방형이 되며 그 위에 돔을 얹는다. 돔은 펜덴티브Pendentive: 네 기둥 위에 돔을 얹기 위한 삼각 곡면 위에 드럼을 형성하고 그 위에 얹어 놓는데 그 고창에서 빛이 성상을 비춘다.

늪의 도시 멕시코시티

1325년 멕시카라는 한 작은 부족이 이웃 부족들에게 따돌림 당하고는 부랑족이 된다. 그들이 터전을 확실히 잡지 못하고 유랑하다가 정착하는 곳이 텍스코코 호숫가 테노치티틀란Tenochtitlan, 즉 현재의 멕시코시티이다. 신은 그들에게 '독수리가 선인장에 앉아 뱀을 잡아 먹는 위치'를 정착지로 계시해주었다. 드디어 그곳을 발견하고는 정착하여 테노치티틀란이라 하였다. 현재 멕시코시티의 구도심 구조는 그때에 만들어진 것이다. 그리고 독수리·뱀·선인장의 이미지는 멕시코의 국장國章이 되어 국기에 새겨진다.

어느 나라의 국기나 사연이 있게 마련이지만, 멕시코 국기도 1780년 독립전쟁 때에는 백독립·청단결·적신앙의 삼색기를 썼다. 유럽식 스타일이다. 이구알라 선언Plan de Iguala으로 독립을 천명하며 황금별에 백독립·녹종교적 순수·적인종의 평등의 삼색기로 바뀌었다가, 1821년 왕관을 쓴 독수리 문장이 제정되었다. 1823년 독수리에게서 봉건의 상징인 왕관을 벗기고, 1868년 독립기념일부터 현재의 국장이 확정된다. 우여곡절을 거쳐 민족주의적 국기를 갖게 된 것이다. 그래서 멕시코 국기는 세계에서 제일 그리기 어려운 도안이지만 멕시칸들의 자존심이기도 하다.

◀ 라 콤파냐 데 헤수스 교회당의 네이브는 외관에서의 인상과 같이 너비와 높이의 수직 비례가 좀더 훤칠하다. 장식은 역시 목조에 금칠을 한 것이지만 스페인의 화려한 추리게라 양식을 따르고 있다.
정면의 성단이 상부 돔의 고창에서 투입된 빛으로 빛난다.

멕시코 문명이 중부 고원지대에서 흥성한 것은 기후가 안정적이고 물과 산림자원이 풍족한 덕이다. 그러나 멕시카 족이 만든 이 도시의 터는 사방의 산이 병풍을 이루는 고원지대이자 호수로 둘러싸인 늪지대였다. 소치밀코, 텍스코코, 숨팡고라는 세 개 호수로 둘러싸인 멕시코시티는 자연히 방어적인 구조를 갖는데, 이것이 수도로서 첫 번째 매력이었던 모양이다. 식민 도시 이후 이 늪의 흔적은 대부분 매몰되거나 폐수처리장이 되고 말았다.

아직 그 장소가 하나 남아 있는데 소치밀코Xochimilco이다. '꽃의 터'라는 뜻으로 도시에 화초와 야채를 공급했던 땅이다. 소치밀코는 1850년 대부터 융성하는데 땅이 비옥하여 거름이 필요 없고 습지를 지반으로 해 가뭄도 없다. 현재도 멕시코의 화훼 공급지이며, 일부는 1988~89년에 생태공원으로 꾸며져 내륙 도시의 수변 유원지가 되었다. 여하튼 정착 초기에 아스카포살코의 테파네카 족에 더부살이를 하던 신세였던 멕시카 족은 1427년 독립을 쟁취하고 세력을 키워 주변 부족을 흡수해 테노치티틀란을 제국으로 발전시켜갔다.

1375년 조성되기 시작한 도시 테노치티틀란은 성장을 거듭했고, 1487년에는 대규모 확장 공사의 큰 제의가 있었다. 후대에 그려진 도시의 상상도를 보면 도로망은 기하학적으로 반듯하고 중심과 주변의 위계가 선명하게 그려지는 장관이었다. 도시의 면적은 13제곱킬로미터 정도이며 작은 섬들을 연결하는 다리와 도로를 구축하여 호수 위의 도시가 되었다. 인구는 8만 명이었다고 하는데, 당시 유럽의 도시 인구가 보통 4~5만 명 정도였다는 사실을 감안하면 큰 규모다. 늪지대에 도시

「멕시카의 땅을 찾아서」, 코덱 멘도사Codex Mendoza는 아스텍 시대의
그림 기록 수법으로 식민지 시대 학자 멘도사Antonio Mendoza, 1495~1552가 정리했다.
이 상형 지도는 신의 계시인 '선인장에 앉은 독수리가 뱀을 잡아먹는 곳'을
찾아 나선 과정의 기록이다.

4 인디헤나에 라틴을 칠하고 근대를 덧바르다

를 건설하니 근세에 들어와 토목적인 문제가 자꾸 불거진다. 아스텍 시대의 건축 양식들은 밑이 넓고 위가 좁은 형태로 안정적이지만, 식민 시대 때 성당들은 수직으로 솟아 있다. 조그마한 지진에도 취약하고, 지속적인 땅의 부동침하不同沈下 : 지반이 침하함에 따라 구조물이 불균등하게 침하를 일으키는 현상 때문에 건물들은 똑바로 서 있기가 힘들다.

지금 보면 식민지 시대에 만들어진 건물 중에 똑바로 서 있는 게 별로 없다. 멕시코시티의 과달루페 대성당은 1525년 건축된 이래 가라앉으며 왼쪽으로 기울고 있다. 탑부의 높이가 67미터로서 역학적으로 보면 휘어지려는 모멘트가 큰 형태이다. 이를 바로 잡아보려고 현대 토목 기술을 이용해 안간힘을 쓰고 있지만 쉬운 일이 아니다. 현재 대성당 내부에는 철골조 버팀대가 가득하고 기울어지는 현상에 대한 반동反動 공사가 한창이다. 공사 소음이 회중석에서 귀청을 때리는데, 벽에는 큼직한 사인이 붙어 있다. "Silencio"(조용하세요).

각설하고 식민지 시대로 깊이 들어갈수록 아스텍의 문화는 급속도로 쇠멸되고 라틴아메리카 문화로 대체되어간다. 1518년 코르테스Hernando Cortés는 쿠바를 지배하고 있던 디에고 벨라스케스의 부하였다. 스페인은 대륙을 '발견'하고 26년이 지났지만, 아직 성이 찰 만큼 황금을 얻지 못했다. 코르테스는 열한 척의 탐험선에 열다섯 마리의 말과 700명의 부하를 모아서 더 큰 황금의 땅을 찾아나선다. 1519년 포식자 코르테스는 멕시코 만에 도착하여 '비야 리카 데 라 베라크루스'Villa Rica de la Veracruz: 참 십자가의 풍요로운 도시에 상륙하고는 부하들의 마음이 흔들리는 것을 막기 위해 배를 모두 침몰시킨다. 이렇게 첫 정착 도시를 건설하고, 이어서 라

안티구아La Antigua를 건설하며 수도를 향해 서진한다.

한편 아스텍의 왕 목테수마 2세Moctezuma II, 1466~1520는 여러 해에 걸쳐 불길한 징조에 번민하고 있었다. 전쟁의 신 우이칠로포치틀리Huitzilopochtli 신전이 갑자기 불을 뿜는가 하면 불타는 꼬리의 혜성이 대낮에 하늘을 가르기도 했다. 바람이 없는 날에 호수의 물이 갑자기 흘러넘쳤다. 그것은 왕실 신관이나 예언자도 해석하지 못하는 현상이었다. 불길한 징조에 번민하고 있던 목테수마 2세에게 1518년 어느 날 숨이 넘어갈 듯 달려온 파발꾼이 멕시코 만 앞바다에 "탑 또는 작은 산 같은 것이 파도 사이에 떠다니고 있다"는 보고를 전해왔다. 그것은 스페인의 군함이었다. 두 번째 파발꾼은 "우리들보다 훨씬 흰 피부를 갖고, 네 발이 달린, 긴 수염을 늘어뜨린 사람이 거기에 타고 있다"고 보고했다.

왕은 언듯 여러 해 전부터 일어난 이상한 일들의 수수께끼가 풀리는 듯한 느낌이 들었다. 케트살코아틀Quetzalcoatl: 깃털 난 뱀은 선한 신이고, 테스카틀리포카연기 나는 거울와 틀라록Tláloc: 비의 신은 사람들을 괴롭히는 신이다. 이 세 신의 삼각관계에서 케트살코아틀은 1519년 무렵 동쪽에서 "다시 돌아오마" 하고 사라졌다. 지금 나타난 정체 모를 하얀 사람이야말로, 언젠가 돌아오마 하고 떠났던 케트살코아틀 신이라는 것이 그의 결론이었다. 코르테스가 멕시코에 나타난 해는 1519년이었다.

코르테스는 테노치티틀란에 들며 솔직히 좀 주눅이 들었다. 도시의 위용, 잘 짜인 도로, 규모가 짐작되지 않는 크기, 건축의 질량이 스페인의 것을 압도했기 때문이다. 코르테스의 군대라고 해봤자 500명의 병

국립 왕궁 벽화(디에고 리베라, 멕시코시티). 스페인의 토착민 착취를 그렸다.
왼쪽 아래 흑인 노예, 중앙 아래 관료 거래, 오른쪽 위 노동 착취, 왼쪽 위 결국 죽음들.

사와 열여섯 필의 말, 대포 열 대와 화승총이 전부였다. 그러나 1519년 멕시카는 두 가지 이유로 자멸하고 만다. 첫째는 멕시카나가 이 스페인군을 신적 존재로 착각했기 때문이며, 둘째는 주변 부족의 배신이다. 테노치티틀란은 주변 부족에게 극심한 공물과 인신공양을 요구하며 지배자로서 세를 과시했던 모양이다. 잔뜩 반감이 쌓인 주변 부족 셈포알라의 토토낙 족이 차라리 스페인군에 협조하는 자충수를 둔 것이다. 인디오들은 말 탄 사람을 처음 보았고, 흰 사람과 큰 동물을 하나의 몸체로 보았으니 스페인군은 과연 네 발 달린 반인반수의 '신'이었다.

4년 후 멕시코 전부가 스페인 수중에 떨어진다. 중남미 전체에서 인디오 문화는 라틴 문화로 대체된다. 그리스도의 승리. 그러나 정작 어떤 문화가 우월하고 어떤 문화가 열등한지는 겨누는 게 아니다. 다만 문명사의 차이가 있을 뿐인데 유일신은 그것을 인정하지 않는다.

문화의 덧칠이 역력한 현장

식민 도시 멕시코시티는 멕시카 문명을 뭉개고 세워졌다. 메트로폴리타나 대성당Catedral Metropolitana은 테노치티틀란 신전을 깔고 앉은 것이다. 멕시코시티에서 지하철 공사가 어려운 것은 이 지하에 묻혀 있는 유산들 때문이다. 신전의 석재로 대성당과 왕궁을 지으며 식민지 건설이 전개된다. 식민지의 도시는 중심에 아르마스 광장을 만들고 대성당과 정부청사를 나란히 두는 것이 기본적인 관례이다. 이러한 정치적 광장을 멕시코에서는 소칼로Zócalo라고 한다. 소칼로는 원래 스페인 카스티야어로서 '대좌, 기대'라는 말인데, 독립 후에도 이 이름이 그냥 굳어져버렸다.

식민지 국가의 최고 통치자는 부왕副王이라 했고, 스페인 본토의 왕으로부터 전권을 위임받았다. 통치자는 식민지 도시의 대성당을 스페인 본토의 성당 못지않은 위용 있는 모습으로 만들고 싶었을 것이다. 소칼로 광장의 메트로폴리타나 대성당은 규모로 보아서는 크게 부족할 게 없지만, 유럽의 정통 바로크가 중남미에 전이되는 시간차는 크다. 대성당과 정부청사는 소칼로 광장에서 직각으로 교차하며 광장을 공유한다. 광장의 크기는 한 변이 약 91미터인데, 장변의 길이는 정부청사의 길이와 같다. 단변은 메트로폴리타나 성당과, 이웃에 위치한 사그라리오 메트로폴리타노 파로키아의 멕시코 대성당 Parroquia del Sagrario Metropolitano 이 차지한다.

대성당은 로드리게스 Lorenzo Rodriguez, 1749~68의 설계로 1749년에 시작하여 20년 만에 준공되었다. 장변을 차지하는 정부청사는 그 엄청난 길이에도 불구하고 3층으로 구성되어 대단히 넓은 평면을 구성하는데 중앙 파티오를 포함하여 아홉 개의 중정을 머금고 있다. 대성당 뒤로 현재 마요르 신전이라 부르는 사이트가 테노치티틀란 시대의 주신전 자리이다. 식민시대 때 묻혔던 신전이 1979년 토목공사 중 '달의 신 코욜사우키 Coyolxauhqui의 원반' 석판이 발굴되면서 신전의 모습도 드러났다. 1984년부터 공개된 유적은 이미 상처투성이였지만 대강의 신전 모습을 알아볼 수 있다. 발굴된 유물들은 후기 아스텍의 문화를 보여준다. 유적지 안에 위치한 사이트 뮤지엄인 마요르 신전 박물관이 이 유물과 역사 현장을 결합하여 사실을 전하고 있다.

아스텍의 유물들은 호전적이지만 가족과 사랑을 주제로 한다. 또한

▶ 테노치티틀란 신전 위에 지어진 메트로폴리타나 대성당.
전면의 유적이 마요르 신전 자리이며, 원경이 대성당이다. 아스텍 또는 멕시카의 핵심이었던 신전은 파괴되고, 석재는 하느님의 성전을 짓는 데 재사용된다.

대성당의 오른쪽으로 사그라리오 메트로폴리타노 파로키아가 이어진다.
전형적인 스페인 바로크 양식인 추리게라를 추종하고 있다.

◀ 소칼로 광장의 대성당과 사그라리오 메트로폴리타노 파로키아.
두 개의 세계적인 규모의 성당이 기독교의 승리를 대변한다.

테노치티틀란의 마요르 신전 유적. 지표면 위의 모든 것은 멸실되고 지하 부분에 남아 있는 신전이 발굴되었다. 쌍둥이 피라미드와 대신전, 밀도 높게 위치한 공공시설들의 흔적이 수습되었다. 발굴된 유물은 현장 박물관에 정리되어 있다.

해골의 부조벽 촘판틀리. 멕시카가 염려하던 세상의 멸망을 저지하기 위해 테노치티틀란에서만 수만 명이 희생된다.
그 죽음의 문화는 현대 멕시코에서 '죽음의 날' 축제로 이어진다.

아래 | 전사(현장 박물관, 멕시코시티). 콘도르 머리의 헬멧, 날개, 갑옷의 묘사가 정밀한데 키가 170센티미터인 등신대 토조이다.
아스텍은 톨텍 문화를 수용하여 멕시카의 예술을 진화시킨다.

아스텍의 공예미술, 설화와 현실의 통합, 죽음을 향한 적극성 등에서 아스텍 문화의 여러 모습을 읽을 수 있다. 현장은 원래 도시의 중심부로서 작은 신전들의 복합체였다. 남쪽으로 태양의 신 우이칠로포치틀리 신전과 인신공양대, 북쪽으로 비의 신전 틀라록, 그 앞에 위치한 착물 등이 요점이다. 대신전은 78개 계단, 40미터 높이의 피라미드 위에 쌍둥이 신전이 얹혀져 있었는데, 이는 기존의 신전 위에 자꾸 건축물을 덧씌워 확장시킨 형식이다. 15세기경에 제작된 촘판틀리Tzompantli는 240개의 석조 해골이 장식된 부조벽이다. 이 이미저리가 나중에 멕시코의 '죽은 자의 날'의 시각적 기제가 된다.

멕시코시티에서 문화의 덧칠이 역력한 현장은 '세 문화의 광장' Plaza de las Tres Culturas이다. 여기에서 '세 문화'란 아스텍·식민지·근대라는 3세대 문화가 공존하는 장소여서 얻은 이름이다. 이곳도 역시 아스텍 신전 위에 산티아고 성당Templo de Santiago이 지어졌다. 그래서 신전 유적과 성당의 외장 재료가 같은 석재인 것이 마치 두 건물을 의도적으로 연계해 지은 것 같다. 이 장소는 세 문화가 겹쳐 있는 시간의 축조판인 셈인데, 그 축적이 자연스러운 게 아니다. 기독교가 아스텍을 깔고 앉아 있으며, 현대는 옆으로 조심스럽게 물러나 있다. 이곳이 바로 목테수마 2세가 스페인에 마지막까지 항전하다 무릎을 꿇은 장소이다. 현장에는 큰 비석이 하나 서 있는데 다음과 같이 전한다.

1521년 8월 21일
에르난 코르테스의 무력에 트라텔로코가 패배한다. 그것은 승리도

패배도 아니었다. 그것은 오늘의 푸에블로 혼혈이 탄생하는 슬픈 날이었다.

El 13 de Agosto de 1521

Heroicamente defendido por Cuauhtemoc Cayó Tlateloco en poder de Hernán Cortés

No fue ni triunfo ni derrota fue el doloroso nacimiento del Pueblo Mestizo que es el Mexico de Hoy

멕시코는 패망을 숙명적으로 받아들이는 것처럼 보인다. 이 장소는 1968년 학생운동의 피비린내 나는 현장이기도 했다. 구스타보 오르다스 Gustavo Díaz Ordaz의 독재에 항거하는 학생들을 군대가 무력으로 진압해 5백여 명의 피가 땅을 적셨다. 그날은 멕시코 올림픽이 열리기 10일 전이었다.

기존의 문화에 새로운 문화가 덧씌워지는 상황은 이미 8세기에 스페인 자신이 경험했던 바 있다. 5세기 홍해 연안에서 발흥한 이슬람은 지중해 연안의 아프리카 북단을 서진하여 지브롤터 해협을 건너 이베리아 반도에 올라선다. 이슬람은 이베리아 반도를 북진하여 세비야, 코르도바, 톨레도, 그라나다, 사라고사를 접수하며 14세기까지 이슬람의 씨를 뿌린다. 그 와중에 스페인의 초기 기독교는 이슬람교로 전이되고, 수많은 모스크와 궁성이 이슬람 양식 또는 무어식으로 건축된다. 그 대표적인 문화유산이 코르도바의 메스키타, 그라나다의 알함브라 등이다.

1394년 기독교는 이슬람을 이베리아에서 축출하기 위해 프랑스의 지

◀ 트라텔로코 마요르 신전의 피라미드 2. 멕시카 유적 위에 지은
산티아고 성당 그리고 근대건축들이 함께 위치한다고 하여
'세 문화 광장'이라 부른다. 성당은 옛 신전의 석재를 사용하여 지었다.
세워진 연대가 서로 다름에도 두 건축에서 동시성이 느껴지는 연유다.

원으로 레콘키스타Reconquista, 재정복 운동을 벌인다. 당시 이슬람은 티무르 제국이 중앙아시아에서 패권을 쥐고, 오스만 제국이 팽창하는 즈음으로 아랍의 권세가 현저히 추락한 시기이다. 14세기경에는 이베리아에서 이슬람이 완전히 배격된다. 15세기에는 기독교 문화가 스페인 제국의 중심이 되지만, 스페인의 중남부에서 무데하르Mudéjar라는 독특한 이슬람·기독교 교합예술이 생겨난다. 지금도 아랍은 스페인을 '알 안달루즈'라고 부르고, 스페인은 남부 지역을 '안달루시아'라고 한다. 알 안달루즈란 1492년 이슬람이 페르디난드 2세와 이사벨라 여왕에게 쫓겨나기 전까지 차지했던 지역을 말한다. 그리고 이제 스페인이 라틴아메리카에 와서 토착종과 문화 교접을 벌이는 것이다.

정복군과 아스텍이 대척하는 상황을 그린 그림이 여럿 있다. 물론 스페인 사람들의 작품이다. 이 그림들은 우성과 열성, 스페인과 인디헤나의 인종 문화를 대립시켜 보인다. 스페인 사람들은 당당하고 잘생겼지만, 인디헤나들은 왜소하고 비굴하게 그려진다. 문화의 원근법이다. 아스텍의 여인 마리아 말린체Maria Malinche처럼 제대로 또는 미화되어 그려지는 경우가 없는 것은 아니다. 그녀는 곧잘 코르테스의 말 뒤에 함께 타고 등장한다. 맑은 미소를 짓고 있고 미인이며 총명하게 생겼다. 사실 그녀는 정복군 코르테스의 후첩이 되면서, 아니 후첩으로 바쳐지면서, 스페인과 토착민 사이에서 의사소통의 통로로 큰 역할을 했다.

그녀는 참으로 기구한 운명을 살았다. 원래 그의 아버지는 지방의 토후였는데, 일찍 죽고 어머니는 딸을 노예로 팔아버린다. 1519년 이 소

말린체와 코르테스(엘게라 Jesús Helguera).
코르테스의 무거운 무장은 힘을 과시하고, 말린체는 행복한 얼굴을 한 채
가슴에 꽃을 그득 안고 있다.

18세기 말경 브라질 가톨릭은 주술과 터부의 상징, 우상숭배라고도 볼 수 있는 '오릭사스'를 허용한다. 오릭사스는 아프리카 전통의 만신으로서 요루바 신화로 이어져오는 토속신앙이다. 바이아의 기독교에서 칸돔블레가 춤과 카니발의 형식을 취하는 것도 오릭사스의 영향이다. 칸돔블레는 다분히 몰입 상태에서 치르는 종교의식인데 온몸의 동작으로 이루는 기호이다. 텍스트는 없고 오직 음악과 춤으로만 구성된다. 뛰고 달리고 돌며 오릭샤의 신체는 정신과 함께 무아지경으로 치닫는다. 잠든 자연을 깨우는 것이다.

5 라틴아메리카 가톨릭, 이단의 경계에 서다

기독교와 토착 신앙의 변주곡

결국 중남미의 문화 전이는 종교의 거동에 기축基軸을 둔다. 수천 년 층을 쌓아온, 인간 삶의 근저 문화인 신앙을 뒤엎는 일이 유럽 기독교의 전래였다. 그만큼 그것은 순조롭지 못하였고 순수하지도 않았다. 식민지 수탈과 복음의 전파라는 이중적 목적 앞에서, 한 손에는 보석으로 치장한 십자가가 빛나고 다른 한 손에는 피 묻은 칼이 번득인다.

18세기 과테말라 원주민들은 미사에 빠지면 채찍 여덟 대를 맞아야 했다. 원주민들에게 미사는 땅에 바치는 매일의 의식인 들일을 1년에 50번씩이나 방해하는 것일 뿐이다. "일부 원주민들은 광장의 처벌대에 묶이는 고난을 피하기 위해 그들로서는 죄짓기를 배우는 곳인 고해실 제단 앞에 무릎을 꿇고 '옥수수 신'에게 경배한다. 그리고 아이를 낳으면 세례를 받기 전에 먼저 산속 깊은 곳으로 안고 가서 그들의 신에게 고한다." 에두아르도 갈레아노, 『불의 기억』

중남미에서 회유와 강압에 의한 선교가 구원과 희생의 모순 구조임에도 불구하고, 현재 대부분의 중남미 국가에서는 가톨릭을 국시로 정하고 있다. 건축에서도 이 자연스럽지 못한 유전자 변이 때문에 굳어진 상흔이 자주 보인다. 페루 리마의 대성당 첫 번째 채플에는 두 개의 모자이크 벽화가 마주보고 있다. 하나는 예수가 십자가에서 내려지는 장면이며, 다른 하나는 스페인의 피사로가 대륙에 상륙하는 장면이다. 식민지에서 종교는 예수와 정복자의 이미저리를 합성하고 식민의 당위성을 대변케 한다. 1541년 피사로는 그의 휘하에게 살해되고 말지만, 그는 이 대성당에 기념적 존재로 묻히고 리마 광장에는 그의 동상이 서 있다. 지금도 페루의 인디오들은 그의 존재감 앞에서 혼란스러워하거나 분노한다. 역사의 아이러니. 이렇게 하여 기독교는 대륙을 적셔들어가는데, 문제는 그것이 비어 있는 마음을 채우는 것이 아니라, 이미 있던 종교를 밀어내거나 최소한 섞이면서 전이되는 양태이다.

중남미에서 신의 존재는 교회당에만 있는 것이 아니라 집 안에도 있었다. 그 성단의 위치는 가옥 안에서 최고의 중심성을 부여받았다. 십자가가 세워지고 성탁이 정성스럽게 차려지면 더 이상 신은 멀리 있는 존재가 아니다. 멕시코 지역의 가사 민예 중에 중요한 것이 오라토리오Oratorio라는 가내 성단聖壇이다. 아시아에서 집 안에 불단佛壇을 만드는 것과 같다. 성단은 집 안에서 꽤 비중 있게 공간을 차지하며 교회당 못지않은 장식성과 교리성을 갖추고 있다.

그해의 소출을 신께 공여하는 전의典儀에서 인디오의 토속신앙과 가톨릭의 결합을 엿볼 수 있는데 마치 추수감사절 행사 같다. 특히 옥수수를 성단의 중심에 바치는데, 옥수수 신은 고대 멕시카의 토속신앙에서 주인공이었다. 옥수수가 주요 식량인 인디오에게 이 곡물의 수확량은 한 해의 생존을 좌우할 만큼 절대적으로 중요했다. 신의 은총으로 옥수수의 풍년을 빌고 수확을 성모께 바치는 것은 당연하다.

중남미의 도로변에는 작은 십자가 또는 미니어처로 만들어진 사당들이 자주 보인다. 자동차 사고로 인한 사람들의 희생을 신께서 거두어주기를 바라는 마음에 마련한 것인데, 그 현장성이 더 중요하다. 이곳을 꼬마 성당Capillita 또는 관곽Uruna이라고 부르는데 십자가·꽃·음료수 등으로 장식한다. 이는 자동차에 희생된 가족을 위해 안식을 비는 것이

리마 대성당의 모자이크 벽화. 왼쪽이 십자가에서 내리는 그리스도,
오른쪽이 페루에 입성하는 피사로이다.
예수와 피사로 사이에는 1500년 세월의 차이가 있지만, 같은 위계로 그려졌다.
이 벽화 밑으로 피사로의 석관이 안치되어 있다.

오라토리오(국립인류학박물관, 오토미, 멕시코시티).
오토미는 멕시코 중남부 지역에 자리한 마을로 오토미어를 쓰는 토착문화를 유지하고 있다.
이곳에서는 가톨릭을 받아들이는 방식으로 집마다 오라토리오 성단을 만들었다.

며 산 자들에게는 죽음의 경계 기표로서 기능한다. 이 작은 성당들이 집합되어 있는 곳은, 우리나라 말로 '사고다발지점'이라는 뜻이다. 중남미에서는 어느 나라든지 버스 터미널에 성모상을 차려놓는다. 그만큼 자동차를 탄다는 것은 '왔다-갔다' 할 확률이 많은 모양이다. 자동차에 염주나 십자가 또는 부적을 달고 다니는 것은 일본이나 한국이나 중남미 사람들 모두 마찬가지다.

안데스의 미라문화도 기독교와 결합된다. 동네에서는 가톨릭 성당에서 미사를 드리지만, 집에 오면 미라가 조상신으로서 제단을 차지하고 있다. 음식이 그득한 가족 제단을 만들고 잔뜩 차려입은 미라를 모신다. 미라가 없으면 인형으로 대체한다. 원래 미라의 복식은 전통을 따랐지만, 요즘은 성모처럼 입는 게 유행이다. 이 조상신은 집안 사람들의 병을 낫게 하고 사업도 번창하게 해준다. 계절마다 옷을 갈아입히고, 때마다 집 앞의 미라에게 집안의 안녕을 고한다.

안데스의 산간 마을 오얀타이탐보Ollantaytambo는 쿠스코에서 마추픽추로 가던 길에 지나쳤던 곳이다. 꽤 험준한 지리 때문에 오랫동안 고립되었기에 민속문화가 많이 보전될 수 있었다. 이 마을의 토착신앙은 만신 개념으로 모든 사물에 신적 존재가 들어 있다고 믿는다. 이러한 만신 개념은 우리나라의 성주와 비슷하다. "와가에도 성주요, 초가에도 성주요, 가지막에도 성주"라 하듯이 모든 집에는 성주가 있고, 그는 인간에게 집을 짓고 연장을 만들고 쓰는 법을 가르친다.

집에는 여러 가지 가택신이 있는데, 그 모두를 주도하는 성주신이 가장家長을 보호하며 가문의 길흉화복을 관장한다고 믿었다. 매년 햇곡식이 나오는 가을이면 성주 단지의 낡은 곡식을 쏟고 햇곡식을 갈아 넣으며 집의 평안을 기원하였다. 귀신 씨알 까먹는 소리가 대청에서 들리는 이유이다. 안데스의 그들은 사물에 집착하고, 우리나라는 장소에 집착하는 차이가 있다. 안데스에서는 옥수수에도 신이 있고, 독수리와 박쥐에도 있고, 모든 곡물은 물론 돌에도 있다. 우리나라 부뚜막신처럼 신단은 거실이나 부엌의 화로 주변에 설치된다. 해골이 그 중심을 차지하는 것은 당연하다. 척박한 삶은 자꾸만 신의 존재를 만들어간다.

아픈 역사, 아프로-브라질 문화의 형성

1500년 식민지 시대부터 포르투갈어가 브라질의 국어가 되며, 현재 1억 9천만 명 브라질 인구 중 1억 6천만 명이 가톨릭이다. 브라질 가톨릭은 인종 구조와 관련이 깊다. ① 거기에는 마야, 잉카, 아마조나 등 인디오가 살고 있었다(갈색). ② 이베리아의 정복자가 들어온다(백색). 황량한 이 땅에 오른 개척자들은 독신 남자들뿐이다. ③ 이들 사이에 피가 섞이는데 그들을 메스티소라 한다(연갈색). 식민지에 이주한 백인들을 크리오요라 하는데 그들은 식민지 경영을 맡았다. 나라의 모든 막일은 토착민의 몫이다. ④ 혹독한 노동 착취와 전염병의 만연으로 인디오의 씨가 마를 지경이 되고 노동력 부족이라는 곤경에 빠진다. 17세기 중엽, 부족한 노동력을 메우기 위해 아프리카에서 흑인들이 노예로 실려온다(흑색). ⑤ 여기에서 흑인과 백인의 혼혈이 생기는데 그들은 물라투mulato라 한다(회색). ⑥ 다양한 인종이 심하게 섞인 혼혈은 '비인종'非人種이라 하였고 탈주 노예 또는 그들의 집단은 시마론cimarron이라고

페루의 이카-나스카 도로. 대형사고로 인해 집단적으로 목숨을 잃은 장소인 것 같다.

◀ 남미의 사람들은 교통사고로 희생된 사람을 기리기 위해
그 장소에 관곽 또는 꼬마 성당을 뜻하는 희생비를 세운다.
고인의 영혼은 여전히 그 언저리를 맴도는 모양이다.

페루의 오얀타이탐보는 안데스 산악 마을인데 집 안에 만신의 집으로 성단을 만든다.
만신에게 바치는 제물은 산, 땅, 하늘, 사람에게서 나온 모든 것들이다.

했다. 시마론은 '자유를 찾아 날아간 화살'이라는 힘찬 뜻이라지만, 정작 밀림으로 들어간 시마론들은 종양이 되어갔다.

브라질 바이아 지방은 인구의 80퍼센트가 흑인이었지만, 사금 채취장이나 지하 갱도에 투입되어 10년 이상 버티는 흑인 노예는 없었다. 사금 한 줌이면 어린 노예를 살 수 있고, 이는 소금 한 줌 값이나 돼지 한 마리 값과 같다. 어차피 당시 사우바도르에서 남자의 평균수명은 25세였다. "검둥이는 아무리 열심히 기도를 해도 하늘나라에 못 간다. 머리털이 너무 뻣뻣해서 주님을 꾹꾹 찌르기 때문이다." 식민 지배자들에게는 우스운 농담이겠지만, 듣는 입장에서는 가슴 가운데에 피가 고인다.

식민자는 흑인들의 축제를 '사탄의 행위'라 했지만, 그들도 가끔 여흥을 가져야 더 많이 일할 수 있고 오래 살며 아이도 더 낳는다는 사실을 알았다. "아프리카에서 일상이 따분한 아케케라는 전갈이 심심해서 한 쌍의 남녀를 물었다. 그때부터 흑인들은 춤을 추며 엄마 뱃속에서 나오고, 춤을 추며 사랑을 고백하고, 고통을 이야기하고 분노를 말한다. 춤을 추며 가혹한 삶을 견뎌낸다." 에두아르도 갈레아노, 『불의 기억』

상 사우바도르, 성스러운 구원자의 도시이다. 포르투갈은 먼저 리우데자네이루에 상륙하지만, 사실 포르투갈의 초기 식민 수도는 사우바도르였다. 그 후 브라질은 리우데자네이루로 천도하고, 다시 상파울루로 갔다가, 신행정수도 브라질리아를 지어 오늘에 이른다. 사우바도르에서는 아프리카의 무술인 카포에이라Capoeira가 유희로 가장되어 식민시대의 노예제도를 지탱해주었다.

이 흑인 노예들의 놀이는 화려한 동작에 가려진 은밀한 무술 수련이었다. 그래서 연습은 밤에나 할 수 있었다. 들에 나가 연습할 때는 들키지 않게 누가 망을 보아야 한다. 무예 단련이 주목적이었지만, 백인이 나타나면 동작은 금새 무용으로 바뀌었다. 지금은 관광객들에게 심심치 않은 볼거리가 되었지만, 그 퍼포먼스는 무예이고 무용이고 아크로바틱이기도 하다. 그래서 격투 영화에서 곧잘 활용된다. 카포에이라는 유도나 태권도처럼 등급에 따라 띠가 구분된다.

브라질의 동북지역인 바이아에 흑인 노예가 수입되며 토속 종교가 흘러들어왔다. 그리고 기독교와 아프리카 서북지역, 주로 오늘날의 베닌, 콩고, 나이지리아 등의 토착 신앙이 결합된다. 물론 유일신은 이를 용납할 수 없지만, 어떻게 하든 인디오를 교화하는 게 더 긴요하다. 아무리 선교가 시급하다 하더라도, 천년 동안 절대적이었던 토착 신앙을 품어온 인디오에게 기독교는 여전히 생경하다. 가톨릭의 시선에서 토착 신앙은 용납할 수 없는 미신이며 우상숭배이니, 유일신과 충돌할 수밖에 없다. 그 대척점에서 타협이 이루어진다. 가톨릭은 정통적인 교리를 어느 정도 양보해서라도 토착민을 교화하려 한다. 민중은 기독교라는 피할 수 없는 선택을 수용하면서, 자신의 전통 신앙도 유지하는 쪽으로 타협한다. 이 토착 신앙과 가톨릭의 혼합태는, 정도의 차이는 있지만, 부분적으로 거의 이단異端의 경계까지 다가간다.

18세기 말경, 브라질 가톨릭은 주술과 터부의 상징, 우상숭배라고도 볼 수 있는 오릭사스Orixás를 허용한다. 오릭사스는 아프리카 전통의 만신으로서 요루바Yorùbá: 나이지리아 남서부와 베냉, 토고 등지에 사는 종족 신화로 이어

카포에이라. 흑인은 개종의 대상도 되지 못한 채 단순한 노동력으로 간주되었다. 척박한 노동의 종국은 생명을 부지하기 힘든 현실이다. 식민지 바이아 지방에 노예로 들어온 아프리카 인들은 전통 무술과 무용을 통합한 카포에이라를 익혔다.

져오는 토속 신앙이다. 모든 자연에 성령이 있다고 믿으며 신마다 인간의 모습을 가진 아이콘이 있다. 바이아의 기독교에서 칸돔블레Candomblé가 춤과 카니발 형식을 취하는 것도 아프리카 문화의 영향이다. 이 종교의식은 다분히 몰입 상태에서 치르는데 온몸의 동작으로 이루는 기호이다. 텍스트는 없고 오직 음악과 춤만으로 구성된다. 이 춤은 사실은 예술이 아니고 아프리칸 무당의 종교언어이다. 이것이 미사 형식과 결합되면 성당의 신랑은 홀처럼 된다. 그래서 바이아 지역의 신랑에서 신자석은 고정적이지 않고 역동적인 가무를 위해 가변적이다.

원주민 또는 피정복자들은 이입자 문화가 불편하고, 정복자 또는 이베리안은 갈색 문화에 이질감을 느끼지만, 이 이물감이 한 장소에서 끓는다. 몸에 티가 들 듯 이물감을 씻어내려는 몸의 반응이 일어나는 것은 두 인종이 같으나, 거기에는 우성과 열성이 작용한다. 가톨릭은 비록 우격다짐과 타협의 결과이지만, 원주민의 종교를 씻어내는 데 성공하고 하느님의 뜻은 정착되는 듯했다.

사우바도르에서는 풍성하고 레이스가 그득한 하얀 옷을 입은 엄청 크다 할지, 뚱뚱하다 할지, 푸짐하고 검은 아주머니들을 자주 만난다. 그녀들은 아마 다음 셋 중 하나일 것이다. 관광객의 카메라를 위해 잘 차려입은 1달러 모델, 여러 물건을 파는 행상, 혹은 칸돔블레에 가는 오릭샤일 수도 있다. 바이아에는 현재 약 30명의 오릭샤가 있는데, 종교의식을 주도하는 일종의 무녀이다. 오릭샤마다 리듬과 동작이 다르다. 어떤 규칙이 있는 것은 아니지만, 손동작마다 의미가 있다. 바람과 씻김의 행위이며, 돌리는 손은 나쁜 기운을 벗기는 것이다. 오릭샤는 복식도 그러하지만 여러 가지 종교적 오브제를 갖는다. 손에 쥔 샹고Xangô는 생명을 관장하는 최고 권위를 가진 상징물이다.

뛰고 달리고 돌며 오릭샤의 신체는 정신과 함께 무아지경으로 치닫는다. 잠든 자연을 깨우는 것이다. 오릭샤는 의식에 온몸을 던지는데, 에너지는 쓸수록 소멸되는 것이 아니다. 의식이 절정의 순간에 다다르면 힘이 축적되며 오릭샤를 점점 더 강하게 만든다. 의식의 끝에는 흥건한 카타르시스가 남는다. 이러한 정신적인 종교의 목적성이 우리 주위의 종교들을 무색하게 한다.

오릭사스의 신들은 각각의 역할, 상징색, 상징 요일, 동물상을 갖고 있다. 오몰루Omolú는 나나의 아들인데, 어려서 피부병에 걸려 못생겼고 온몸을 가리고 다닌다. 그는 전염병의 신, 백색과 흑색, 월요일, 염소로 표시된다. 오소시Oxóssi는 수렵과 숲의 신이기에 활과 화살로 나타나고, 옅은 청색과 녹색, 목요일, 멧돼지로 상징된다. 오궁Ogum은 전쟁과 기술의 신이기에 철검이 상징물이고, 청색 혹은 녹색, 화요일, 개로 대표되는 오릭샤이다.

에슈Exú는 인간 세계와 신의 세계를 잇는 사자이고, 신전과 가옥을 지켜준다. 그는 금욕과 성욕을 다스리는 모순의 신이기도 한데, 적색과 흑색, 월요일, 수탉으로 상징된다. 참으로 복잡한 코드 체계인데 필자도 제대로 이해했는지 모른다. 샹고는 남자 신이며 대추야자나무에 산다. 어느 지역에서는 여자 기독교인으로 가장하기도 하며 불을 먹고 천둥으로 말하며 번개로 땅을 때린다. 그는 성적 편력이 심한데 모든 여신들에게 인기가 많다. 동생 오궁의 여자인 오야도 빼앗았다. 오야는 양손에 칼을 들고 샹고와 함께 싸운다.

사우바도르의 외곽에는 본핌이라는 마을이 있다. 나지막한 언덕바지에 위치한 본핌 성당Igreja de Nosso Senhor do Bonfim이 앞 광장을 거느리고 마을의 중심을 이룬다. 성당은 간결한 바실리카 식의 검소한 건축이지만, 담겨 있는 종교적 메시지는 독특하고도 깊다. 성당 주위에 철책이 있다는 게 이상하지만, 이 공간은 기원의 표식인 색리본으로 뒤덮여 있다. 천 원에 한 다발씩 하는 색리본에 온갖 소원을 적어 철책에 묶어놓고 빈다. 흩날리는 무지개 색깔의 기원들, 무슨 소원들이 그렇게 구구절절한지. 나도 하나를 기원한다. '아무것도 소원할 게 없도록 하소서.'

본핌 성당이 기복을 염원하는 장소가 된 것은 신랑 옆에 있는 기적의 방Sala dos milagres 때문인데, 사실 본핌 성당의 명성은 이 작은 방에서 더 빛난다. 사람들은 누구나 아프거나 슬프거나 상처받는다. 모든 상처를 여기에서 치료받을 수 있다. 이를 위해서 상처 난 부분을 구체적으로 표현해야 한다. 모형을 만들거나 최소한 사진으로라도 분명하게 표시해야 한다. 하느님이 혹시 착각할지 모르니 다리가 아픈 사람은 다리를 만들어 보내고, 눈이 먼 사람은 눈알을 만들어 보낸다. 하트 모양이라면 심장의 고통인지 사랑 때문에 마음이 아픈지 알 수 없다. 실물 묘사가 어려우면 그 사연을 소상하게 편지로 써서 보내도 된다.

본핌의 사제는 이 손실의 물건들을 기적의 방 천장과 벽에 두루두루 걸어둔다. 필연 하느님이 알아보시고 해결해주실 것이다. 현대인들의 기원이 추상적이고, 전달 방법이 형이상학적임에 비해 사우바도르의

▶ 오릭사스(모레누Tai Moreno, 높이 7미터, 사우바도르의 토로루 호수, 1998).
여러 신들은 아프리카 토속 신앙과 가톨릭이 결합되어 재현된 인격신들이다.
① 로궁 에데Logum Edé ② 옥숭Oxum ③ 샹고 ④ 옥살라Oxalá ⑤ 오궁. 모두 인격이 있고,
손에 쥔 물건과 의상과 장신구로 개성을 표현하며 방위와 동물을 상징한다.

오릭사스(베르나보 Hector Júlio Paride Bernabo, 1911~77, 조각목각 부조, 아프로-브라질 박물관, 사우바도르).

그것은 즉물적이다. 눈앞의 물건은 아주 분명한 설득력과 구체적인 전달력이 있다. 그 무엇도 즉물의 힘을 따를 게 없다.

남미 성당의 검은 성모상의 매력

스페인의 라틴아메리카 정복은 군사와 종교 두 가지 차원에서 추진된다. 무력가는 일확천금을 노리고, 광신적 포교가 문화를 쓸어낸다. 유럽은 16세기 당시 종교개혁의 열풍에 휩쓸리고 있었지만, 스페인은 반종교개혁의 선봉에 있었다. '구원'을 내세운 포교는 잔학한 행동마저 수단으로 삼는다. 그러나 일부 기독교 종파에서 무차별한 식민지 수탈과 무한 파괴는 바르지 않다는 인식이 생긴다. 원주 문화를 이해하려 애써야 하고, 차이의 가치에 대해 겸손해야 함을 깨달은 것이다.

이러한 자성이 일어나고부터 선교 방법이 달라지는데, 특히 도미니크·성 프란체스코·예수회 등은 구휼과 선교를 통합한다. 우리나라에도 1954년 예수회가 서강대학을 설립했다. 예수회는 스페인의 이그나시오 데 로욜라Ignacio de Royola에 의해 창시되는데, 당시 신교의 파도로부터 가톨릭을 방어하는 전초였다. 그들은 교황에 대한 절대복종, 엄격한 조직과 규율, 묵상을 통한 정신으로 무장되었다.

스페인의 귀족 이그나시오는 유복한 소년 시절을 보내나 청년기에 전쟁에 참가하며 삶이 완전히 바뀐다. 그는 1523년 거지꼴로 로마를 거쳐 예루살렘을 다녀왔다. 믿음으로 단단해진 그는 1540년 로마로 돌아와 교황 파울루스 3세에게 수도원 설립을 요청한다. 예수회의 탄생이다. 이그나시오는 종교적 신비감을 체험하고 다섯 명의 동반자와 함께 파리의 몽마르트 언덕에 작은 성모 예배당을 만든다. 이 형제들은 청빈·순결·복종 그리고 교황의 뜻을 무조건 따름을 맹세한다. 이것이 예수회의 기본 정신이다. 당시 가톨릭은 성공회와 종교개혁 운동에 맞서 형편이 어려웠는데, 예수회는 바티칸의 지원 세력이 된다.

그들은 겸손과 열정으로 1537년 로마 부근의 다 무너져가는 교회를 개축하여 근거지를 확정하고 성직자 서품을 받는다. 1540년 바티칸의 승인을 받은 예수회는 엄격한 규율이 있는 조직으로 수도하며 그 영역을 펼쳐나간다. 특히 라틴아메리카에서 선교사업으로 영향력을 넓혔다. 1541년에는 이그나시오를 제1대 총장으로 선출했다.

수도회의 교회가 너무 작아 1550년 로마에 새 교회당을 짓는데 그 양식에 대해 회원들의 의견이 엇갈린다. 재정 형편도 어려워 공사의 진척이 더디고 미켈란젤로에게 무료 설계를 의뢰하였다가 거절당하는 등 쉬운 일이 없다. 알레산드로 파르네세Alessandro Farnese 추기경이 나서서 비로소 이 최초의 예수교회 건축이 완성된다. 파르네세는 교황 파울루스 3세의 조카이다. 르네상스 건축사에서는 로마의 파르네세 궁전으로 이름나 있다.

"교회당은 두 개의 측랑을 가져서는 안 되고 네이브 단일 공간이어야 하며 통로 양편으로 제단들이 놓여야 한다. 신랑은 반드시 볼트형이어야 하며……" 「알레산드로 파르네세의 예수회를 위한 건축 강령」, 1568 파르네세는 이러한 지시와 함께 건축가로 자코모 다 비뇰라Giacomo da Vignola를 추천한다. 그가 건축한 교회당의 평면은 기본적으로 레온 바티스타 알베르티가 설계한 만토바의 산탄드레아 교회를 차용한 것이다. 단일 신랑, 그

▶ 본핑 성당의 기적의 방(1745~54). 브라질의 가톨릭은 기복적 요소가 강하다.
자신의 아픈 부위를 표현하는 기원의 봉헌물을 걸어놓고 고통이 치유되도록 기원한다.

좌우 양쪽의 제단들, 중앙 제단 앞쪽의 교차 공간과 돔의 구성은 파르네세의 지시에 충실한 것이며, 이곳은 그후 예수회 교회당의 전범이 된다. 예수회의 교회당은 설교가 중요하기에, 모든 회중석에서 성단을 볼 수 있어야 하고 음향의 집중력이 중요하다. 그렇기에 복잡한 측랑의 구성을 배제하는데, 공간의 단조로움을 덜기 위해 신랑 양측에 예배실과 제단을 배치한다. 이러한 제단의 구성은 당시 막 대두하기 시작했던 개신교회당과 차이를 두려는 의도이기도 하다.

예수회는 중남미의 식민시대에 가장 적극적으로 원주민에게 다가간 종교 단체이다. 사실 그들은 포르투갈 정복군보다 먼저 대륙 깊숙이 들어가 있었다. 예수회의 수사들은 민중들에게 십자가를 먼저 들이밀지 않았다. 또한 무산자와 함께 생활 터전을 개척하는 일과 선교를 동일시했다. 그들은 변방을 찾아가 농지를 개척하고 축산 기술을 전수한다. 개척은 수사들이 흘리는 땀과 종교적 열정의 결과였다.

수사들은 만사나Manzana라는 지역사회 공동체 시스템도 만들었다. 낙후되었던 지방의 도시화에 힘쓰고 그로 인해 얻은 수익을 사회에 환원하는 체계인데, 지역사회에서 교회당·수도원·대학을 함께 짓는다. 그 대표적인 사례가 아르헨티나의 국립코르도바대학Universidad Nacional de Córdova이다. 이곳은 1613년 투쿠만 예수회가 코르도바에 건립한 아르헨티나 최초의 대학이다. 당시 인디오들은 병아리들이 어미 새의 커다란 품을 찾듯 이 대학에 왔다. 종교마다 그 존재감이 모두 같은 것은 아니다. 정신적인 면만이 아니라 건축에서도 차이가 나타난다.

이들의 건축은 아주 간소한 조형과 빌딩 시스템으로 만들어진다. 이는 수사들이 집을 손수 지어야 하기 때문에 아마추어의 건축 기술과 재료의 한계를 극복하기 위한 방편이다. 중남미 바로크 건축의 화려함과 비교되는 이 검소한 건축들은 보다 적극적인 사회복지와 선교활동의 장소가 된다. 코르도바의 중심 몇 블록에 걸쳐 예수회 만사나가 위치하는데, 이곳은 지금도 도시의 중심이다.

1767년 예수회는 아르헨티나에서 추방 명령을 받는다. 마드리드 정부가 예수회의 선교 행태를 고깝게 여긴 것이다. 원주민 과라니 족들이 차츰 식민의 모순을 이해하면서, 저항의식이 표출되기 시작했는데 이것이 예수회의 부추김이라는 것이다. 예수회의 추방 후 이 대학은 국립 코르도바대학이 되었다. 유구한 역사만큼 이곳은 근세사에서 혁명과 반정부 운동의 중심에 있었다.

신부들은 한밤중에 포박당하여 이탈리아로 실려나갔다. 그동안 공들여 쌓아온 모든 것이 무너진다. 공동재산, 공동생산, 공동체 생활이 해체되고 공동 소유의 농장은 대지주들에게 넘어간다. 공장, 교회당, 학교가 허물어지고 도서관의 책은 포장지나 불쏘시게가 된다. 원주민들은 다시 밀림으로 돌아가거나 도시의 부랑자, 창녀, 술주정꾼으로 남는다. 19세기 들어서야 그들의 공동체는 회복되고 지역 문화를 보전할 수 있었다. 예수회는 요즘도 빈자들을 위해 매일 점심식사를 제공하며, 중요한 날마다 특별 봉사를 펼친다. 같은 구원의 종교라 하더라도 이기적 기독교와 이타적 기독교의 차이다.

국립코르도바대학(코르도바, 1613년 설립).
중정 오른쪽의 동상 사나브리아 Juan Fray Fernando Trejo y Sanabria가 이 대학의 설립자이다.
예수회는 남미의 여러 지방도시에 깊이 들어가서 선교와 구휼과
지역개발을 통합한 활동을 벌인다. 대학이 위치한 이 블록 전체가 예수회의
공동체 공간인데, 2000년 유네스코 세계문화유산에 등재되었다.

▶ 파트리모니오 문디알 콤파냐 교회당 Patrimonio Mundial Iglesia de la Compañia de Jesús (코르도바).
  간결한 외관에서 예수회의 검소한 정신이 엿보인다.

교회당 실내는 복잡한 장식과 구조법을 피하고 수사들의 자체 노동력으로 해결할 수 있는 단순한 볼트 구조로 대공간을 건축한다. 예수회는 로마 가톨릭과 달리 설교가 중요하여 신도들이 앉는 회중석을 단순하고 성단에 집중할 수 있는 형식으로 구성한다.

남미 성당의 성모상은 백인 여인상도 있고, 검은 피부도 있고, 메스티소도 있다. 지역마다 자신들의 성모를 그린다. 성모상은 입상이 주된 양식이고, 대부분 큼지막한 왕관을 쓰고 두터운 성장을 한다. 왕보다 더 큰 왕관은 왕권을 넘어선 권력을 상징함으로써 위신을 세우는 것이며, 두터운 가운은 신실한 성심의 표현일 것이다. 그러나 무거운 왕관과 두꺼운 가운이 힘겨워보인다.

멕시코 가톨릭에서는 검은 성모 대신 과달루페Guadalupe의 존재가 두드러진다. 1531년 12월 12일 멕시코의 테페약 언덕에서 원주민 수사 후안 디에고Juan Diego가 성녀 과달루페의 현현을 본다. 인디오의 피부색을 가진 과달루페는 자신의 존재를 증명하기 위해 그녀의 모습이 새겨진 휘장과 겨울의 장미꽃을 보낸다. 이 증거를 받아든 멕시코 가톨릭은 과달루페를 수호 성모로 모시며 새로운 교회당을 짓기 시작하는데, 이 존재가 멕시코 가톨릭의 아이콘이 된다.

현재 대부분의 멕시코 성당은 과달루페를 모시고 있으며, 교황 요한 바오로 6세의 방문이 과달루페의 존재를 긍정 또는 묵인한 것으로 받아들여지면서 멕시코 가톨릭의 자존심이 되었다. 사실 전통적으로 아스텍의 신은 모두 남성으로서 거친 용모에 폭력적 이미지가 넘쳤다. 제례조차 파괴적이며 피와 죽음에 탐닉했다. 이에 비해 과달루페는 여성 신으로서 평안과 안식을 기의記意한다.

아프로-브라질 문화에 빠진 현대미술

한때 식민지의 지도자들은 원주민의 야만성, 이단성을 이유로 '혼혈

검은 성모상들(혼합재료, 아프로-브라질 박물관, 상파울루).

옛 과달루페 바실리카(멕시코시티).
1531년 후안 디에고 사제가 테페약 언덕에서 만난 과달루페의 현현을 증명한다.
멕시코의 가톨릭에서는 성녀 과달루페의 존재감이 지배적이다.
이는 식민성과 가톨릭의 모순을 극복하기 위한 그들의 방법이다.

을 청소'해야 한다고 믿었다. 압제의 근거를 원주민의 천성에서 찾는 것은 식민지 통치에 유용한 편견이다. 일본 제국주의도 조선 반도에서 '조센징'에게 그러했다. 이러한 엘리트 의식에서 볼 때 인디오의 문화는 핍박, 멸시, 청소되어야 할 부負의 가치이다. 아프리카로부터 남미에 실려 온 흑인 노예는 그들의 종교문화를 가슴에 안고 들어온다. 식민시대를 겪으면서도 삭지 않는 아프리카의 미학이 브라질에서 재현되며, 소위 아프로-브라질이라는 변종 예술을 만드는 것이다.

그들 토착 종교의 기표記標와 오브제들이 현대미술에 접합된다. 바이아 출신의 메스트레 지지 Mestre Didi, 1917~ 의 작업은 원천적으로 칸돔블레 오브제를 차용하며 재료와 색채 구사에서도 요루바 족의 전통미와 직결된다. 그가 구사하는 천, 구슬, 나무줄기, 씨앗, 소라 껍질 들은 모두 상징 언어들이다. 예를 들어 엮어진 나무줄기는 숲을 뜻하며, 여러 신의 복합적 구성을 의미한다. 씨앗은 세상의 원초이고, 다채색의 색동은 무지개의 표현이다. 뱀의 움직임, 하늘, 새 등 오브제들은 모두가 텍스트성을 갖는다.

사우바도르 출신의 후벰 발렌틴 Rubem Valentin, 1922~ 은 「Brasilia 1991」에서 현대미술의 구축적인 시형식에 토착 종교의 상징성을 결합한다. 그는 회화, 판화, 조각을 두루 작업하는데, 원천적으로 칸돔블레의 기호를 차용한다. 여기에서 '샹고'는 전체 구성의 중심과 으뜸을 차지하는 구조이다. 마치 토템 예술에서 보여지는 대칭의 수직성이 그렇듯이, 그의 조형은 추상화되었지만 원천적으로는 사람의 신체와 닮아 있다. 그가 구사하는 청·녹·적의 원색들은 보색 관계이지만 섞임 없이 독자

▶ 메스트레 지지, 「오브제」(아프로-브라질 미술관, 상파울루).
대지, 신령 등 종교적 상징들을 엮어
하나의 조형물을 완성하면 미술이 창조한 언어적 구조가 된다.

후벰 발렌틴, 「오브제 Objeto Emblematico 4」(아크릴 칼라·목재,
상파울루 주립 피나코테카, 1969).
발렌틴의 조형에서는 면과 입체의 관계가 중요하다. 주황색·청색·녹색이 보색 대비를
이루며, 면에 따라 다르게 채색되어 시각 구도에 따라 오브제가 변태한다.

호나우두 레구, 「무제」(아프로-브라질 미술관, 상파울루).
요소의 조합은 어떤 종교적인 서사성을 만들어낸다.

조지 안조스, 「기둥 Coluna」(아프로-브라질 미술관, 상파울루).
기둥은 기호로 그득 찬 토템과 같다.

적으로 부분과 요소로서 작용한다.

호나우두 레구Carlos Ronaldo Cardoso de Moraes Rêgo, 1956~ 는 아프리카 벨렘대학 건축과 출신답게 공간적이며 구축적인 조형을 이룬다. 즉, 종교적 또는 삶의 상징들을 축조하고 있다. 특히 도끼 모양의 샹고는 이제 우리 눈에 익숙하다. 그의 물상 조형은 완전한 3차원이 아니며 2.5차원쯤 된다. 그렇기에 정면성이 중요한데 이러한 형식은 여러 가지의 시각 방향을 갖지 않고 우리를 그 앞에 불러다놓고 직면하게 하는 힘이 있다. 몸체는 흑백을 기저로 하지만, 적색이 피처럼 스며든다. 그의 조형 역시 추상화되었지만, 시원적인 것에서 시작하기 때문에 머리-몸-다리의 구분은 몸의 구조와 닮았다.

조지 안조스Jorge Luiz dos Anjos, 1957~ 의 '기둥'이라는 조각은 원시의 선돌Menhir을 연상시킨다. 그는 각진 돌기둥들을 집체시키면서 그 공간 사이의 대화를 부추기는 것 같다. 미니멀한 형상의 각기둥들은 뭔가 담고 있는 이야기가 많다.

최소한 중남미의 미술은 20세기 추상예술의 영향을 받기 전까지 두 가지 양태를 보인다. 하나는 유럽 예술에 편승하거나 그것을 모방하는 것이며, 둘째는 아프리카의 심미와 교합되는 양태로 독자성을 얻은 흐름이다. 이후의 미술은 모두 메스티소 미술가들의 몫이다. 라틴아메리카도 입체파·추상파·개념미술 세계에 접어들지만 대개 그저 그렇고, 우리의 시선을 자꾸 잡아당기는 것은 이 토착적 알레고리의 심미이다.

시각예술에서는 과장된 몸짓, 부풀려진 의미, 과잉 표현이 양식화된 것을 매너리즘이라고 한다. 군주의 시대에 기념 건축들이 매너리즘을 택한 것은 예술의 정치적 측면을 고려할 때 그럴 만하다. 대규모 광장과 기념물은 모두 왕실의 권위를 평민에게 각인시키기 위한 정치술이다. 원천적으로 토착예술은 바로크의 성정을 가지고 있었다. 독특한 상징언어와 시형식이 바로크와 결합하여 매너리즘으로 경영되는 것이다.
식민지 시대 문화의 시계는 서양 바로크 양식을 향해 있고, 여기에 토착적 성질이 더해져 라틴아메리카 바로크를 형성한다. 그것은 아열대 문화의 심성이었다. 유럽의 침울한 종교문화와 달리 낙관적 현재를 그린다.

6 라틴아메리카 바로크를 만나다

유럽의 바로크를 모방하다

바로크는 정태적인 르네상스에 비해 역동적이고, 고전의 질서와 규범의 미학에 상대되는 자유와 일탈의 미학이다. 바로크는 17~18세기에 걸쳐 이 라틴의 변방에도 전해지는데, 유럽 바로크의 원형질과 라틴아메리카의 전이질에는 차이가 있다. 라틴아메리카의 바로크는 몇 가지 이유에서 자유롭지 못하며, 몇 가지 환경 때문에 경색되어 보인다. 이탈리아 바로크의 형태적 운동감이나 독일 바로크의 연극적 전개에 비해, 라틴아메리카의 것은 본질보다도 자꾸 장식에 몰두한다. 가톨릭의 종교적 수사가 그렇게 만들었다. 라틴아메리카의 바로크는 선천적으로 스페인 바로크를 추종하는데 성당 건축에서는 종교적 열정을 건축 의장이 대신 웅변해야 한다. 그래서 중남미의 바로크는 장식을 임계점까지 몰아간다. 종교적 수사는 믿음의 증거이기에 숨이 막힐 듯한 밀도로 치달으며 '맹목성'에 이른다.

식민지 시대 중남미의 건축은 고딕·르네상스·바로크·낭만주의가 뒤섞여 들어오지만, 어떤 길이던 매너리즘에 결부된다. 그것은 건축이 순수한 미학적 전개보다도 정치와 종교의 프로파간다로서 작동하기 때문이다. 물론 서양의 양식사와는 동시성을 이루지 못하며, 건축을 만드는 재료와 시스템에서 차이도 크다. 식민지 시대의 스페인계 양식은 시대에 따라 크게 세 가지로 구분된다. 첫째는 16세기 건축가 후안 데 에레라Juan de Herrera풍의 간결한 조형이고, 둘째는 17~18세기 건축가 호세 베니토 데 추리게라José Benito de Churtiguera 풍의 장식적 바로크이며, 셋째는 19세기의 신고전주의이다. 특히 추리게라 풍 건축을 집중적으로 살펴

볼 것이다.

우선 중남미 바로크의 한계는 기량이 충분치 못한 변방 건축가로부터 온다. 고딕과 르네상스를 거치면서 기술과 미학의 내공을 쌓은 유럽의 바로크에 비해, 라틴아메리카의 건축은 그것을 보습할 시간이 너무 짧았다. 라틴아메리카에서도 특히 지방 도시의 건축은 비용·기술·재료의 선택 폭이 더 좁을 수밖에 없다. 지방 도시일수록 건축 인력도 주로 메스티소나 토착민에 의존한다. 재료와 기술의 차이에서 자연히 양식의 변이가 발생한다.

양식을 받아들이는 태도 중에서 유럽의 전범에 접근하려 노력하는 것을 하이-바로크라 하고, 주로 변방에서 이루어지는 양식적 변용을 로우-바로크라 하자. 물론 이 용어는 학계에서 공인한 것은 아니지만, 그냥 우리끼리 쓰기로 한다. 건축의 규모나 질량에서 차이가 있지만, 어눌한 고급 언어보다 더 흥미로운 것은 로우-바로크에서 벌어지는 변태變態 양식이다.

남미의 황금을 찾아 나선 페드로 데 발디비아Pedro de Valdivia는 페루, 볼리비아, 아르헨티나를 돌고 안데스를 넘어 1540년 칠레의 산티아고에 도착한다. 스페인군은 산티아고 지역이 내려다보이는 한 언덕에 올라 그곳을 산타루치아지금의 산타루치아 공원라 하고 요새를 구축한다. 여기는 원래 아라우카노 족의 근거지였는데 인디오는 죽을힘을 다해 스페인군에 저항했지만 처음부터 대적할 만한 군사력이 아니었다. 상황을 관망한 후 방어력이 별 게 아닌 것을 안 포식자는 산타루치아 요새에서 내려와, 1541년부터 현재의 아르마스 광장을 중심으로 도시 구축을 시작한다. 그리고 3세기 동안의 식민지 시대가 시작된다.

우선 1557년에는 총독부를 설치하고, 1558년에는 광장을 중심으로 대성당을 건설해 예수회 활동의 중심을 삼았다. 1808년에는 궁전·시청사·중앙 우체국을 건축하여 광장을 둘러싼다. 식민지 시대를 겪으며 인디헤나의 장소는 깡그리 소멸되었다. 그래서 산티아고의 도시 풍경은 마치 처음부터 17세기 서양의 도시를 베껴놓은 것 같다. 산티아고의 아르마스 광장은 1580년에 모양을 갖추고, 1646년에는 도시를 사방 격자형 가로 구조로 정비했으며, 1712년에는 마포초 강을 따라 단계적으로 확장했다.

그 광장을 지배하고 있는 산티아고 대성당Catedral Metropolitana de Santiago은 메소아메리카의 여러 도시에 있는 성당 중에서도 양식미가 특히 빼어나다. 예수회가 가꾸어온 이 건축의 외관은 비교적 균형 잡힌 비례와 탑의 균제미가 돋보인다. 아르마스 광장을 전면에 두고 정복자 발디비아의 동상이 성당을 응시하고 있다. 신의 가호와 정복. 대성당은 전면 쌍탑의 전형적인 외관이지만, 오른쪽 측면을 가로에 두어 시각적으로 잘 드러난다. 내부의 구법도 유럽 바로크의 전형적인 양식과 크게 다르지 않다. 황금 색조가 빚어낸 묵직한 종교적 분위기에 네이브의 볼트는 천장화로 가득하고 장식의 틀은 기하학적으로 세련되었다.

잉카의 마지막 수도는 쿠스코였는데, 스페인군은 잉카 정벌 후 1535년 수도를 태평양변의 리마로 천도한다. 이베리안들이 안데스의 고산

아르마스 광장과 대성당(산티아고, 1558).
정복자 발디비아가 성당에 시선을 두고 있다. 발디비아는 산티아고에
도시를 건설하는데 무력을 상징하는 아르마스 광장과 종교를 상징하는 대성당을 병치시킨다.
이제 토착성을 파묻은 칠레에서 근대로의 욕망이 식민성을 업고 내닫는다.

6 라틴아메리카 바로크를 만나다

산티아고 대성당은 예수회 양식으로 중앙의 네이브가 강조된다.
대신 신랑의 좌우에는 채플을 거느리며 장려한 바로크 양식을 갖추었다.

지 환경을 견디지 못한 까닭이다. 리마는 기후가 월등히 쾌적하다. 이 새로운 수도 역시 아르마스 광장을 중심으로 구축된다. 광장에 직면하여 있는 것도 당연히 대성당Catedral de Lima, 대통령궁Palacio de Gobierno, 정부청사 들이다. 대통령궁은 아직도 집무 공간으로 이용하고 있는데, 리마의 구시가는 최근까지 테러와 범죄로 불안한 공간이다.

그래도 대통령궁이 이 구도심의 광장을 떠나지 않는 이유가 있을 게다. 새 대통령관을 지을 비용이 문제일까. 아니면 끝까지 민중과 함께 있겠다는 의지의 표현인 것일까. 그러나 대통령궁은 철책으로 갇혀 있고 장갑차와 군인들의 경비가 삼엄하다.

피사로 통치 시절에 짓기 시작하여 1540년에 봉헌된 리마 대성당은 조그마한 규모였다. 25년 뒤 대주교가 지위에 걸맞은 대성당을 원해 스페인의 세비야 대성당을 모델로 하여 다시 짓기로 한다. 공사비의 부담이 엄청나 공사가 지지부진한 가운데 지진이 공든 탑을 여러 번 무너트리는 어려운 상황을 넘기고 1775년에야 현재의 모습을 갖추었다.

리마 대성당 역시 식민시대의 영광을 상징한다. 장려한 외관은 광장을 제압하며 내부의 화려함은 가톨릭의 우월성을 웅변한다. 그러나 건축의 규모에 비해 건축술은 한계가 엄연하다. 외관을 보면 두 탑 사이가 너무 벌어진 것에 비해 높이가 얕아서 중앙 부분이 상대적으로 위축되었다. 탑은 의지만 있으면 높이 쌓을 수 있지만, 공간의 규모를 결정짓는 경간徑間: 다리, 건물 등에서 기둥과 기둥 사이의 확장은 기술적 뒷받침 없이는 아니 된다. 내부 공간도 천장고가 비교적 낮으며 구법 역시 좀 쉬운 방법을 택했다. 네이브와 아일을 가르는 기둥들은 각주네모진 기둥이고

리마 대성당의 중앙 포르티코 상부 장식.
대성당은 건축술보다도 장식과 조각에 열중한다.

▶ 리마 대성당 채플 중 하나인 칸델라리아 Capilla de la Candelaria.
실내 공간의 장식은 채플에 집중되어 있다. 왼쪽의 산 크리스핀 San Crispin과
오른쪽의 산 크리스피니아노 San Crispiniano의 조상이 이 채플의 주제이다.

◀ 리마 대성당(1775). 1535년 피사로 역시 리마 정복 후 아르마스 광장과 대성당을 만든다.
통치자는 거창한 성당을 주문했지만, 건축을 높이 쌓지 못하고 평면적만 확장해 전체 비율이
납작해졌다. 높이를 보상하려는 듯 양쪽 탑이 높다. 리마의 역사지구는
1988년 유네스코 세계문화유산에 등재되고, 1991년에는 지정구역을 확장하였다.

그 기둥머리 위에서 네 개의 아치가 교차하며 튀어오른다. 성단 정면의 성가대석은 이 성당의 하이라이트이다. 특히 양쪽 아일을 따라 연속되는 채플들은 각각의 주제를 갖는 갤러리와 같다. 그중 이마클라 채플이 돋보인다. 원죄 없는 잉태.

멕시코시티의 메트로폴리타나 대성당은 평면 길이 100미터, 높이 60미터에 달한다. 300년간의 건설 기간과 자주 바뀐 기획 때문에 정체 모를 양식이 되고 말았다. 코르테스의 부추김으로 1525년에 짓기 시작하여 1532년까지 공사가 계속되는데, 스페인의 펠리페 2세는 그 건축이 마음에 들지 않았다. 그 사이에 코르테스는 본국으로 소환되고 1547년 세비야에서 숨을 거둔다. 원래보다 훨씬 큰 규모로 성당을 다시 짓는데 어려운 공사이다. 대성당은 워낙 거창한 역사役事이기도 하지만, 멕시코시티의 땅이 무른 습지이기 때문에 건축이 자꾸 가라앉는 것이다. 2세기의 시간을 소모하고, 1813년 고전주의자 마누엘 톨사Manuel Tolsá, 1757~1816에 의해 완공되었다. 이런 사정으로 건축 양식이 혼잡스럽다.

멕시코시티의 대성당이 너무 커서 다듬기 어려운 건축적 질량인데 비해 산 프란시스코 하비에르 교회당Iglesia de San Francisco Javier의 양식적 짜임새는 인상적이다. 중남미의 성당들은 대부분 정면 비례가 어색한데 큰 공간에 대한 욕구에 비해 높이 쌓는 축조 기술이 충분치 못했기 때문이다. 이 성당은 멕시코시티로부터 서쪽 44킬로미터 떨어진 외곽의 작은 도시 테포초틀란Tepotzotlán에 있다. 여기에서는 멕시코의 토착적인 정서와 가톨릭이 섞여 멕시코적 스페인 양식인 추리게레스코 스타일을

▶ 산 프란시스코 하비에르 교회당(테포초틀란, 17~18세기). 식민지에 건축된 스페인 바로크 양식 건축 중에서 으뜸이다. 높이에 대한 비례감이 뛰어나고 추리게라 장식 역시 격조가 높다. 왼쪽으로는 수도원이 있었는데 현재는 박물관으로 개방된다.

형성한다. 구법과 공간 구조는 유럽과 비교할 수 없지만, 장식과 종교적 상징성이 뛰어나다. 이달고 광장을 앞에 두고, 정면은 탑과 포르티코에 현란한 장식을 집중했으며 고딕건축에 가까운 수직 비례를 구성한다. 쌍탑의 대칭을 포기하고 오른쪽 탑만 세웠는데 이 방향이 전면 광장과 오른쪽 도로와 통하며, 성당 왼쪽으로는 수도원이 이어진다.

이 수도원이 성인 하비에르Francisco Javier, 1506~52를 중심으로 하는 성 프란시스코파의 장소였다. 내부 공간을 온통 뒤덮는 금장식은 믿음을 증명하고 싶은 뜻이겠지만, 그럴수록 성신께서는 사람들이 못 미더운지 모른다. 얼마나 더 금을 바르면 믿어주실까. 멕시코 가톨릭의 특징에서 이야기했다시피 여기에서도 과달루페가 성단의 중심을 차지한다. 현재 성당은 수도원과 함께 종교박물관National Viceregal Museum으로 개방되고 있는데, 가톨릭 박물과 수도원 생활을 보여주는 물건을 선교사宣敎師의 맥락에서 전시하고 있다.

변방의 바로크: 외관은 간소하게, 내장은 화려하게

1530년 아마존의 정적을 깨고 칼과 십자가를 든 포르투갈군에 의해 이 거인의 땅, 브라질도 식민지로 전환된다. 식민지 브라질은 포르투갈의 문화를 전범으로 삼고 싶었으나, 이 변방에서는 예술가들의 역량도 문화정책도 마땅치 않다. 이베리아의 본국은 식민지에 일류 문화를 보내지 않는다. 식민지는 단지 광산, 농업 등 1차 산업의 생산지였으며 스스로 산업 경제를 일으킬 기반을 다지는 일은 미리 차단된다. 본토의 산업 경제를 보호하기 위해 중남미는 단지 소비 시장이어야 했다. 특히

▶ 성 이그나티우스 로욜라 성단(산 프란시스코 하비에르 교회당, 테포초틀란).
황금색의 멕시코 추리게라 장식이 빛에 반응하니 눈부시다.

16세기 부르봉 왕조 이후 스페인의 중상주의를 키우기 위해 식민지는 본국의 생산품을 수입할 의무와 보호무역에 엮이어 있었다.

이러한 사회적 차별 구조로 인해 태생적으로 중남미의 건축은 유럽 문화와 차이가 날 수밖에 없다. 무릇 건축 양식은 환경의 지배를 받는다. 아무리 양식을 재현하려는 의지가 뚜렷하다 하더라도 재료와 기술과 공장工匠의 차이는 변종을 만들고 만다. 기능장이 부족했기 때문에 성당 건축은 많은 부분 원주민 장인에게 의존하는데, 이들은 의식적이던 무의식적이던 간에 자신의 토착적 건축 언어를 작업에 슬며시 끼어 넣기도 한다.

미흡한 건축 지식, 마에스트로 건축가의 부재, 그리고 재료의 차이 때문에 유럽의 정통성을 재현하기는 어렵다. 그래서 석조 대신에 석회 조각이 발달하고, 석조를 목조로 의양擬樣하기도 한다. 건축 기술이 부족한 대신, 종교 건축이 몰두하는 것은 실내 의장이다. 장식미술은 훨씬 더 극적이며, 종교적 열광을 위해 엄청난 수사가 동원된다.

우리는 로우-바로크의 진면목을 보기 위해 브라질의 미나스 제라이스Minas Gerais에 간다. 미나스 제라이스는 벨루오리존치에서 접근하는데 자동차로 세 시간 거리이다. 미나스 제라이스는 남중부 브라질의 꽤 광범위한 지역으로서, 식민지 시대 최대의 금광촌이었다. 연간 4만 톤을 생산했다고 하는데 그 양을 짐작하기가 어렵다. 세계 금 생산의 85퍼센트를 브라질에서 파냈다는 얘기인데 믿어지지 않는다. 18세기 이 브라질의 오지는 국가 경제에 효자 노릇을 했지만, 금광은 끊임없이 노예와 인디오를 집어삼킨다. 여하튼 금광은 커피 산업 이전에——물론 모두가 포르투갈 왕실을 살찌우는 일이었지만——브라질 경제를 지탱해주었다.

이 미나스 제라이스의 세 개 마을 오루 프레투Ouro Preto, 콩고냐스Congonhas, 마리아나Mariana에서 브라질 로우-바로크의 원조가 탄생한다. 이 브라질 바로크의 특성은 안토니우 리스보아Antônio Francisco Lisboa에게서 비롯되었다. 이 목공예가는 못생긴데다가 신체도 망가져 곧잘 절뚝발이, 알레이자디뉴Aleijadinho라고도 불린다. 집안의 흑인 노예가 이 끔찍한 도련님을 섬기기 싫어 목을 매었지만 실패했단다. 몹쓸 병에 걸린 그의 몸은 자꾸 망가져가는데, 손에 나무토막을 잡아매고 작업을 해야 했다. 그의 가업이 목공예와 조각이었는데 그는 아버지로부터 뛰어난 목공 솜씨를 물려받았다.

알레이자디뉴의 아버지는 건설업자였고, 그는 어린 시절부터 건축 현장을 드나들었다. 절름발이는 이렇게 현장에서 건축 기술을 익히며, 브라질의 건축이 왜 유럽 또는 스페인의 건축과 같을 수 없는지 알게 된다. 하나는 건축 재료의 문제인데 건축의 구법과도 상관이 있다. 브라질에서는 양질의 사암과 대리석이 생산되지 않는다. 그렇기에 유럽의 고딕 양식과는 다른 수단을 강구할 수밖에 없다. 두 번째는 기술의 한계이다. 설계와 공장에서 유럽 본토와 현저한 수준 차이가 있는데 기술성·지식·경험의 부족을 인정해야 한다.

리스보아는 브라질의 바로크 양식을 위해 외관과 내부 디자인을 분리한다. 외관은 양식 조형의 기본적인 것만 남기고 가능한 간소화한다. 빈약한 석재와 비용 문제를 감당하기 위해서다. 건축은 전체 덩이에서 중심 요소와 윤곽선을 석재로 양각하고 나머지 부분은 평탄한 모르타르회나 시멘트에 모래를 섞고 물로 갠 것 면으로 만족한다. 대신 코니스, 기둥, 포르티코, 메달리온Medallion: 중심부에 장식으로 조각하는 메달 모양의 문장에 집중함으로써 의장을 부각시킨다. 건축의 나머지는 회벽이며 대개 오커 색으로 칠한다. 여기에는 햇빛을 반사하는 시각적인 효과와 석재의 장식 부분을 부각시키는 효과가 있다. 그래서 문설주, 트레서리, 페디먼트, 기둥 등 석재로 된 부분은 중심 요소로서 배역을 훨씬 뽐낼 수 있다.

이러한 이유에서 브라질 바로크의 외관은 이름이 계면쩍을 정도로 평탄하다. 유럽 바로크의 힘찬 운동감이나 깊은 양감量感이 없다. 바로크의 아이콘인 소용돌이 문양을 취하지만, 대개 석조 면에 음각 선조線彫로 끝난다. 대신 내부에는 장려한 종교적 열정을 쏟아붓는다. 온통 금과 은이다. 그러나 이 열정의 표현을 뜯어보면 지방 건축술의 빈약한 구축성이 드러난다. 현란한 양식의 조각은 대부분 플라스터석고, 회반죽, 흙 따위와 같이 개어서 바르는 데 쓰는 재료를 통틀어 이르는 말나 목조로 만들어졌다.

어떤 복잡한 장식 요소도 목조로 형태를 만들고 석고로 세부를 묘사한 뒤 금분을 칠한다. 이렇게 하여 영구적이지는 않더라도, 유럽의 바로크를 닮고자 한다. 석조의 건축 요소를 목재로 재현하고 칠로 의장意匠하는 일은 매우 경제적이다. 이 경제적 스타일은 낙후된 건축 기술을 슬쩍 감추지만, 신앙을 표현하는 데에는 아주 효과적인 디자인이다.

브라질의 중부 마을 오루 프레투. 이 광산 도시는 급한 경사 지형 탓에 필연적으로 모든 도로가 울렁인다. 이러한 헉헉거리는 도로 사정을 감수하면, 산마을에서 뛰어난 경관과 이리저리 만날 수 있다. 산악 마

오루 프레투란 지명은 '검은 금金'이란 뜻이다. 식민지 시대에 브라질 경제를 이끌던 광산 도시로서 지형이 험하다. 산등에 점점이 얹힌 주택들이 산마을의 풍경을 만든다. 이 역사지구는 1980년 유네스코 세계문화유산으로 지정되었다.

인콘피덴시아 박물관. 이곳은 오루 프레투의 중심 공간으로서
그동안 시청사, 혁명 본부, 감옥소 등으로 이용되다가 이 지역이 관광도시가 되면서
박물관으로 자리 잡았다.

을 오루 프레투에서 경사를 따라 흘러내려가면 광장이 등장한다. 그러니까 산동네의 도로가 아무리 복잡해도 땅이 흘러내리는 방향으로 걸음을 맡기면 어느덧 광장에 다다르는 것이다. 티라덴테스 광장의 정면에 위치한 주청사가 도시 공간의 중심이다. 식민시대에 주청사는 가렴주구의 핵심 장소였고, 혁명 시기에는 반군의 근거지였으며, 한때는 감옥으로 사용되었다. 이 기구한 건축은 현재 인콘피덴시아 박물관Museu da Inconfidência으로 개조되었다. 'Inconfidência'란 직역하면 반란자란 뜻인데, 브라질 독립운동의 상징으로서 지역 자료를 전시하고 있다. 건축은 중앙 종탑, 광장을 꽉 움켜잡으려는 대칭, 높은 계단과 포치 등 전형적인 지방 관청의 모습이다.

미나스 제라이스는 광산을 경영하는 백인과 광산업에 종사하는 노예로 인구가 구성된다. 식민지 사람들은 노예가 도망가는 것을 방지하기 위해 구역을 정하고 그 둘레에 점점이 성당을 짓는데 이는 금의 유출을 방지하는 수단이기도 했다. 성당은 노예들에게 외경의 대상이라 성당을 지나 도망치는 것은 불경스러운 일로 여겼던 것이다. 순진한 노예의 믿음.

신앙의 공간은 인종에 따라 구분된다. 왕족은 2층에 자리하고 상인과 귀족은 앞자리에 위치한다. 노예들은 성당을 따로 짓는다. 귀족들은 성당에 금을 아끼지 않는데, 신실한 믿음보다도 부와 지위를 과시한다. 그러다가 19세기에 황금시대를 뒤로 하고 역사의 상징만 남긴 채 쇠퇴한다.

로우-바로크와 건축가 리스보아

 오루 프레투에는 보존 지역 안에만 열한 개의 교회가 있다. 필라의 우리 성모 교회당Igreja Matriz de Nossa Senhora do Pilar은 전면에 광장Praza Monsenhor Castilho Barbosa을 두고 있어 이 장소의 건축적 위상을 알 수 있다. 1731년에 만들어진 건물은 소박하지만, 전면과 실내장식이 알레이자디뉴에 의해 완성되었다. 아시스의 상 프란시스쿠 교회당Igreja da Ordem Terceira de São Francisco de Assis이라는 꽤 긴 이름을 가진 건축물에는 우리가 학습하여야 할 지시가 있다. 프란체스코는 이탈리아 아시시에서 부유한 직물상인의 아들로 태어났으나, 모든 세속적인 미래를 버리고 1209년 탁발수도회를 설립한다. 청빈한 생활 태도와 엄격한 규율성으로 13세기 이후 유럽 종교 사회에 넓은 영향을 미친다. 그는 1226년 수도원의 돌바닥에 벌거벗은 채 쓰러져 죽었다. 그는 생전에 죄인들의 묘지에 묻히기를 희망했지만 사람들은 그를 현재의 대성당Basilica di San Francesco d'Assisi 자리에 묻었다가 1230년 대성당 축성과 함께 성당 묘실로 옮겼다. 이 아시스의 대성당은 1997년 두 번의 대지진으로 큰 손상을 입었는데, 그것은 아마 빈손으로 간 프란체스코의 뜻인지 모른다. 그러나 성당은 거의 완벽하게 재건되었다.

 성 프란시스코회가 의뢰한 오루 프레투의 아시스의 상 프란시스쿠 교회당은 1776년 호세 페라이라 도스 산토스가 처음 설계를 맡았으나, 여러 번 중단되었다가 1794년 알레이자디뉴에 의해 완성되었다. 쌍원탑의 정면은 부드러운 양감을 만드는데, 다른 성당건축에서 보이는 각 탑의 조형과 비교된다. 앞마당은 의전 공간으로 기능할 만큼 건축과 연계되어 있다. 바로크식 박공지붕 위에 이중 십자가가 우뚝하고, 포치가 쑥 내미는 몸짓을 한다. 중앙 현관을 장식하는 것도 알레이자디뉴의 전형적인 메달리온과 부조이다. 내부에는 성 프란시스코의 삶의 흔적이 벽화와 천장에 그득하다.

우리는 알레이자디뉴의 진짜 솜씨를 보기 위해 콩고냐스로 간다. 여기 주민들은 울렁이는 지형의 제일 높은 곳에 교회당을 짓고 마을을 내려다보게 한다. '선한 예수 순례교회'Basílica do Bom Jesus de Matozinhos는 포르투갈에서 브라질로 항해하던 중 폭풍의 위기를 기도로 극복한 이민자가 감사의 뜻으로 설립하였다. 1765년 설립자 펠리시우 멘지스Felicio Mendes의 죽음으로 공사가 중단되었다가, 1772년에야 완성되었다. 성당 앞 테라스는 동적인 계단을 구성하고 열두 예언자의 석조각이 연극적 장면을 재현한다. 열두 명의 성인들은 모두 다른 포즈와 상징물을 가지고 자신의 개성을 표현한다. 조각의 재료는 동석凍石의 일종으로서 비누 돌이라고도 부르는데 부드러운 석질이어서 조각 재료로는 그만이다.

리스보아의 조각은 묘사력이 빼어나다. 계단을 오르면서 각과 변의 전환점에서 한 사람씩 만나며 성당에 오르게 된다. 다니엘Daniel, 오세암Hoseam, 조엘Joel, 조나Jonah, 바루시Baruch 등의 표정이 아직 생생하다. 산마을의 공기는 맑고 햇빛은 눈부시지만, 세상을 응시하는 눈들은 심각하다. 현자의 지혜로도 풀릴 것 같지 않은 일상의 무거움을 안고 사람들은 계단을 올라 성당에 든다. 한편 그 12인의 성인 밑으로 그리스도 수난의 길, 세이아 가로Passo da Ceia가 마을에서부터 경사를 따라 이어진다.

아시스의 상 프란시스쿠 교회당(오루 프레투, 1776). 이 성당 역시 로우-바로크 양식의 전형이지만, 둥근 타워에서 느껴지는 부드러운 양감이 특징이다.

◀ 필라의 '우리 주 예수 교회당'(오루 프레투, 1731). 언뜻 바로크 건축 같아 보이지만 윤곽과 요소 디자인이 매우 단순하다. 석재는 귀퉁이와 중심 부분에만 쓰이고 나머지는 회벽이다. 그러나 중앙 상단의 굽이치는 파동선이 바로크의 역동성을 표현하려고 한다.

장식이 정면 입구 위의 메달리온에 집중되는 것은
스페인 바로크 양식이 간략화된 수법이다.

12 성인의 석조(리스보아, 콩고냐스, 1801~05).
계단의 흐름을 따라 솜씨 있게 조각된 12 성인의 석조가 연극적 장면을 만든다.

◀ '선한 예수 순례교회'(리스보아, 콩고냐스, 1757~61).
 언덕 위 마을을 내려다보는 위치에 아름다운 순례교회를 지었다.
 쌍탑의 정면과 테라스가 무대의 공간처럼 만들어졌다.
 이 콩고냐스의 역사 지구는 1985년 유네스코 세계문화유산으로 등재되었다.

이 길을 따라 올라가면 성당에 이르는데, 예수의 생애를 통과하는 것이다. 보통 성당의 14처는 예수의 생을 상징하는 아이콘으로 간소화되지만, 여기에서는 각 장면들이 일곱 개의 파빌리온을 구성하며 마치 7막의 사실주의 연극을 연출하는 듯하다. 파빌리온은 리스보아가 1796~1800년까지 4년에 걸쳐 작업했는데 채색 조각에 사실적인 묘사가 인상적이며, 파빌리온마다 하나의 주제가 담겨져 있다. 조각의 재료는 삼나무 목조인데 실제 크기 조각에 다채색을 칠했다. 각 파빌리온은 최후의 만찬·예수의 고뇌·예수의 체포·채찍 징벌·골고다 켈버리 길의 예수·십자가형 등의 성서 이야기이다.

마리아나Mariana는 오루 프레투 중에서 제일 깊숙이 위치한 마을이다. 마리아나의 아시스의 상 프란시스쿠 교회당Igreja São Francisco de Assis과 카르무의 '우리 주 교회당'Igreja de Nossa Senhora do Carmo은 한 장소에서 대각 방향으로 서로 마주보고 있는데 미나스 제라이스의 바로크 양식을 잘 보여준다. 이 나란한 두 성당의 디자인은 브라질 바로크의 전형이지만, 차이를 비교해볼 필요가 있다. 두 건축은 광장을 공유하되, 작은 길을 건너 직교하기 때문에 서로의 양식을 뽐내고 있는 것 같다. 두 성당 모두 정면은 쌍탑의 전형적인 구성이지만, 탑을 각형으로 하느냐 원형으로 하느냐에 따라 시각적 차이가 생긴다. 각형탑은 정면성이 강하나 접근 시각을 경색케 한다. 이에 비해 리스보아가 디자인한 원형 귀퉁이 탑은 정면과 가각부에서 훨씬 부드러운 시각적 포용력을 발휘한다.

이렇게 모두가 브라질식 간이 양식을 따르는데 사우바도르에 있는 상 프란시스쿠 오르뎀 테르세이라Igreja de Ordem Terceira de São Francisco 성당은

언덕 위의 순례교회 밑으로 연속적으로 지어진 파빌리온(리스보아, 콩고냐스, 1796~1800).
예수의 탄생과 재림 과정을 14처 십자가의 길 형식으로 만들었다.

7개 파빌리온 중의 하나인 십자가형 장면(리스보아, 콩고냐스, 1796~1800)
파빌리온 안의 등신대 조각은 묘사가 생생하고 구체적이어서 그림으로 그려진 성서 같다.

아시스의 상 프란시스쿠(1764~74) 교회당과 카르무의 우리 주 교회당(마리아나).
두 건물은 각탑과 원탑의 지각적 대비를 보여준다. 아무래도 각탑은
경직된 인상이고 부드러운 원탑은 보는 이를 시각적으로 더 잘 포용한다.

현란한 정면을 조성하고 있어 언뜻 정통적인 바로크 양식에 가까워 보인다. 그러나 이 극적인 파사드 역시 석조가 아니라 조적조 위에 가식된 플라스터 기법이다. 이러한 기법을 '스페니시-아메리칸 플라스터 바로크'라고 한다.

멕시코 오악사카 구스만의 산토 도밍고 성당Santo Domingo de Guzmán은 바로크의 건축적 양식성도 그러하지만, 건축이 가지고 있는 내용이 깊다. 1608년 도미니칸 수도원으로 시작된 이 장소는 특별히 구스만의 존재감을 담고 있다. 포치에 네이브로 들어서면 나르텍스의 천장에 그려진 구스만 가계家系의 나무 구조도가 보는 이를 압도한다. 가계 나무는 일종의 족보인데, 하늘을 덮는 나무의 힘만큼이나 깊은 전통을 표현한다. 실내디자인은 멕시코 바로크의 대표적인 작품답게 금장으로 된 종교 수사가 그득하다. 17~18세기 200년에 걸쳐 축조된 수도원 성당은 혁명 기간 동안1866~1902 군대의 주둔지가 되기도 했지만, 1938년 종교시설로 복원되고 1972년 복합문화 공간이 되었다. 현재 이 공간은 성당·도서박물관·생태식물정원·도시 역사와 종교 박물관 등 복합적인 기능을 하는 공간으로 산토 도밍고 문화센터Centro Cultural Santo Domingo라 한다.

특히 성당 뒤편에 자리한 식물원이 중요하다. 이곳은 수도원 시절부터 수사들이 가꾸는 오악사카 지역의 향토 식물원이었다. 그러나 수사들은 과학적인 식물학 정보보다는 감성·시적 영감이 넘치는 근대적 정원으로 만들었다. 90년대 초에 정비되어 일반에게 공개되는데, 인공의

상 프란시스쿠 오르뎀 테르세이라 성당(가브리엘 리베이로, 사우바도르, 1702).
전면의 치밀하고 밀도 높은 조각은 스페인 바로크 풍이다. 다만 조각 재료가 석재가 아니고
석회이다. 이러한 양식을 스페니시-아메리칸 플라스터 바로크라고 한다.

구스만의 산토 도밍고 성당(오악사카, 1608~1938).
구스만 학파의 본산으로 큰 성당과 수도원을 가졌다. 성당 왼쪽에 있는 수도원은
1999년 박물관으로 개조되었다. 성당 뒤쪽으로는 향토 식물원이 이어진다.

구스만의 나무. 종교의 계보를 풍성한 나뭇가지 모양으로 독특하게 묘사했다.
구스만 성당의 나르텍스 천장을 뒤덮고 있다.
이제 기독교는 라틴아메리카의 헌 뿌리를 뽑고 부동의 새 뿌리가 된다.

기하학적 구성과 민속 식물의 흐드러진 자유로움이 공존한다.

시각예술에서는 과장된 몸짓, 부풀려진 의미, 과잉 표현이 양식화된 것을 매너리즘이라고 한다. 군주의 시대에 기념적 건축들이 매너리즘을 택한 것은 예술의 정치적 측면을 고려할 때 그럴 만한 일이다. 대규모 광장과 기념물 모두가 왕실의 권위를 평민에게 각인시키기 위한 정치술이다. 통치의 수월성을 위해서는 웅장한 스케일과 장려한 매너가 긴요하다. 원천적으로 토착 예술은 바로크의 성징性徵을 가지고 있었다. 그 독특한 상징 언어와 시형식이 바로크와 결합하여 매너리즘으로 경영되는 것이다.

식민지 시대의 문화 시계는 서양의 바로크 양식을 향해 있는데 여기에 토착적 성질이 더하여 라틴아메리카 바로크를 형성한다. 그것은 아열대 문화의 심성이었다. 그들은 유럽의 침울한 종교문화와 달리, 낙관적 현재를 그린다.

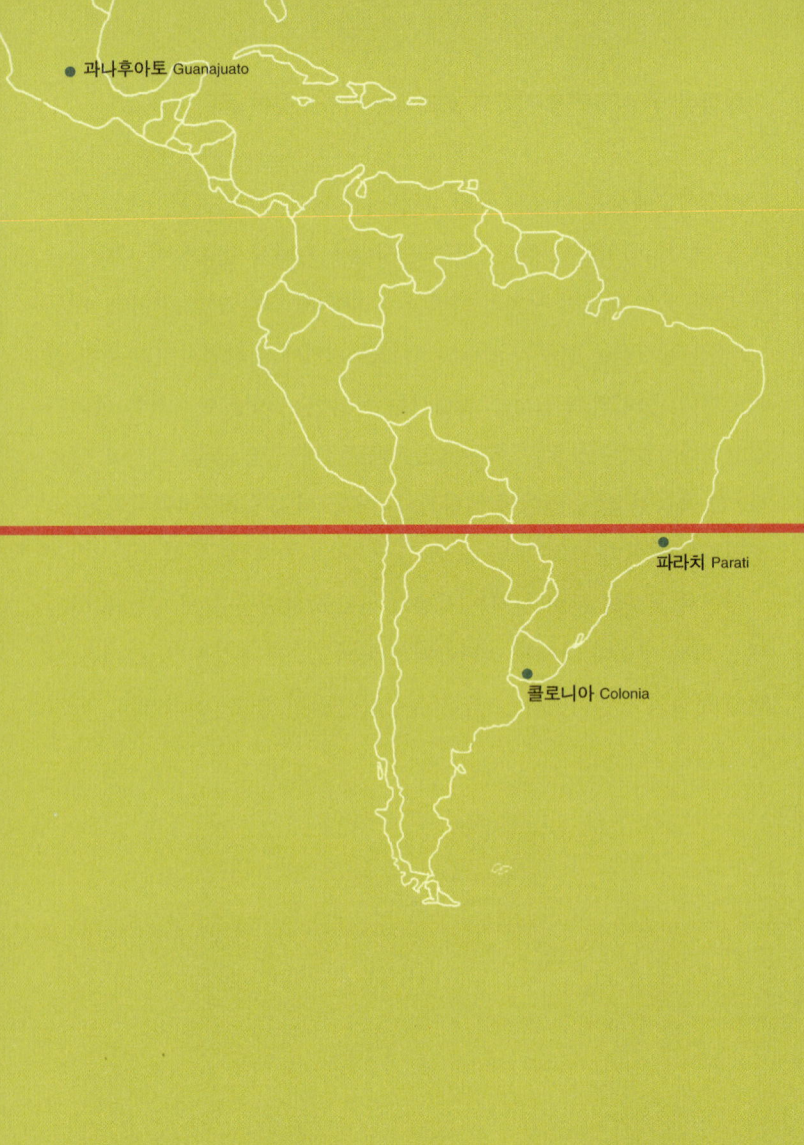

원래 콜로니아는 작은 항구가 있는 소읍이었다. 그래서 식민지 시대의 유적은 주로 해안가 포구 지역에 집중되어 있다. 교회당과 관아 건축은 역사적 유물이지만 관광객들이 더 즐기는 쪽은 식민지 시대의 주거 건축과 골목의 정취이다. 식민의 잔재가 낭만으로 탈바꿈하는 것이다. 많은 주택들은 현재 생활박물관이나 기념품점으로 바뀌었지만, 그 질박한 건축양식이 잘 보존되어 있다. 아열대 햇빛이 골목의 정적을 아우르고 바람이 낡은 돌담 위 장미를 흔든다.

7 콜로니아, 식민의 상처를 딛고 일어서다

스페인과 우루과이 사이, 콜로니아

식민은 물리적이고도 정신적인 강간이다. 몸은 이베리아에 주고 정신은 기독교에 준다. 몸은 피폐해지고 정신은 개조된다. 라틴아메리카에서 토착 문화는 열등, 하류로 취급되었으며, 진보를 향해가는데 지척거리는 장애라는 이유에서 지워버려야 할 대상이었다. 또한 기독교가 식민에 앞장서며 '이단'의 문화를 허용치 않은 것도 충돌의 이유이다. 상하고 망가진 몸과 마음은 500년 동안 식민시대를 겪으며 어느새 식민성에 물들고 만다. 18세기에 광복을 맞지만, 모든 것을 되찾은 것은 아니다. 여전히 정치권력은 식민지에 이주한 이베리안 백인 또는 그 후예인 크리오요 손에 쥐어지고, 이미 기독교에 흡수된 정신도 되돌리기 어렵다.

라틴아메리카에게 식민의 의미는 비슷한 고통의 당사자였던 우리나라와 같지는 않다. 힘의 우열에 따른 지배의 역학은 마찬가지지만, 일본과 조선은 오래전부터 동북아 문화의 동질성을 가지고 있는 데 비해 라틴아메리카와 유럽은 지구 반대편에서 서로 존재조차 모르던 사이였다. 한국에서 식민지 경험은 굴욕의 역사였고 식민지의 기억은 꿈에서도 청산해야 할 대상이지만, 중남미에서 식민의 기억은 이중적이다.

특히 라티노아메리카노들은 피식민자이며 동시에 식민주체라는 이중적인 위치에 있다. 지배세력에게 식민시대는 영광의 역사이지만 인디오들에게는 뼈저린 상흔이다. 식민의 유산이 여전히 삶의 현장과 맞닿아 있지만 동시에 인디오의 저항과 진정한 독립을 위한 목소리도 거세다. 중남미에는 식민지의 도시라는 뜻을 가진 '콜로니아'라는 이름을 갖고 있는 도시가 많다. 독립이 되고 나서도 200년이 지났건만 그 이름을 그냥 쓴다. 우리나라는 독립 후 정치체제를 모두 갈아엎었지만, 중남미에서는 식민지 시대의 기득권자들이 왼손에서 오른손으로 정치권력을 옮겨잡은 것이나 다름없다. 인디오에 대한 크리오요의 차별과 착취 구조도 크게 달라지지 않는다. 이는 인디헤나가 희구한 독립·해방·회복의 세상이 아니다. '이게 아닌데'라고 생각해도 별 수 없다.

콜로니아 델 사크라멘토Colonia del Sacramento는 우루과이의 지방도시이다. 콜로니아는 우루과이의 도시임에도 불구하고 지정학적 이유로 아르헨티나의 기세가 더 강하다. 그 이유는 첫째, 우루과이는 식민주체가 분명하지 않은 채 브라질과 아르헨티나 사이에서 부대끼며 식민시대의 시간을 소모했다. 둘째, 19세기부터 아르헨티나 사람들이 휴양지로 콜로니아를 열심히 가꾸어왔기 때문이다. 세 번째 이유는 지리적인 여건에 관한 것으로, 부에노스아이레스에서 좁은 해협만 건너면 콜로니아이기에 아르헨티나 사람들의 주말 휴가지로 이용도가 높다.

우루과이는 휴양지로 인한 수입이 짭짤하다. 콜로니아는 우루과이의 수도 몬테비데오로부터는 177킬로미터 떨어진 거리지만 부에노스아이레스와는 만灣을 앞에 두고 서로 마주보고 있는데, 고속 페리로 1시간 거리다. 콜로니아 델 사크라멘토에 젖어 있는 식민지성은 복합적이다. 일찍이 이곳은 포르투갈의 무역항으로 식민지 역사가 시작되었고, 1777년에 스페인 식민지로 굳어진다. 그때까지만 해도 포르투갈과 스페인의 패권 다툼이 치열했다. 구시가는 포르투갈과 스페인의 기억을 모두 가지고 있다.

1726년 포르투갈령인 브라질과 스페인의 두 고래 싸움에 우루과이의 등이 터진다. 우루과이는 1821~27년까지 브라질에 합병되었다가 1828년 독립을 쟁취한다. 그때까지는 포르투갈어를 썼지만 지금은 스페인어를 국어로 쓴다. 스페인의 영향에서 벗어날 즈음, 콜로니아는 아르헨티나 경제에 의존도가 심했다. 특별한 기간산업이 없이 농업에 의존하던 지역 경제에 아르헨티나의 자본이 들어온 것이다. 지금도 두 도시 간에는 국경이 없는 듯 유통이 원활하다.

나라 사이에 돈은 높은 곳에서 낮은 곳으로 흐른다. 지금도 아르헨티나 화폐는 콜로니아에서 환전 없이 그냥 유통된다. 그에 비해 주변 국가의 공항에서조차 우루과이 화폐를 바꿔주는 환전상을 찾아볼 수 없다. 자고로 나라는 크고 봐야 한다. 여하튼 이 도시는 식민지 시대의 유산을 간직하다가—간직했다기보다는 버리지 않다가—근대 이후 관광지로 부활한다. 그러니 콜로니아라는 도시 이름이 자연스럽다. 식민지 유산은 모두 관광자원으로 활용되며 도시경제를 일으켜 세운다. 그리고 이 식민지 도시는 1995년 유네스코 세계문화유산으로 등재되었다.

낭만이 된 식민의 잔재

식민지 잔재를 관광자원화하는 것은 우리에게는 말도 되지 않지만, 그들에게는 경제의 수단이다. 그럼에도 우루과이 역시 스페인으로부터의 독립을 열심히 기념하고 있으며, 우루과이에서 독립 영웅으로 추앙받는 아르티가스 José Gervasio Artigas, 1764~1850 의 존재감은 대단하다. 아르티가스의 동상은 수도인 몬테비데오에서부터 지방의 작은 동네까지 모두

하나씩 세워져 있다.

콜로니아의 도시계획은 각 100미터의 반듯한 정방형 그리드grid: 격자의 가로 체계로 형성되어 있는데, 해안의 역사지구에 다다르면 그 기하학적 질서가 흐트러진다. 옛 항구의 흔적과 혼융되는 것이다. 원래 콜로니아는 작은 항구가 있는 소읍이었다. 그래서 식민지 시대의 유적은 주로 해안가 포구 지역에 집중되어 있다. 교회당과 관아 건축이 주된 역사 유물이지만, 관광객들은 식민지 시대 골목과 주거 건축들의 정취를 더 즐긴다. 식민의 잔재가 낭만으로 탈바꿈하는 것이다.

도시의 문화유적은 마요르 광장Plaza Mayor 부근에 집중되어 있는데 해안시설·공공시설·상업시설·주거건축 등이 집단을 이루고 있다. 많은 주택들은 현재 생활 박물관이나 기념품점으로 바뀌었지만, 그 질박한 건축적 양식이 잘 보전되어 있다. 골목의 서정성. 아열대 햇빛이 골목의 정적을 아우르고 바람이 낡은 돌담 위 장미를 흔든다. 마을이 항상 한정閑靜한 것만은 아니어서 바닷바람은 시도 때도 없이 폭풍으로 돌변해 마을을 덮쳤을 것이다. 그래서 해안의 건축은 최대한 키를 낮추고 해풍을 피하는 형태로 지어진다. 벽은 두꺼운 석조로 무장하고 박공지붕은 낮은 경사로 엎드린다. 이곳의 웅크린 듯한 집의 형태는 제주도의 가옥과 마찬가지로 풍파를 견디기 위해 진화한 것이다. 항구이니 등대가 있고 그 밑으로 산 프란시스코 사비에르Convento de San Francisco Xavier 수도원이 이어져 있다.

벽체의 흔적으로 보아 바실리카고대 로마에서 재판소나 상업 회의소 따위로 사용되었던 직사각형의 집회소가 그 공간의 중심을 이룬 것으로 보인다. 현재 지역의

5월 광장(콜로니아, 우루과이).
해안 도시 콜로니아의 주광장으로서 식민시대의 등대, 성당, 수도원, 관청 건물이
주변에 위치한다. 이제 이 식민의 잔재는 관광자원이 되어
사람들을 끌어온다. 이 역사지구는 1995년 유네스코 세계문화유산으로 지정되었다.

기록문서원인 돌집은 1750년대 포르투갈 식민시대에 집이었던 곳을 1971년부터 문서원으로 쓰고 있다. 이 식민지 시대의 건축은 최소한의 벽 면적으로 공간의 규모를 극대화하는 미니멀 디자인이다.

타일박물관Museo del Azulejo은 18세기 포르투갈 가옥의 전형으로서 제일 먼저 해풍을 맞는 위치에 있다. 그래서 석조벽으로 단단한 패각貝殼 같은 구조를 만들고 해풍으로부터 내부 공간을 보호한다. 박공지붕의 처마가 없는 것도 바람의 영향을 덜 받기 위해서다. 이 집은 한동안 버려져 있다가 1988년 타일박물관으로 다시 태어났다. 박물관이라고 하지만, 전체를 3분 만에 다 볼 수 있는 초간단 박물관이다. 원형이 잘 남아 있는 몇 집을 둘러보면 예전 살림살이가 머릿속에 그려진다.

나카렐로의 집Museo Casa de Nacarello은 전형적인 18세기 포르투갈 이민자의 집인데, 최초의 소유주 나카렐로의 이름을 따서 부르다가 1994년 생활박물관으로 정비되었다. 가옥의 석조벽은 두텁고 든든하며, 지붕은 경사가 얕고 기와의 결구가 단단하다. 건물의 웅크린 듯한 모습은 최소한의 천장고와 낮은 지붕 구법에 의해 만들어진다. 그래서 공간의 폭을 줄이되 길이를 끌며 필요한 면적을 만든다. 내부는 식민지 시대의 살림집을 재현해 박물관으로 꾸며놓았다. 현관문과 거실은 ㄱ자로 꺾이어 노출을 피하고 거실과 주방은 연속 공간으로 난방과 조리와 가족생활이 함께 이루어진다. 앞마당이 넉넉한 것은 아열대 기후에서는 생활 영역이 자연스레 옥외로 확장되기 때문이다.

이러한 역사 도시에서는 무엇보다 골목 풍경의 정취가 눈과 발과 마음을 잡는다. 닳고 닳은 돌바닥 길, 세월의 두께가 덕지덕지 묻은 벽,

기록문서원(콜로니아).
전형적인 맞배지붕에 두꺼운 벽은 해안가에 위치한 건축의 특색이다.

타일박물관(콜로니아).
박물관의 내용보다는 외관이 18세기 포르투갈 집의 전형이다.
해변의 위치에 자리 잡은 집은 납작하지만 큰 테라스를 가지고 있다.

나카렐로의 집(콜로니아).
전형적인 18세기 포르투갈 이민자의 집이다.

▶ 나카렐로의 집 내부. 거실은 주방과 통합된 공간이다. 투박한 목재와 회벽이 조화를 이루며 백색 벽으로 빛의 효율이 커진다. 창을 유심히 보면 벽의 두께를 알겠다.

아래 | 산 페드로 길 가옥의 녹커 Knocker(콜로니아). 방문하는 사람에게 악수를 청한다.

색이 바래 바르고 또 덧바른 벽, 스페니시 기와의 낮은 지붕 위로 흐드러진 나무들. 역사는 그렇고 그런 사실이 되어버렸다. 이 적요함 때문인지, 사람들은 이 길을 '탄식의 골목' Calle de los Suspiros 이라고 한다.

구시가에서 굽어진 바닷가를 돌아 건너편으로 돌아가면 아르헨티나 사람들이 즐기던 위락 지구가 있다. 이 휴양지는 바다를 끼고 있되, 콜로니아 구시가와 일부러 거리를 두고 만들어진 것 같다. 19세기부터 부에노스아이레스 사람들은 콜로니아를 주말 휴양지로 이용하기 위해, 왕립 산 카를로스 복합관광단지 Complejo Turístico Real de San Carlos 를 건설하고 카지노와 호텔과 투우장에 대대적인 투자를 한다. 지금은 모두 흔적만 남아 들개들의 소유가 되었지만, 투우장과 종합경기장 등의 건물이 보존되어 있다. 이런 사유에서 콜로니아는 '식민지의 식민지'였다고 할 만하다. 비교적 예전 모습이 남아 있는 투우장 Plaza de Toros 은 1910년에 건축되어 그 역사가 길지 않다. 투우장은 원형경기장에 스탠드가 둘러쳐진 전형적인 구조이지만, 외관은 무어식 아치로 짜여 있다.

우리는 여기에서 15세기까지 스페인을 지배하던 무데하르 양식을 떠올린다. 벽의 개구부들이 말굽형 아치와 아라베스크 패턴으로 확연하다. 이 양식이 우루과이 콜로니아에 다시 등장하는 것은 백인들이 남부 스페인 안달루시아에 대한 향수를 건축으로 달랬기 때문이다. 20세기 초의 건축이기에 구조는 철골·콘크리트·조적 돌이나 벽돌을 쌓는 일의 혼합 구조이다. 이미 철골은 녹슬어가고 건축물은 소멸해간다. 해변가에는 옛날의 선착장이 흔적만 남아 있다. 아마 부르주아의 요트가 여기에서 돛대를 접고, 위락객을 위한 재물을 실어 날랐을 것이다. 몇 개의 목조

◀ 탄식의 골목(콜로니아). 마을에서 해변으로 내려가는
골목이 여럿이다. '탄식의 골목'이라는 이름에서 그 시대의 힘겨움을 전해받지만,
마을은 누적된 시간과 정감으로 그득하다.

투우장(왕립 산 카를로스 복합관광단지, 콜로니아).
아르헨티나는 해협 건너 이 우루과이의 도시에 관광단지를 건설했다.
이 건축에서 말굽형 아치, 아라베스크 문양 등 스페인 건축의 무어식 요소인
무데하르 양식을 본다.

선교船橋가 그 잔해만 남아 시간을 바닷물에 삭히고 있다.

하느님과 만나는 길은 신분에 따라 다르다

파라치Parati는 남부 브라질, 상파울루와 리우데자네이루의 중간쯤에 위치하며 일랴 그란데 만에 접해 있는 항구도시였다. 상파울루에서 버스로 6시간 30분, 리우데자네이루에서 네 시간 거리이다. 그런데 이들 대도시들보다는 미나스 제라이스와 통하는 도로망이 더 중요했다. 18세기 내륙의 금광에서 금을 실어 나르는 길목이기 때문이다. 브라질에서 금광이 거덜나면서 이 작은 도시도 항구로서의 기능을 접어야 했다. 별다른 산업 기반이 없는 도시는 피폐해가기만 한다. 도시는 자구력을 찾는데 천혜의 해안 풍경과 식민지 시대에 형성된 도시 풍경을 관광산업으로 끌어안았다. 건축의 유산이라고 해봐야 거창한 유적이 있는 것도 아니다. 대신 식민지 시대에 지은 올망졸망한 크기의 상가 주택들을 망가뜨리지 않고 있었다.

도시의 전체 크기라고 해봤자 한쪽 끝에서 다른 끝까지 천천히 걸으면 한 시간쯤 걸리니 1킬로미터 남짓한 거리이다. 도시의 운명을 관광산업에 걸기로 하고 온 시민이 참여한다. 역사지구의 모든 건물에 분칠을 하고 화장을 하였다. 화장은 세련되고 화사하되 토착적 성격을 유지하려고 애썼다. 그러나 한꺼번에 모두가 화장을 하고 나온 모양이 조금 그렇다. 주민들은 친절하고 치안은 안정적이지만, 물가는 좀 비싸다. 작은 점박이 섬들을 앞에 둔 포구가 자리한 해양 마을이지만, 산으로 둘러싸여 있어 두 가지 성격과 모습이 공존한다.

파라치에는 도시의 크기에 비해 교회당이 여럿 있다. 교회당이라고 해봤자 시골 교회 수준이니 양식적으로 따질 것도 없다. 그러나 그 질박한 조형이 어중간한 바로크 성당보다 아름답다. 파라치에는 보고 싶은 성당이 세 개 있는데, 계급에 따라 미사에 참여하는 사람들이 구분되었다. 귀족을 위한 귀족 교회, 중상인을 위한 교회, 노예 계급과 하층민을 위한 교회가 따로 있다. 그러니까 하느님에 도달하는 길이 신분에 따라 다르다는 말이다. 물론 건축적 격조 역시 각기 다르다. 산타 리타 교회당Igreja Santa Rita은 1722년에 귀족계급을 위해 세워진 교회당이다. 도시에서 포구를 향해 제일 앞장 선 위치에 있다. 성당의 포르티코가 항구를 향하고 그 전면에 광장을 둔다. 그래서 교회당의 모습이 시원하게 드러난다.

수변의 풍경과 어우러진 백색 교회는 이 도시 관광포스터에 모델로 곧잘 등장한다. 건축은 트러스truss: 삼각구도로 짠 지붕 구조체와 천장, 화강석 바닥, 플라스터 벽 마감으로 소박하다. 목조 조각 위에 플라스터와 도장으로 열심히 장식하는데 백색 바탕에 파스텔톤 장식 미술은 소심하고 소녀적인 취향을 가진 사람의 솜씨일 것이다. 교회당은 현재 미사를 보는 곳이라기보다는 종교박물관으로 유지되는데 '신성의 미술관'Museu de Arte Sacra이라는 거창한 이름으로 불리지만, 기독교 미술품을 몇 점 전시하고 있다.

맨 층의 사람들이 하느님과 만나는 공간은 상당히 척박하다. 로사리우 교회당Igreja de Nossa Senhora do Rosário는 흑인 노예들을 위한 교회로서 소박하게 최소한의 양식으로 만들어진 교회당이다. 1725년에 세워졌으나

녹색의 포구 Costa Verde 풍경. 브라질 남부의 파라치는 식민지 시대에
남대서양을 통해 유럽으로 금을 실어 나르던 항구이다.
바다와 산이 어우러지는 해안 마을의 풍경에 식민지 항구의 기억이 얽혀 있다.
'파라치'는 원주민 귀이아니스 말로 '물고기의 강'이라는 뜻이다.

산타 리타 교회당(파라치).
귀족 교회로서 규모가 제일 크고 교회로서의 면모를 갖추고 있으나 건축은 투박하다.
파라치가 관광도시가 되면서 지금은 종교박물관이 되었다.

구법이 허술하여 무너졌다가 1857년에야 복구되었다. 품위라고는 없지만, 아마추어 건축가의 투박한 표현이 마음을 움직인다. 나는 지금 이 초라한 성전을 감상적인 눈으로 보고 있지만, 흑인과 인디오들에게는 받아들일 수밖에 없었던 가해자의 종교를 떠올리게 할 것이다.

교회당은 마을 중심에 있는데 두 갈래 골목길이 이곳에서 만난다. 다른 상위 계급들의 교회당은 풍광 좋은 도시 외곽에 위치하지만, 이 노예들의 성당은 마을에서 가장 접근하기 쉬운 중심에 위치한다. 건축은 양측 기둥과 페디먼트를 가지고 있으나, 삼각박공은 시각적 속임수이다. 양식적으로는 밋밋하지만, 그래도 기둥을 강조하고 싶기에 회벽 몸체에 기둥만은 돌기둥을 썼다. 정면의 페디먼트는 가짜인데 이 토착 건축가는 교회당의 면모를 최소한으로라도 갖추고 싶었을 것이다. 이 소박한 교회당이 파라치의 네 교회당 중에서 제대로 미사가 집전되는 유일한 교회당이다. 요즘에는 계급에 따라 예배를 보지 않는다. 미사 때에는 신도들이 그득해 포치를 넘어 문밖 길까지 넘친다.

도레스의 '우리 주 교회당'Igreja Nossa Senhora das Dores도 양식적 규범을 따질 것은 없지만, 아담한 크기가 단숨에 눈을 사로잡는다. 아마 토착 디자이너의 솜씨일 것인데 가능한 대로 교회당의 건축 언어를 쓰고 싶었을 것이다. 도시의 귀퉁이인 해안가에 해변 포구를 향해 위치하는데 흑인과 백인 혼혈 계급인 물라투들의 교회당이었다. 헤메디우스의 '우리들의 주 교회'Igreja Marti de Nossa Senhora dos Remédios는 1787년에 중상인들에 의해 공사를 시작했는데, 노예 교회보다는 낫고 귀족 교회보다는 못한 건축 양식이 건축주의 신분을 닮았다. 광장을 전면에 두고, 도시의 중

로사리우 교회당(파라치).
흑인 노예의 전용 교회였다. 인종주의는 인간을 분류하는 기준을 정하고
적용하는 권리를 가진 사람의 독점권이다. 호사리우는 세 교회당 중에서
가장 빈약하지만, 아직도 이곳에서 미사를 보는 사람들이 많다.

삼각박공 모양의 지붕 뒷면을 보면 유럽 건축의 페디먼트를
닮고 싶은 건축의 심정이 엿보인다.

심에 위치한 중산층의 공동체 공간이었다. 반데이라 광장 Praça da Bandeira 은 포구를 안고 있는데, 지금은 어물전이 즐비하다. 아마 광물 유통의 항구 기능이 쇠퇴한 뒤에도 이곳에서 도시 경제가 숨쉬기 시작하였을 것이다.

건축물 구경보다 골목길은 걷는 것이 이 마을에서 할 수 있는 일중 가장 즐겁다. 골목은 좁지만 건물의 높이가 1~2층 정도로 아늑한 비례의 길이다. 하얀 분칠을 한 건물의 몸이 해변의 햇빛에 반사되어 해맑다. 몸을 하얀 색으로 칠하는 것은 아열대의 빛 때문이다. 극채색으로 화장을 한 건축들이 햇빛에 눈부시다. 여자들이 마스카라를 하고 입술 연지를 발라 얼굴의 요소를 도드라지게 화장하는 이유를 알겠다. 섹슈얼리티의 표현이다. 건축은 창과 문의 테두리를 극채색으로 칠해 용모를 분명하게 하거나 섹시하게 만든다. 단층짜리 스카이라인이 안정적인 느낌을 주고 회벽 위에 테두리를 원색으로 화장한 문창이 원근감을 만든다.

길의 폭이 정확히 평행일 필요는 없다. 큰길에 접어들어 깊이 들어갈 수록 폭이 점점 좁아진다. 그러니까 마을에 따라 통행량이 달라지는 대로 폭을 디자인한 것이다. 그러니 이 비평행 도로에서는 투시도 효과가 과장되거나 역원근법이 작용한다. 골목의 바닥은 돌로 포장되어 있는데 도로의 양 측면보다 길 가운데를 낮게 하여 빗물이 그곳으로 흐른다. 식민시대에는 하수도나 도랑이 설치되어 있지 않아서 집의 하숫물도 모두 도로로 흘려보냈다. 하기야 근세까지 파리나 런던 등 유럽의 대도시들도 대부분 하수도를 갖추지 못했다. 구정물과 악취가 길을 따라 흐르고 사람들이 오물을 피해 걸었다.

마을의 집들이 대부분 단층인 것에 비해 중요한 건물 또는 거리의 모서리에 위치하는 상업건물은 2층으로 지었다. 그중 공을 들여 지은 집이 보네쿠스 골목 Sobrado dos Bonecos 이층집인데 청화자기 처마가 돋보인다. 제일 높은 빌딩이라 해도 3층을 넘지 않게 가지런히 놓인 건물들이 도시의 풍경을 만든다. 지금은 보존 구역으로 대부분 보행자 전용도로이기 때문에 차는 다니지 못하지만 마차는 다닌다. 아마 식민시대의 도로 폭은 마차가 기준이었을 것이다. 골목길은 우리나라와 비슷한데 집 문간에서 건너편 집과 편안하게 이야기할 수 있는 그 정도 거리의 공간이다. 이것이 인지심리학에서 말하는 근친적 개체거리이다. 말하자면 이 좁은 간격의 거리 때문에 이곳에서 사람 냄새가 나는 것이다. 그리고 이 식민의 유산을 잘 지켜온 마을은 유네스코 세계문화유산이 되었다.

아시엔다, 착취 그 후의 이야기

스페인 식민시대에 경제 착취는 조직적으로 이뤄진다. 라틴아메리카에서 식민 경제는 농업과 광업이 주를 이루는데 광업은 광산 지역에 한정되지만, 농업은 대륙 전체가 착취의 대상이다. 농업은 기존의 토착 농경 방식 대신 대규모 산업생산 구조로 개편된다. 그 핵심에 있는 것이 아시엔다 Hacienda 이다. 아시엔다란 식민자가 주변의 농지를 수용하여 대규모로 경작함으로써 생산성을 높이는 시스템이다. 수용이라 하지만

상업의 길(파라치).
하얀 건물들이 골목에 빛을 칠한다. 전체적인 마을의 풍경에서
청명한 남부 브라질의 정서가 느껴진다. 백색 바탕에 원색 창문틀은 주민 모두가 약속하고
관광객을 끌어들이기 위해 만든 풍경이다.

▶ 보네쿠스 골목(파라치). 마을에서 제일 부잣집일 게다.
이층집에 청화백자 타일로 기와를 얹었다.

아래 | 골목길에는 기념품 상점이나 레스토랑이 많은데 상점의 창틀과 장식이
풍경의 미세한 연출을 담당한다.

상업의 길(파라치).
원래 골목길 폭의 척도는 마차였다.

실제로는 강탈이나 마찬가지다.

어느 날, 새 주인임을 주장하는 백인이 나타나 토착 인디오들에게 땅을 내놓으라고 하는데, '매 맞고 내놓을래, 그냥 내놓을래' 하니, 그냥 내놓는다. 식민 수탈은 땅의 갈취만이 아니라 노동력 착취로 이어진다. 아시엔다 체제 아래에서 소작인으로 전락한 인디오들은 토목공사나 잡역 등의 노동 봉사를 해야 한다. 그것도 거의 무상 노동이다. 이 가혹한 착취는 세습된다. 식민자는 궁성만한 규모로 대 장원莊園을 꾸미고 귀족적 삶을 누린다. 대개 아시엔다는 오지에 입지하게 마련인데, 그들은 도시의 삶을 포기하는 대신에 호화로운 삶을 보상받는 것이다. 라틴아메리카에는 아직도 수많은 아시엔다의 유산이 남아 있는데, 대부분은 독립 후 국가에 귀속되어 호텔이나 박물관 등으로 운영되고 있다.

멕시코의 산 미구엘 레글라San Miguel Regla 아시엔다는 고급 호텔로 운영되고 있다. 멕시코시티에서 2시간 걸리는 파추카는 금광석 광산의 거점이던 곳으로 접근이 쉽지는 않다. 산동네를 여럿 넘어 아직도 수줍고 소박한 마을을 여럿 지나면 갑자기 궁성만한 아시엔다와 맞닥뜨린다. 아시엔다는 전용 교회당, 거실, 대규모 연회가 가능한 식당들, 주인실과 게스트 룸, 주인의 취향에 따른 오락실 등으로 꾸며진다. 물론 소유인의 취향에 따라 가족실과 특별한 프로그램을 추가한다. 무엇보다 규모를 가늠할 수 없는 큰 정원들이 공들여 가꾸어졌다. 실내장식은 호화로우며, 인디오 머슴들은 이를 닦아 깨끗하게 하고 또 닦아서 광택을 내야 한다.

농업 아시엔다 이외에 빈번하게 볼 수 있는 것이 광업 아시엔다이다.

중남미 전체가 은과 금의 수탈 공간이 되면서 금맥 사냥이 시작되는데, 금광의 생산물은 유럽으로 실어 나른다. 토착 인디오는 금 채취에 동원되는데 노동환경은 갈수록 열악해지고 생산성에 대한 압박도 심해진다. 인디오들은 보호 장구는커녕 신발조차 신지 못하고, 맨 망치로 광산의 막장을 파내어야 했다. 막장의 온도는 무덥고 습한데 환기 시설이 제대로 있는 것도 아니다. 매몰 사고로 묻혀버린 사람들이 몇인지도 모른다. 인디오들은 체구가 작고 체력이 약하다. 힘에 부쳐 규폐증에 시달리고 목숨을 잃는 인디오가 늘어나며 씨가 마를 지경이 된다. 해결을 위해 아프리카로부터 흑인 노예를 수입한다. 대표적인 흑인의 이주 정착 사례가 볼리비아에 남아 있다.

인디오를 대체하는 흑인은 체구가 크고 체력도 뛰어나지만, 열악한 노동환경을 버티기 힘든 것은 마찬가지이다. 열대에 살던 흑인에게 아열대 산간 지역의 기압과 기후는 견디기 어려운 고통이다. 식민자는 계산한다. 어떻게 노동력을 운용하는 것이 조금 더 경제적인가. 흑인은 수입 비용이 들지만, 인디오는 공짜이다. 결론은 흑인의 희생을 줄이는 쪽이다. 흑인들은 조금 더 온화한 지역으로 옮겨 농경에 투입하고, 인디오는 광산에 투입해 생산에 박차를 가한다.

중남미에는 세계문화유산으로 지정되어 있는 광산 아시엔다 도시가 여럿 있는데 볼리비아의 포토시 Potosi 와 멕시코의 과나후아토 Guanajuato 가 그중 잘 알려져 있다. 특히 과나후아토가 흥미를 끄는 것은 그 도시 구조 때문이다. 광업 아시엔다는 보통 산간에 입지한다. 산간은 지형이 험하다. 광산촌이 형성되며 점차 도시 규모가 커지는데, 경사가 심

▶ 산 미구엘 레글라 아시엔다의 전용 성당(파추카).
아시엔다 내에서 두드러져 보이는 건축이다. 토착민의 혹독한 착취와 자애로운 성모의 가호가 여기에서 만난다. 이 아시엔다는 현재 관광시설로 운영된다.

식민지 광업도시 과나후아토. 도시는 연이은 언덕에 자리 잡았다.
그중 제일 높은 엘 피필라 언덕에서 바라본 도시의 전경이다. 점점이 박힌 오색구슬의 밭이다.

과나후아토 중심에 알카라의 산디에고 성당이 있고 식민지 시대의 건물들이 밀집해 있다. 저 도시의 지하에는 지하도로가 얽히고설켜 있다.

하니 건물은 오르락내리락 지어진다. 그래서 과나후아토의 울렁이는 풍경이 만들어진다. 과나후아토에 도착하면 무조건 제일 높은 장소인 엘 피필라El Pípila 언덕으로 먼저 올라가자. 걸어서 올라가도 되고 케이블카를 타고 올라갈 수도 있다. 다만 케이블카는 그냥 쓱 올라가고, 걸어 올라가면 산바람을 맞으며 보는 풍광의 파노라마가 다채롭다.

계획 없이 성장한 마을 구조는 근세에 이르러 교통 문제에 봉착한다. 도시가 근대화되면서 이 울렁이는 기존 도로체계를 정비해 자동차도 다닐 수 있게 한다. 도로와 상하수도 체계도 개선하는데, 낮은 도로는 지하도로 이용하고 높은 곳에 위치한 도로는 고가도로로 만들어 최대한 수평적으로 도로체계를 정비하려 한다. 지하구조물은 난공사이지만, 굴 파는 데에 이골이 난 광산기술자들은 얼마든지 있다. 이러한 18세기 건축과 20세기 토목기술의 결합이 현재와 같은 독특한 도시 풍경을 만들었다. 돌로 포장된 거친 도로. 좁거나 굽거나, 오르락내리락하는 길을 달리는 늙은 버스는 관절염으로 온몸을 떤다. 그래도 버스 운전기사에게는 운전석 앞에 달린 성모상이 큰 위안이다.

이러한 도시의 하부구조와 풍경에 점차 관광객이 모이기 시작한다. 도시는 폐광 이후 새로운 성장 자원을 얻은 셈인데 이제 도시의 운명은 관광도시로서의 성공 여부에 달렸다. 전 주민이 힘을 모아 도시를 가꾸기로 한다. 집집마다 다시 칠을 하고 공공시설을 개선하였다. 과나후아토는 산간 도시이기에 도시 전체를 조망할 수 있는 위치가 많다. 굽이굽이 길을 따라 장면이 바뀔 때마다 '어머나' 감탄사를 자아낸다. 도시는 색종이를 오려 뿌린 것 같다. 이제 관광객들의 카메라가 분주하게

과나후아토. 토지가 한정되고 건물의 밀도가 높으니
건물의 사이 간격이 좁다. 이 비좁은 골목을 사이에 두고 이웃집 연인끼리
키스를 나눴다는 '키스의 골목'도 관광자원이다.

과나후아토의 가로 구조는 대단한 3차원상이다.
지하도로와 지상도로 그리고 고가도로가 얽히고설켜 교통망이 된다.
왼쪽 계단으로 올라가면 지상의 광장이 나온다.

옛 산 가브리엘 아시엔다(과나후아토). 이 아시엔다의 지주는 정원을 꾸미는 취미를 가지고 있었다. 여러 나라의 정원 양식을 관람할 수 있다.

옛 산 가브리엘 아시엔다 본관의 거실. 식민지 건축은 스페인 양식을 기본으로 하지만, 투박한 지역 사투리가 섞인 듯한 느낌을 준다.

산 라몬 광산 아시엔다(발렌시아나, 과나후아토). 1557년 설립된 식민지 시대의 광산으로 현재는 광산 박물관으로 개방되었다.

움직인다. 식민의 유산이 이 도시를 일으키는 효자가 되고, 1988년 유네스코 세계문화유산으로 지정되었다.

과나후아토의 옛 산 가브리엘 바르레라 아시엔다ExHacienda San Gabriel de Barrera는 현재 박물관으로 운영되고 있다. 건축·정원·실내장식이 볼거리이다. 특히 식민시대부터 가꾼 정원이 자랑인데, 아시엔다 안에는 열여섯 개가 넘는 정원이 있다. 로마의 정원, 동양의 정원, 멕시코 정원, 오렌지 정원, 아랍 정원, 수영장이 있는 정원, 조개 분수 정원, 파고라가 있는 정원, 물방아 전망대, 이탈리아 정원, 티리오스 정원, 장미의 정원, 에스파뇰 등등. 물론 그 세련미는 스페인 본토 조원造園에 미치지 못하지만, 영주의 정원가꾸기 열정이 대단했음은 분명하다. 그사이에 광산에서는 인디오들의 시체가 계속 실려 나온다.

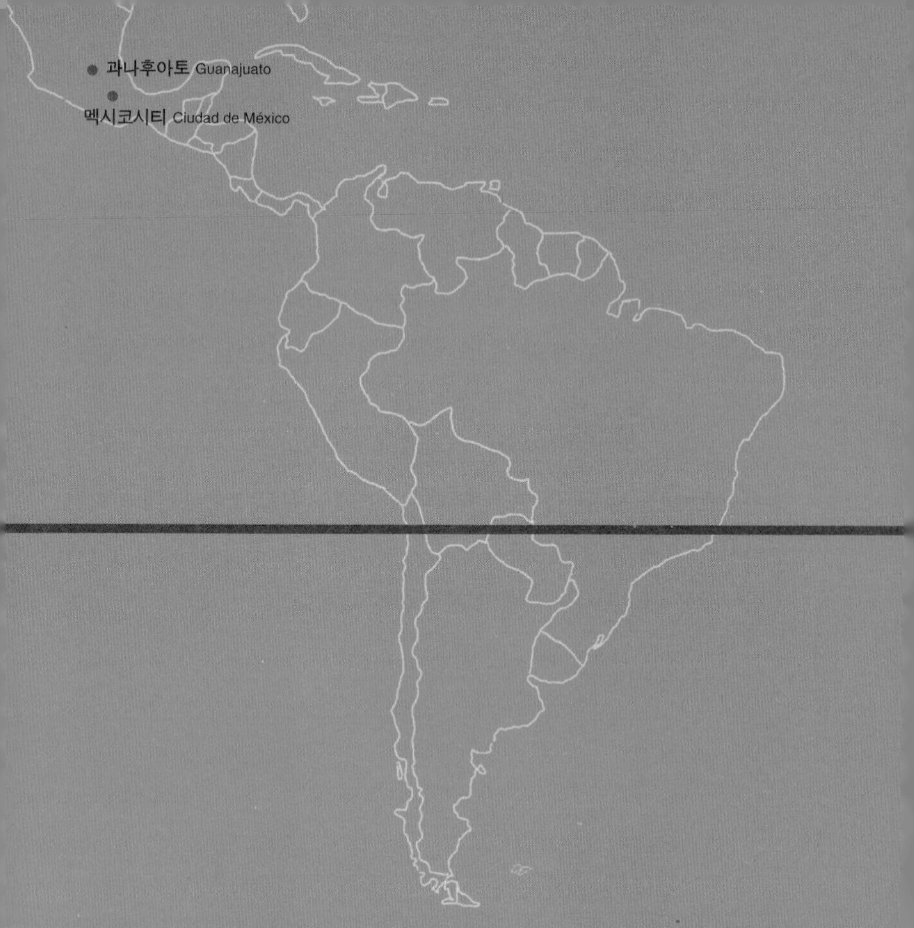

● 과나후아토 Guanajuato
●
멕시코시티 Ciudad de México

마야 · 아스텍 시절부터 죽음은 삶의 바로 곁에 있었다. 만중의 환시 속에 벌어지는 인신공양의 전례장, 상대의 목숨을 걸고 싸우는 구기장, 이 건조한 고장에서 비를 위해 몸을 던지는 희생의 늪, 그리고 끝없는 전쟁터가 주변에 있었다. 멕시코의 1년 축제 프로그램에서 가장 비중 있는 행사의 하나가 '죽은 자의 날'이다. 매년 10월 말에서 11월 초에 벌어지는 이 국가적인 페스티벌에서는 죽음과 삶의 경계가 해체된다.
술 먹다 죽은 귀신은 죽어서도 술을 부어 놓고 노숙하다 죽은 귀신은 여전히 후줄근하다. 아이들은 해골의 복식을 하고 사탕 바구니를 들고 동네를 누빈다. 이곳에서 죽음은 바닐라 아이스크림 맛이고, 레몬 캔디 향이며, 초콜릿 같다.

8 죽음의 문화

죽음과 삶의 경계를 허무는 축제

 야성적 낭만, 아열대의 문화체질 그리고 혹독한 피압의 기억을 간직한 라틴아메리카에서 죽음은 아주 구체적이고 일상의 시선 속에 있다. 만약 죽음이 항상 우리 가까이에 있다면, 그리고 그것이 전쟁이나 광기에 의한 비극적 상황이 아니라면, 조금 더 죽음과의 대면이 쉬울 것이다. 서양이 보편적으로 가지고 있는 '죽음과 삶'의 이분법적 사고와 동양의 다중적 사고는 그 구조가 다르다. 서양에서 떠남은 두려운 포기인 데 비해, 동양에서 떠남은 윤회이며 이 개념의 차이는 크다.

 이슬람에서도 죽음은 삶의 연장이며 단지 공간을 옮겨가는 것일 뿐이라고 말한다. 무슬림들이 죽어서 알라의 곁에 가는 것과 기독교도가 죽어서 만나는 지옥 또는 천당은 차이가 있다. 인도의 갠지스 강변 바라나시에는 화장터와 장송 의례와 도시 공간이 일상에서 공존한다. 아직도 안데스의 산간 민족 중에는 집 안이나 문 앞에 죽은 가족의 시신을 신단처럼 꾸며놓고 출입할 때마다 조우하는 습속이 있다. 시신은 안데스의 건조한 기후 때문에 곧 미라가 되는데, 가족들은 때마다 먹을 것을 바치고 계절마다 옷을 바꿔 입힌다.

 종교란 최소한 절반 정도는 죽음의 부가가치로 성립된다. 그래서 통상 죽음은 종교의 궁극성을 표현하는 예술적 동기로 활발하게 작용한다. 특히 어둠의 시대 중세에 더욱 그러했다. 이미 우리들의 뇌리에 박힌 살로메 그리고 요한의 죽음, 기독교에서의 순교, 그리스도의 죽음과 피에타, 묵시록, 브뢰겔이 풍속화로 그린 유럽의 암흑, 고야의 전쟁과 죽음, 알프레드 레텔의 죽음의 풍자 등 유럽의 미술은 어둡고 무거웠다. 미술만이 아니라 모든 예술 장르에서 죽음은 중요한 테제로 등장한다. 죽음은 철학적이고도 종교적이며 극적이기에 매우 근사한 알레고리의 대상이 되는 것이다.

잉카, 아스텍의 도기공예는 그릇의 기능보다도 형상의 묘사가 뛰어난데 현대 공예품 뺨친다. 묘사의 대상은 모든 사물·사건·추상인데 죽음이 곧잘 등장한다. 그 묘사는 어두운 것이 아니라, 여유가 있고 유머가 있기까지 하다. 잉카 건축은 온몸을 문신처럼 벽화와 부조로 덮고 있는데, 그것이 묘사하는 서사의 종국은 죽음이다. 어찌 보면 잉카·마야·아스텍의 후예들이 가진 죽음의 일상성은 오랜 세월 동안 유전되어 온 것으로 보인다.

마야·아스텍 시절부터 죽음은 삶의 바로 곁에 있었다. 만중萬衆의 환시 속에 벌어지는 인신공양의 전례장, 서로 상대의 목숨을 걸고 싸우는 구기장, 이 건조한 고장에서 비를 위해 몸을 던지는 희생의 늪, 그리고 끝없는 전쟁터가 주변에 있었다. 식민시대가 되면서 정복군에 의한 살육, 노동 착취를 견디지 못하고 자기의 삶을 부지 못했던 인디오의 삶도 그렇다. 혁명 시대, 인민은 파리 목숨이었다. 거의 삶에 대한 체념을 수없이 반복하며 죽음에 대한 덤덤한 태도가 익어왔을 것이다.

삶과 죽음, 현세와 내세, 여기와 저기의 경계를 그동안 종교가 지나치게 고착시켜왔다는 생각이 든다. 종교는 우리를 그쪽으로 잘 데려다 준다고 하지만, 까탈스러운 것이 참 많다. 이러한 종교의 개입성을 훨씬 느슨하게 하는 것이 멕시코의 가톨릭이다. 가톨릭에서 11월은 위령의 성월聖月이며 11월 2일은 위령의 날이다. 북미에는 할로윈 데이가 있

① 죽음의 신
(좌상 석조, 국립인류학박물관, 멕시코시티).
② 치우아테테오
(국립인류학박물관, 멕시코시티).
치우아테테오는 아스텍 전설에서
아기의 탄생과 함께 죽는 여인의 정령이다.

③ 쿠피스니케 스타일의 세라믹 용기
(기원전 1500년~100년, 국립박물관, 리마).
목 부러진 사람 모양의 물병이다.
죽음의 적나라한 표현이
일상의 디자인에 묻어 있다.

다. 멕시코에서는 이 위령의 성월이 할로윈 데이와 어우러지는 분위기인데, 원래 가톨릭에서는 할로윈 데이를 기념하지 않는다. 그러함에도 라틴아메리카에서 유독 멕시코가 이 행사를 끌어안은 것은 미국과의 지리적 친숙함 때문일 것이다.

멕시코의 1년 축제 프로그램에서 가장 비중 있는 행사 중의 하나가 '죽은 자의 날' Día de Muertos이다. 매년 10월 말에서 11월 초 사이에 벌어지는 이 국가적인 축제에서는 죽음과 삶의 경계가 해체된다. 모든 성당, 직장, 가정, 공공장소에 망자를 위한 신단이 꾸며지는데, 시기적으로 추수감사절과 겹친다. 그해의 산출을 망자의 제단 altar de muertos에 바치거나, 평소 망인이 즐기던 기호품을 제단 그득히 준비한다. 제단을 차리는 모습을 엿보면 거기에는 어떤 전형성도 있고, 격식을 떠난 창의성도 발견된다.

우선 제단 맨 앞에는 장식 아치가 설치된다. 어떤 개인을 추모하는 제단일 경우, 기본적으로 사진이 중앙을 차지한다. 사진은 따로 디자인된 액자에 끼우거나 사진 주변을 장식해 그 인물의 개성을 표현한다. 예를 들어 사냥을 좋아하던 사람은 동물 뼈가 사진걸이가 된다. 꽃을 좋아하던 사람은 그 꽃으로 사진의 테두리를 장식한다.

봉헌물로는 당연히 음식이 올려지는데, 기본적으로 옥수수, 과일, 죽음의 빵 pan de muerto, 도넛형 빵 golletes, 전통 옥수수 음료 atole, 지독한 술 테킬라 등이 얹힌다. 물론 특별히 망자의 기호 음식을 올리는 것은 당연하다. 술을 좋아하시던 분, 사탕을 좋아하시던 분, 담배를 좋아하시던 분 모두 이날 배부르게 드신다. 맛있게 드시려면 소스 mole가 빠질 수 없다.

참깨, 약초, 향신료, 초콜릿, 과일 등의 재료로 만들어진 소스는 짙다.

제단에 설탕 해골 Calaveras de azúcar이 빠져서는 안 된다. 아스텍 시절에는 실물 해골이 봉헌물이었으나 요즘은 목제 모형이나 사탕 해골로 대체되었다. 여하튼 이 해골이 제일 중요한데 죽은 자가 이 얼굴을 통해 돌아오기 때문이다. 사탕 얼굴의 이마에는 망자의 이름이 색깔 있는 설탕 즙으로 수놓인다. 우리나라 제상처럼 촛불도 필수인데 수지향樹脂香, copalli이 그득 들어 향기롭다. 초는 색깔에 따라 의미가 다르다. 보라색은 고통, 흰색은 희망, 분홍색은 축제다. 코팔의 향기가 온 장소를 진동시킨다. 서광 꽃에는 대단한 향기가 없기 때문에 이 수지를 피워 후각적 오브제를 만든다.

특이한 것은 세숫대야 물, 비누, 면도칼, 수건이 한 코너를 차지하는 일이다. 망자가 먼 길을 오느라고 후줄근해졌을 것이고, 산 사람들을 만나기 전에 세안과 화장을 하고 싶을 게라는 것이다. 또한 떠난 자에 대한 기억을 떠올리며 아이디어를 동원해 제상을 장식하는데 그 연출에 해학이 넘친다. 우리의 눈에는 모두가 죽음에 대한 지독한 패러독스로 보인다. 현재를 죽음과 분리되지 않는 사실로 받아들이기에 제물, 공간, 의식을 현상체로 꾸리는 것이다. 우리나라의 규범화되어 있는 제사상 차리기를 떠올리고는 쑥스러워졌다.

도시의 광장에서는 거창한 죽음의 축제가 벌어진다. 개인이 만든 작은 제상과 기업과 공공단체가 만든 좀더 규모 있는 제단이 어우러지고 퍼레이드가 대미를 장식한다. 술 너무 먹다 죽은 귀신은 죽어서도 계속 술을 부어 넣고, 불 끄다 죽은 소방대원 귀신, 지하철에서 노숙하다 죽

▶ '죽은 자의 날' 축제(멕시코시티, 2007). 매년 11월이 되면 전국이 죽은 자와 산 자가 교환交驩하는 축제로 들썩인다. 대형 오브제를 멕시코 소칼로 광장에 설치하고 있다.
아래 | '죽은 자의 날' 축제(소방서 출품, 소칼로 광장, 멕시코시티, 2007).
불과의 전투에서 희생된 전우들도 오늘은 즐겁다.

은 귀신은 여전히 후줄근하다. 추억의 할리우드 배우 존 웨인도 여기에서 되살아난다. 프로레슬링 하던 해골은 공중을 나르고 죽은 가수가 다시 잡은 마이크는 크다. 관광 나온 귀신은 호텔에서 묶는다. 그들이라고 죽음이 마냥 밝지는 않을 것인데, 나 역시 죽음을 앞에 두고 이렇게 '킬킬', '깔깔' 거려본 적이 없다.

그날이면 모든 공동묘지가 금잔화로 뒤덮인다. 금잔화의 학명은 Calendula인데 서광 꽃이라고도 하고, 영어로는 메리 골드Merry Gold이다. 12~20여 종이 있고 세계 어느 나라에서도 흔한 꽃이지만, 진노랑이 시선을 사로잡으며 멕시코에서는 지천으로 피는 꽃이다. 죽음의 잔치에는 몇 가지 전통적인 오브제가 사용되지만, 매해 새로운 아이디어를 서로 내놓는다. 전통적으로 피카도라는 종이 투각透刻 오리기는 간단하게 큰 면적을 의장할 수 있는 방법이다.

멕시코의 판화가 호세 과달루페 포사다José Guadalupe Possada, 1852~1913가 묘사하는 인물은 모두 해골이었다. 그의 묘사는 매우 풍자적이거나 해학적인데 그중 유명한 것이 유럽식 정장에 레이스를 흠뻑 달고 큰 모자를 쓴 해골 여자이다. 그녀의 얼굴은 백골이지만 표정은 해맑다. 멕시코 혁명 당시 죽음의 패러디로 만든 캐릭터인데, 디에고 리베라가 벽화에 인용한 후 '죽은자의 날'의 아이콘이 되었다.

칼라베라스 해골들은 아스텍의 유산이다. 커다란 설탕과자를 해골모양으로 만드는데 과자를 파는 가게마다 시즌 상품으로 해골을 디자인한다. 죽음과 관련 있는 장난감이 널려 있고, 해골은 패션 상품에서도 줄곧 아이콘으로 등장한다. 레포르마 거리는 멕시코시티의 중심이면서

▶ '죽은 자의 날' 축제(국립민속박물관 출품, 레포르마, 멕시코시티, 2007).
죽음의 대체제로서 인형과 오브제들이 산 자를 위무한다.

아래 | 술 먹다 죽은 귀신(소칼로 광장, 멕시코시티, 2008). 멕시코 사람들은 가급적 죽음을 회화적으로 묘사하고자 한다. 그래서 관람객들의 폭소가 끊이질 않는다.

'죽은 자의 날' 축제(지하철공사 출품, 소칼로 광장, 멕시코시티, 2007).
소방서나 지하철공사와 같은 공공단체는 좀더 적극적으로 행사에 참여한다.
아래 | 가끔 상업성이 행사에 끼어들기도 한다.

제일 큰 거리인데, 멕시코 디자이너들이 제작한 예쁜 해골들로 꽉 찬다. 야외 전시이기에 해골의 크기는 사람 키만 하고 모두 저마다의 의미를 가지고 있으며, '화려한 해골'이 기본 개념이다.

마침 할로윈 데이와 겹쳐 아이들은 해골의 복식이나 사자死者의 분장을 하고 사탕 바구니를 들고 동네를 누빈다. 아주 어릴 때부터 죽음과의 관계가 친근하다. 이곳에서 죽음은 바닐라 아이스크림 맛이고, 레몬 캔디 향이며, 초콜릿 같다. 혼백의 낙원 멕시코. 보통 때는 어른들의 괄시 속에 동냥하던 거리의 아이들도 이 날은 당당하다. 그리고 사탕보다는 현금을 선호한다.

공동묘지의 미학

멕시코에서 공동묘지는 혐오 시설이 아니다. 동네마다 공동묘지를 가지고 있는데, 그곳은 집에 가는 길에 있고, 집의 창밑에 있고, 일상 가까이 있다. 마을마다 공동묘지가 있지만, '월하月下의 공동묘지' 같은 감성은 없다. 산 사람 곁에 죽은 사람의 집이 있지만, 죽은 자의 집이 산 자의 집을 배척하지 않는다. 아니, 그 반대인가? 여하튼 시골 마을의 공동묘지는 소박하지만, 사람들은 이곳을 정성들여 가꾼다.

대도시도 도심 안에 공동묘지를 가지고 있는데, 대부분 시에서 관리한다. 여러 나라에서 공동묘지를 판테온Panteon이라고 한다. 원래 유럽에서 판테온은 만신전萬神殿을 뜻하며, 로마 판테온, 파리 판테온처럼 국가 위안을 모시는 장려한 건축으로 잘 알려져 있다. 멕시코에서 일반적인 공동묘지를 판테온이라고 부르는 것은 아마 죽은 자에 대한 예우

파소의 「페르난도를 위한 추모」 Homenaje a Fernando del Paso
(옛 카르멘 수도원, 과달라하라, 2009).
페르난도의 죽음을 4계절로 표현한 연작이다.
죽음의 오브제에는 일반 대중뿐만 아니라 디자이너, 미술가 들의 참여도 활발하다.

파츠쿠아로 마을 묘지(친춘찬). 산 사람들의 집이 죽은 사람의 집 곁에 있다.
오늘도 한 사람이 이곳으로 왔다.

이리라.

멕시코시티에서 가장 크고도 역사가 오랜 곳은 돌로레스 공동묘지 Panteón Civil de Dolores이다. 위치는 멕시코시티의 가장 큰 도시공원인 차풀테펙 Bosque de Chapultepec 남쪽 자락에 있다. 이 묘지 안에는 특별히 로톤다 Rotonda los Hombres Ilustres라는 공간이 있다. 말하자면 '저명인사들의 원형 광장 묘소'이다. 멕시코의 국가 영웅들은 대부분 여기 모여 있다. 물론 정치가가 제일 많지만, 과학자·예술가·연예인 등 인물 선정을 고르게 한 노력이 보인다. 로톤다의 원주를 따라 점점이 원형으로 배치된 묘소들의 디자인은 모두 예술 조각 수준이다. 그중에는 통념적인 동상도 있지만, 어떤 동상은 멕시코 최고의 작가가 죽은 자의 개인성을 극적으로 묘사했다. 거기에서 대표적인 몇 사람을 만나보자.

디에고 리베라 Diego Rivera, 1886~1957 멕시코의 대표적인 근대 화가로서 일찍이 벽화운동을 통해 민중을 계도한 국민 미술가이다. 그의 작업은 철저히 멕시코 전통에 기반하는데 마야, 아스텍의 영광, 서민의 삶, 독립을 위한 저항, 근대화 등을 소재로 하는 서사적 화풍의 그림을 그렸다. 그는 한때 공산주의 지지자였으며 또 다른 멕시코의 초현실주의 화가인 프리다 칼로 Frida Kahlo의 남편이다. 이 책에서 혁명사를 기술하는 중에 그를 다시 만나게 될 것이다. 그의 묘지는 멕시코 화산석으로 만든 흑회색 묘비와 석관으로 구성되는데, 디자인은 아스텍에서 차용한 것이다. 석관 위 뚜껑에 백대리석으로 조각한 리베라의 모습이 누워 있다. 파란만장한 욕망을 접고 비로소 안식.

돌로레스 공동묘지(판테온, 멕시코시티).
큰 원형극장처럼 중앙의 동심원을 둘러싸고 그 주위에
무덤에 묻힌 멕시코 위인들이 열전을 펼친다.

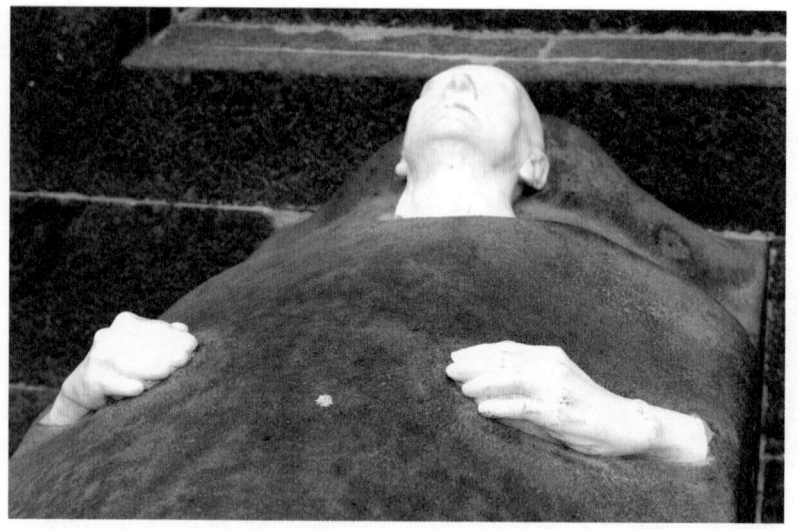

멕시코 벽화 화가인 디에고 리베라가 돌로레스 공동묘지에 묻혀 있다.
파란만장했던 삶을 접고 묘석 위에 검은 흙을 덮고 누웠다.

에르베르토 카스티요 마르티네 Herberto Castillo Martíne, 1928~97 토목기사이면서 정치가. 그는 베라크루즈에서 태어나 국립자치대학에서 토목공학 학사 학위를 받았고, 멕시코국립대학 UNAM의 교수를 지내며 국가산업기술 연구소 등에서 산업을 위한 기술발전에 공을 세웠다. 그는 공학자이지만 정치운동을 하던 중 노동자들의 투쟁을 이끌다가 연방정부에게 밉보여 징역을 살기도 했다. 멕시코의 노동자당 PMT를 설립하고 멕시코 사회당 PMS, 민주혁명당 PRD 등에서 좌파 정치활동을 활발하게 펼쳤다. 그러나 정치생활 마지막 몇 년 동안 그는 민중혁명 집단인 사파티스타 Zapatista의 철저한 비평가가 되었고, 1988년 대통령 선거에서 카르데나스 Cuauhtémoc Cárdenas를 단일 후보로 지지하는 등 정치적으로 우회한다. 그의 묘석은 유리 박스에 조각된 텍스트로 간결하면서도 이 공동묘지에서 가장 현대적인 디자인이다.

호세 클레멘테 오로스코 José Clemente Orozco, 1883~1949 오로스코 역시 디에고 리베라, 다비드 시케이로스와 함께 멕시코 근대 미술에서 벽화운동을 벌이던 민중미술가이다. 그의 작품들은 민중들의 고통을 격렬하게 표현했지만, 디에고 리베라보다는 비현실적이며 현대 기계문명의 패러독스가 화면 전체에 깔린다. 상징주의에 큰 영향을 받은 그는 풍속화와 석판화에도 많은 작업을 남겼다. 그의 묘석은 아무 장식도 없는 화산석판을 세워놓았는데, 좀 냉소적으로 보인다.

나보르 카리요 플로레스 Nabor Carrillo Flores, 1911~67 멕시코 근대 과학자. 멕시코 근대 음악가 트루히요 Julián Carrillo Trujillo의 아들로서 멕시코와 미국에서 유학하고 돌아와 1939년 모교인 멕시코국립대학에 토목공학과를

토목학이며 정치가인 에르베르토 카스티요 마르티네의 무덤.
그의 묘지 디자인은 착색 유리와 그 위에 쓰인 텍스트가 인상적이며
현대적인 분위기를 띤다.

멕시코 벽화 화가인 호세 클레멘테 오로스코의 무덤.
그의 전통에 대한 애정, 거친 심성을 멕시코 화산석으로
간소하게 표현했다.

과학자 나보르 카리요 플로레스의 무덤.
이미지는 통속적이지만 원자를 표현했다.

창설한다. 1953년에는 멕시코국립대학의 총장이 되고 대학 발전에 큰 발자취를 남긴다. 특히 멕시코의 원자력공학 발전에 공이 크며, 원자력 센터를 설립한다.

다비드 알파로 시케이로스 David Alfaro Siqueiros, 1896~1974 사회주의적 사실주의 화가였고, 스탈린의 지지자였으며 멕시코 벽화의 시대를 풍미한다. 그의 그림은 스페인 내란과 멕시코 혁명에 뿌리를 깊이 두며 작품에 사회적으로나 정치적으로 혼란스러웠던 멕시코 역사의 흔적을 반영한다. 그 역시 민중미술가로서 멕시코 전통에 기반을 두지만, 국제적인 작품을 위해 노력했다. 그는 유-러시아의 여러 나라를 여행했고 레닌 평화상을 받기도 했다. 정치 활동도 격동적으로 펼쳐 한때는 공산주의의 적이었다가 때로는 공산주의를 지지하는 등 다중적인 모습을 보였다. 1932년과 1940년에는 트로츠키 Leon Trotsky 암살 시도로 추방당한 적도 있다. 그 역시 이 책에서 멕시코 벽화운동을 설명하는 부분에서 다시 만나게 될 것이다.

베니토 후아레스 Benito Juárez, 1806~72 역대 멕시코 대통령 중에서 가장 인기 있는 대통령. 그는 멕시코 최초의 인디오 출신 대통령이기도 한데, 혁명 후 외압과 내분으로 어려웠던 근대 멕시코를 일으켜 세운다. 그의 통치 방식에 독재의 요소가 없지 않으나, 그는 계몽주의와 산업화에 성공하며 국민들에게 추앙받았다. 우리나라로 치면 박정희 대통령을 빼닮았다. 후아레스는 멕시코시티의 산 페르난도 공동묘지 Panteón de San Fernando 묘당에 부인과 함께 묻혀 있다. 아이러니하게도 그의 묘당 디자인은 그가 그렇게 질시하던 서양문화의 원형인 유럽의 도릭 스타일

멕시코 벽화운동가인 다비드 알파로 시케이로스의 무덤.
그의 화풍은 멕시코적이지만 동시에 초현실적이다.

산 페르난도 공동묘지에 있는 베니토 후아레스와 부인 마가리타 마사의 무덤.
철저한 국가주의자였던 멕시코 최초의 인디오 대통령이 부인의 탄식 속에 떠난다.
서양 고전의 도릭식 신당과 철저한 국가주의자였던 후아레스의 만남이 어색해 보인다.

이다. 조각도 다분히 르네상스 스타일인 백대리석 조각이다. 부인은 죽은 남편을 붙잡고 애통해한다. 그런데 실제로는 부인이 남편보다 1년 먼저 죽었다.

중남미 도시들은 대부분 도심에 공동묘지를 가지고 있다. 식민지 시대에 만들어져 유럽식 장묘 스타일을 본뜬 것이 많다. 19세기부터는 이를 판테온이라 부르고, 국가적 인물들을 선별해 안장했다. 때문에 도시 공동묘지에 가면 시대의 영웅들이 서민들과 함께 사는 모습을 볼 수 있다. 공동묘지는 공원처럼 가꾸어지며, 여러 가지 스타일의 묘당이나 비석 그리고 묘지 조각들이 세워져 야외미술관 같다.

상파울루는 종교단체와 민간에서 운영하는 것 이외에 공식적으로 22개의 공동묘지 Necrópoles municipais(públicas)를 가지고 있다. 그중 아라사 공동묘지 Cemitério do Araçá, 1887 와 상파울루 공동묘지 Cemitério São Paulo, 1926 가 장려하다. 묘지들은 모두 비슷한 형식이지만, 묘당과 비석의 도열은 마치 도시의 한 부분을 축소한 것과 같다. 묘당은 일반적인 가옥의 건축 스타일을 닮는데 죽어서도 집에 살아야 하기 때문이다. 죽은 자의 집, 음택陰宅은 한껏 개성을 살려 디자인한다. 그래서 묘당의 디자인은 고전주의, 고딕, 르네상스, 바로크 그리고 모더니즘도 있다. 묘석이나 조각은 미술가들이 심혈을 기울여 만든다.

이 죽음의 오브제들은 먼저 간 사람이 얼마나 좋은 사람이었는지, 가족과 친지가 그를 보내며 얼마나 애통해했는지, 아직도 얼마나 그리워하고 있는지를 표현한다. 보편적이거나 통념적인 디자인도 있지만, 군

아라사 공동묘지(상파울루).
'여기'와 '저기' 사이의 거리는 그렇게 멀지 않다.

갈릴레우 에멘다빌리가 조각한 투물루 가족묘.
상파울루 공동묘지에 있다. 소년과 아버지는 햇볕이
따뜻한 오후 식탁을 놓고 같이 앉았다.

인은 군사답고, 체육인은 역동적이며, 예술가는 예술스럽다. 브라질리언의 행복한 사후!

밝고 경쾌한 미라박물관

멕시코 남부 오악사카의 오코틀란 지역에서는 시신을 세워 묻는다. 누워 있기보다는 서 있는 게 환생을 위해 더 준비된 자세일 것이다. 죽은 자는 다른 동물로 환생하거나 어떤 기氣로서 산 자의 주변에 머물며 가족의 지킴이가 된다. 원자原子 불멸의 과학적 이치이고, 순환의 철학적 논리이며, 불교의 윤회와 일맥상통한다. 멕시코는 아열대 기후이지만, 중북부 지역은 1년 내내 건조하다. 건기인 겨울에는 빗방울을 보기 힘들며 건조한 기후로 고생한다. 이러한 기상 조건 때문에 시신을 관에 넣고 묻어도 썩지 않으니 별다른 방부처리 없이도 미라가 만들어진다.

멕시코의 중부 도시인 과나후아토에는 미라박물관Museo Momias이 있다. 우리가 이미 6장에서 식민도시의 유산을 보기 위해 갔던 장소이다. 박물관은 100여 구의 미라를 전시하고 있는데, 미라의 공급은 무한정 가능하다. 박물관이 과나후아토 공동묘지 바로 아래에 있기 때문이다. 공동묘지와 가까운 미라박물관의 위치 설정이 절묘해 보인다. 위층의 묘지에 묻힌 자들이 미라가 되어서 아래층 박물관에 전시된다.

미라의 유형·성별·나이는 다양하다. 늙어 죽은 사람, 젊어서 죽은 사람, 심지어 엄마 자궁을 떠나지 못한 채 엄마와 함께 죽은 아기 미라까지 미라의 상태는 아주 생생하다. 이집트 미라처럼 방부처리를 한 후 붕대와 밀랍으로 꽁꽁 싸는 것이 아니니, 모두 묻힐 때 복장 그대로다.

과나후아토 공동묘지. 공동묘지는 벽감으로 채워진 벽,
여러 가지 스타일의 비석, 묘지 조각으로 그득하다. 이 공동묘지에서 발굴된
미라들이 그 아래에 있는 미라박물관의 전시품이 된다.

미라박물관(과나후아토, 2007년 개관).
산 자와 죽은 자의 사이는 그렇게 멀지도, 그렇게 어둡지도 않다.
미라 전시가 그로테스크하다는 것은 우리들의 편견인지 모른다.
그 편견은 이 박물관에서 미리 보는 죽음을 통해 수정된다.

옷의 단추는 물론이고 자수 문양, 바느질 자국, 섬유조직 모양까지 생생하다. 얼굴의 주름과 반점, 탱탱했던 피부, 머리칼 색깔까지 분명하게 확인할 수 있다.

죽음과 미라가 주제라고 해서 칙칙하고 어두운 분위기는 아니다. 죽음을 통해 이 박물관이 무엇을 말하려 하는지는 분명하지 않지만, 전시는 밝고 오히려 경쾌하다. 무엇보다 놀라운 것은 관람객의 태도이다. 쌍쌍이 와서 미라와 기념사진을 찍고 아버지 손을 잡고 온 아이들의 표정도 즐겁다. 나는 이렇게 죽은 자와 코를 맞대고 가까이 상면해본 적이 없다. 죽음의 마지막 모습은 처연하거나 일그러져 있거나 담담하다. 죽음을 구경거리로 만든다는 거북함이 없는 것은 아니지만, 죽은 모습을 잘 간직했다가 보여주는 죽음의 예습이다. 아니, 복습인지 모르겠다.

삶과 죽음을 합한 시간이 얼마나 되는지는 모르나 엄청나게 긴 시간임은 분명하다. 누구든지 오래 살고 싶은데, 삶과 죽음의 경계 때문에 이승에서의 시간이 짧아진다. 또한 그 경계 때문에 '여기'와 '저기'가 구분되는데 윤회와 영속을 믿으라 하면서도 여기에서의 시간과 저기에서의 시간을 잇지 못하기에 삶이 짧다. 주지 스님이나 주교조차 떠나는 장례가 거창해지는 것은 저쪽에서의 영속을 사실상 누구도 믿지 못하는 까닭이다.

죽음은 삶이 확장된 영역이고, 죽음 뒤의 행적은 산 자가 그리는 것이다. 레비-스트로스가 그 결론을 대신한다.

"한 사회가 살아 있는 자와 죽은 자와의 관계를 다루는 관점은 결국 종교적 사고법을 통해서 살아 있는 자들 상호 간에 실존하는 관계를 숨기거나 미화하거나 정당화하려는 노력을 반영하고 있다는 진리는 은폐할 수가 없다." 레비-스트로스, 『슬픈열대』

나는 이들의 문화적 거동을 들여다보며, 죽음에 대한 태도까지야 아니겠지만, 최소한 감수성에는 변화가 생겼다. 죽음은 정신적인 것만이 아니라 물상이며 일상을 크게 벗어나 있지 않다. 최근 우리나라에서도 죽음을 주제로 한 박물관이 여럿 생겨나고 있다. 쉼박물관, 꼭두박물관 등은 한국이 가진 죽음의 미학을 일깨우는 것으로 보인다. 최소한도, 과학자들이 말해주듯이, 우리는 원자로 돌아가고, 어떤 분자로 결합되어, 물질로 재생되는 끝없는 탄생과 소멸을 계속한다. 그러니까 존재가 회귀하는지는 몰라도 지속가능한 것만은 사실이다. 죽음에 대한 자세는 두 세계 사이의 경계를 어떻게 의식하는가에 따라 달라진다. 죽음을 시간의 경과에 따라 그려보면 우리와 먼 곳에서 죽음은 선명하고 가까운 현재에서 오히려 흐릿하다. 양명陽明한 죽음을 위하여! 이것이 우리 주변에 죽음의 시니피앙을 갖고 있어야 하는 이유이다.

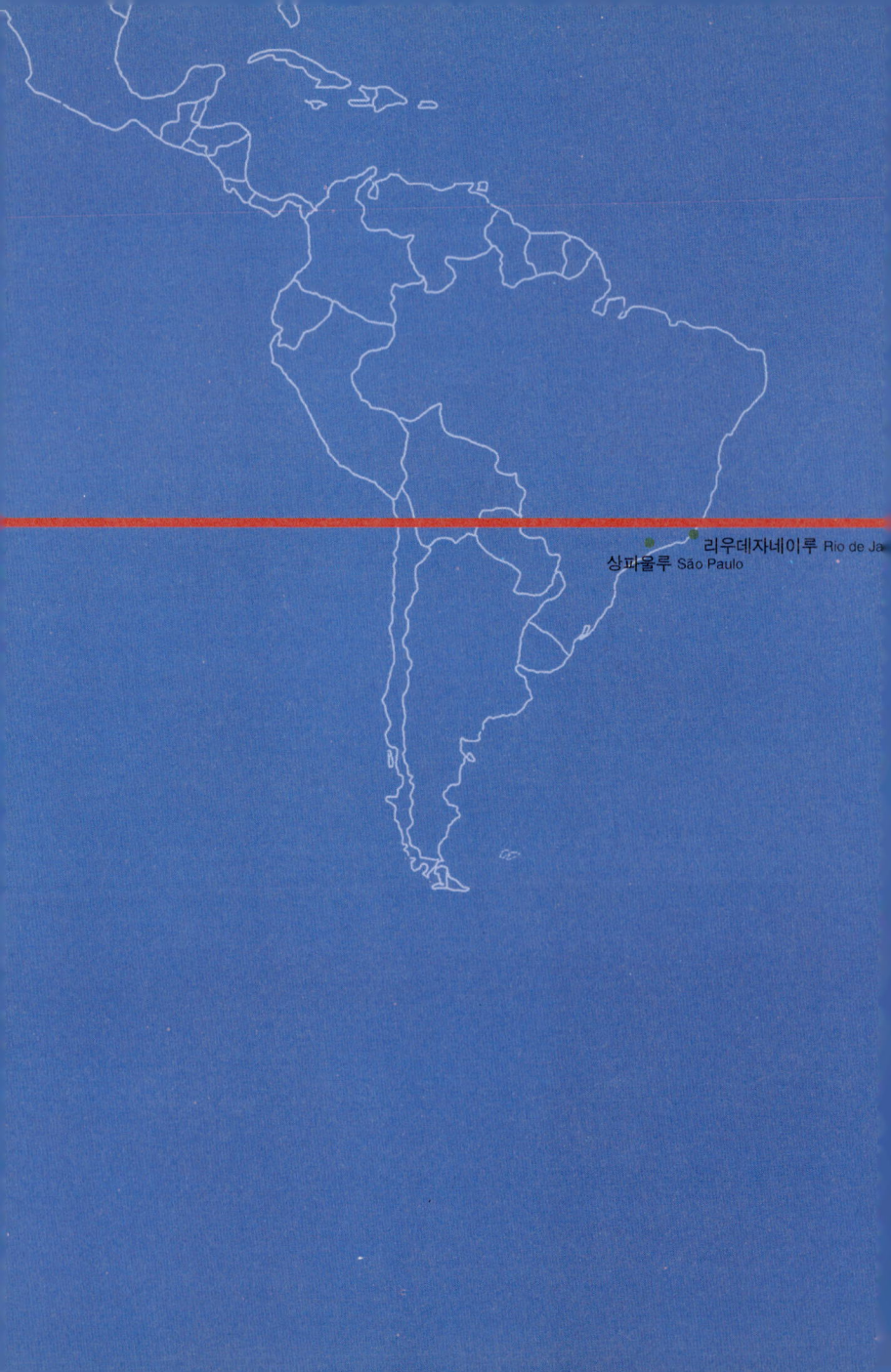

남미 대부분의 나라가 빈곤 문제를 등에 지고 살듯이, 리우데자네이루도 가난과 풍요가 뒤엉켜 한 덩어리를 이루고 있다. 그래서 리우데자네이루를 '프라다를 입은 악마'라고 한다. 리우의 이파네마 해변은 원주민 말로 '나쁜 물'이라는 뜻이다. 식민시대 초기에는 이 지역을 중심으로 포르투갈과 프랑스가 충돌했고, 서구의 배들은 장소의 야성적 아름다움에 얼이 빠져 이곳에 정박했다.

빈민촌 동네 어귀, 웃통을 벗어젖힌 청년이 기타를 치며 노래를 불러댄다. 그의 시선 밑으로 눈부신 코파카바나 해변, 골프장의 그린, 도심의 고층 빌딩이 파노라마를 그린다. 브라질의 하늘은 여기에서도 높다.

9 빈민의 미학

프라다를 입은 악마 리우데자네이루

리우데자네이루Rio de Janeiro는 브라질 제2의 도시이다. 식민지 시대에는 낭만주의에 젖어 유럽을 모사하며 흥청거렸고, 근대 시기에는 국민 건축가 오스카 니마이어를 비롯한 뛰어난 건축가들이 기념비적 건축을 여럿 남겼다. 리우의 카니발은 세계 최고의 규모와 프로그램을 자랑한다. 무엇보다 바다 위로 불쑥불쑥 솟은 암산, 해변과 산세의 대립적 구도가 만드는 풍광의 절묘함이 이 도시를 세계적인 관광도시로 만든다. 한때 코파카바나는 세계 최고의 해수욕 리조트였다.

남미 대부분의 나라가 빈곤 문제를 등에 지고 살듯이, 리우데자네이루도 가난과 풍요가 뒤엉켜 한덩이를 이루고 있다. 그래서 리우데자네이루를 '프라다를 입은 악마'라고 한다. 리우의 이파네마 해변Praia de Ipanema은 원주민 말로 '나쁜 물'이라는 뜻이다. 식민시대 초기에는 이 지역을 중심으로 포르투갈과 프랑스가 충돌했고, 서구의 배들은 장소의 야성과 아름다움에 얼이 빠져 이곳에 정박했다. 장 크리스토프 뤼펭의 소설 『붉은 브라질』 Rouge Brésil 의 현장도 이곳이다.

프랑스 함대는 이 야만의 땅을 가톨릭의 은총으로 구하기 위해 천신만고 끝에 리우데자네이루에 도착했다. "구아나바라 만으로 진입하자 바람이 일정하게 불어 배를 조종하기가 한결 수월했다. 배가 연안으로 다가갈수록 멀리서 보았던 그 거대한 실루엣들이 코앞에 나타났다. 거인 수도사와 지옥의 기사들로 보이던 실루엣들은 다름 아닌 불쑥 튀어나온 매끈한 바위산이다. 그 바위산은 노르망디 사람들에게는 버터 단지를, 귀족들에게는 설탕 덩어리를 연상하게 했다. 바위산 자락에는 생

존재쟁의 몸싸움을 피하려고 애쓰듯 거목들이 무질서한 형상으로 쭉쭉 뻗어 있었다. 해안을 따라 뒤틀린 나뭇가지며 공기뿌리식물과 칡넝쿨이 뒤엉켜 있을 뿐, 빈터나 초원은 보이지 않았다. 해안은 창조되는 순간에 땅의 완강한 저항의 결과로 생겨난 것 같다. 위대한 조물주가 이 작품을 만들던 중 연장을 부러뜨리기라도 했는지 치열한 형상을 하고 있었다." 장크리스토프 뤼팽, 『붉은 브라질』

설탕 덩어리 같다는 것은 이곳 사람들이 붕긋한 바위산을 '설탕빵'Pão de Açúcar이라고 하는 것에서 차용한 묘사이다. 그때는 거친 바다였지만, 요즘에는 파도타기에 제격이다. 바다와 풍광과 건축과 사람은 이 도시의 풍경을 여러 겹으로 그리게 한다. 구아나바라 만과 보타포고 곶은 요트의 천국이고, 코파카바나는 해변 휴양지로서 아직도 으스대고 있다. 이 항구도시는, 식민시대 때에는 대륙의 물산을 유럽으로 실어 나르던 기축 도시였다.

대개의 항구가 그렇듯, 맨몸으로 돈을 벌려는 노역자들이 모여들었다. 노동자들은 일터인 부두에서 멀리 살 수가 없다. 가급적 이른 아침에 현장에 가야 하고, 일이 끝난 다음에는 지친 걸음을 얼마라도 줄여야 한다. 우리나라의 인천 만석동이나, 부산의 산복도로 등 노동자촌이 항구 근처에 자리 잡은 것과 같다. 리우데자네이루의 사우데Saúde 마을은 부두를 내려다보는 위치에 있었다. 근대에 접어들면서 리우가 팽창해 자연히 부두 노동자들은 도심 속에 갇히게 되었다. 남미의 근대 도시에 좀먹은 듯 빈민 마을이 군데군데 박혀 있는 연유이다. 근대성은 누구에게나 균질한 삶을 지향하지만, 우리나라도 마찬가지였고, 여러 나라의

9 빈민의 미학

우르카 언덕Morro da Urca 원경(리우데자네이루).
'설탕빵'이라고 부르는 불쑥 솟은 바위산이 군데군데 박혀 있다.
16세기에는 이곳에 포르투갈, 스페인, 프랑스 함대들이 들락날락거렸다.

도시는 중심부를 만들기 위해 나머지 존재를 산동네로 몰아댔다.

도시의 중심부는 규율화된 조직으로 재편되지만, 역설적으로 중심을 떠날 수 없는 빈민층은 자신의 몸을 산동네에 묶는다. 그래서 현대적인 도심 안에 빈곤의 조직이 종양처럼 박혀 있다. 결국 브라질은 정치적으로 독립하고 엄청난 국토를 통일하지만, 사회적 통일은 완전하게 이루지 못했다. 분배에 인색하고 사회복지는 지척거린다. 사회적 차별은 여전하고 관료주의 기득권의 권력구조도 건강하다.

리우의 페드라 도 사우Pedra do Sal는 지금도 허술한 동네이지만, 식민시대에는 부두 노동자들의 거주 지역이었다. 이 계층에 대한 정부의 관심이란 게 그저 그렇고, 그러니 거주지 환경도 형편없었던 모양이다. 주민들은 스스로 이 산동네의 경사지에 계단을 만들고자 한다. 산동네는 마침 화강석 덩이 위에 올라앉아 있었다. 이들은 계단을 시멘트로 쌓는 것보다는 망치와 정으로 돌을 쪼아 만드는 것이 매우 느린 방법이지만 경제적이라고 생각했다.

사람들이 망치를 들고 나와 돌을 쪼아댄 지 몇 달 후 동네는 아주 든든한 계단을 가질 수 있게 되었다. 항속적이며 지속가능한 디자인이다. 이 계단이 있는 장소를 사람들은 '검둥이의 기념물'monumento negro이라고 불렀다. 20세기 초반 예술가들이 좌파적 시선으로 사회의 바닥을 들여다보던 '상황주의'situationism 예술이 생각난다. 모더니즘 시기의 신좌파 아나키즘 예술운동에서는 일련의 상황이 사실을 만든다.

▶ 페드라 도 사우(사우데, 리우데자네이루). 이 산동네에는 근세까지 주로
  부두 노동자들이 살았다. 그들은 계단을 축조하는 대신 돌을 깎아 부동의 돌계단을 만들었다.
  스스로 이 계단을 '검둥이의 기념물'이라 한다.

파벨라에서도 브라질의 하늘은 맑다

 리우의 산동네 빈민 마을은 크고 작은 것을 모두 합쳐 700개라고 하는데, 모두 쉽게 눈에 띄지 않는다. 도시에서 이 소수자들은 숨겨야 하는 사실이기 때문이다. 이 빈민촌을 파벨라Favela라고 한다. 빈민을 파벨라라고 하는 데에는 역사적 사연이 있다. 1893~97년 브라질 북동부 지역인 바이아 주의 카누두스Canudos에서 폭동이 일어났다. 빈민들은 정부의 태만을 성토하고 구휼 대책을 호소하지만, 정부가 보낸 것은 군대이다. 약 3만 명이 참여한 빈민운동은 1897년 9월 군대의 진압 작전 끝에 피의 숙청으로 끝난다.

 진압군은 근처 마을까지 진군해 주민들을 말살한다. 이를 카누두스 전쟁이라고 한다. 당시 저항군은 언덕 위에 진지를 펴고 투쟁했는데, 그 언덕에 '작은 장미' 파벨라가 무성하여 파벨라 언덕이라 했다. 그리고 그 낭만적인 이름 파벨라는 빈민촌의 일반명사가 되었다. 사건은 여기에서 끝나지 않았다. 언덕에서 전투를 마치고 리우로 내려온 군인들에게 급료가 지급되지 않았다. 정부로부터 지원은 끊어지고, 내팽개쳐진 병사들은 그냥 그곳에 주저앉아 산다. 그들은 몇몇 언덕 위에 구호소와 스스로의 거처를 마련하여 집체를 이루고 자생력을 키우는데 결국 도시 빈민이 된다. 작은 장미촌.

 세계문화유산이 된 리우의 그리스도 상이 서 있는 코르코바두 봉우리. 바다를 향해 터진 도시경관에 감탄하던 눈길을 사로잡는 곳이 있다. 언덕을 타고 이어지는 오르막길에 판자촌 파벨라들이 구석구석 박혀 있다. 브라질 지리통계협회 IBGE에 따르면 1991~2000년도 사이 파벨라의 숫자는 매년 4.8퍼센트 증가한다. 이는 일반적인 주거증가율 2.8퍼센트의 1.5배가 넘는다. 거주자로 보면 1991~96년도에 16.6퍼센트인 557,000명이 늘어났다고 보는데, 1991~2000년 사이에는 717,000명, 22.5퍼센트가 증가했다. 그러니까 도시에 유입되는 노동자 인구가 걷잡을 수 없이 가중된 것이며, 출산율도 백인 중산층에 비해 높다.

상파울루에만 2,018개의 파벨라가 있어 도시 인구의 10.6퍼센트를 차지한다. 파벨라는 점차 포르탈레자Fortaleza, 쿠리치바Curitiba, 구아룰류스Guarulhos, 벨루오리존치Belo Horizonte, 오자스쿠Osasco 등의 도시에 빠른 속도로 형성되고 있다. 가장 큰 집단은 리우데자네이루의 호지냐Rosinha이다. 상 콘라두 해안에서 1킬로미터쯤 떨어진 언덕 기슭, 정글 같은 판자촌의 거주민은 약 25만 명으로 추산된다.

이 파벨라는 영화 「신의 도시」Ciudade de Deus의 촬영지이다. 젊은 감독 페르난두 메이렐레스Fernando Meirelles는 어둠과 피가 가득한 공간을 '신의 도시'라는 이름으로 그렸다. 메이렐레스는 건축가 출신 영화인이기에 공간 묘사가 매우 건축적이다. 감독이 굳이 실화라고 타이틀을 박아 넣은 영화의 내용은 이렇다. 정부는 골칫거리인 빈민촌을 정리하기 위해 도시 외곽에 마을을 지어주고 집단적으로 이주시킨다. 그러나 거기에는 도시의 하부구조도 없고 일자리도 없다. 대책 없는 집들의 집합체는 버려지고 생활이 막막한 사람들은 다시 도시로 돌아가는 회귀현상이 벌어진다. 그 사이에 마약과 살인, 갈등이 증폭되고 소년범죄가 소년문화를 대체한다. 소년들이 마약 조직에 연루되어 피로 물든 싸움을 반복한다.

산동네는 암산巖山에 엉겨 붙은 모양이다. 암산의 경사가 치솟는 부분에서 산동네의 경계선이 그어진다. 비가 오면 암산은 폭포수를 만든다. 암산 밑에 도랑은 유수流水를 저지해 동네를 유실하지 않기 위한 중요한 하부구조이다. 동네에 하수도는 없어도 생명선인 이 도랑은 꼭 있어야 한다. 다행히 브라질 남부의 강우량은 그리 많지가 않다. 파벨라로 접근하는 경로는 여러 가지이지만, 모두 아래(도시)에서 위(산)로 오른다.

아래는 답답한 자본이 있고, 위에는 탁 터진 경치가 있다. 상 콘라두 São Conrado 아래쪽은 멀쩡한 동네이다. 길도 비교적 한가하고, 주변의 고급 주택에는 대문마다 경호원이 기관총을 들고 지킨다. 그 옆으로 거침없이 터진 골프장의 그린을 지나, 어느새 버스는 북적거리는 마을의 소음 속에 모두를 내려놓는다. 버스로는 더 올라갈 수가 없어 오토바이 택시를 탄다. 오토바이 택시로도 갈 수 없는 길에서부터는 걷는다. 거기부터가 파벨라이다. 골목길은 꼭 필요한 폭만 유지하기 때문에 마을까지 가는 방법은 상황에 달렸다. 과연 이것이 상황주의이다.

골목길이 미로처럼 펼쳐진다. 마을의 미로는 자치적으로 이름이 붙여져 있는데 모두 큰길들의 이름을 따서 부른다. 브라질리아 대로, 상파울루 대로, 아메리카 대로. 폭 1미터짜리 골목길에 붙인 이름으로는 지독한 패러독스이다. 골목길에는 빛이 들지 않아 대낮에도 가로등을 켜야 하는데, 그마저 없으면 꾸적꾸적해진다. 작은 길로 들어서면 냄새가 달라지는데, 아마 공기가 악취에 젖는 모양이다. 리우의 뜨거운 태양은 이곳에서 더욱 극성이고, 흘러내리는 땀을 뿌리며 가파르고 예측

◀ 리우데자네이루 파벨라 중의 하나인 가베아 Gávea.
  얽힌 공간의 타래가 절대로 풀리지 않을 것 같다. 이 계곡 사이의 주거 밀도는
  계산할 수도 없지만 어차피 수치가 중요한 것은 아니다.

구불구불한 골목에서 길을 잃기 십상이지만 같은 위치는 하나도 없다.
옆 | 골목 안, 색채의 구성은 삶에 대한 애정을 말하는 최소주의 미학이다.

이 안 되는 땅을 오르자니 바쁜 무릎이 버겁다.

원래 골목이라는 것이 막다른 길인가 하면 새로운 길이 나타나고는 하는데 이 골목은 급한 경사지에 형성된 3차원 골목이기에 더 변화무쌍하다. 그러니까 파벨라의 골목길은 오른쪽, 왼쪽으로 길이 요동치는 것 외에 위아래를 넘나드는 차원이 하나 더 있다. 살면서 짓는 집, 조금씩 형편대로 짓는 집, 건축재료를 주섬주섬 주워다가 짓는 집들이기에 구축적tectonic이다. 한 집 위에 집을 짓고, 그 위에 다음 집이 무등을 타고, 그 위에 어깨를 딛고 다음 집이 선다.

여기에서 밀도란 수치가 아니다. 땅이 없으니 집 위로 집을 짓는 구축법을 익힌다. 그래도 공간을 만드는 데 급급한 것만이 아니고, 심미 · 장식 · 꾸밈의 의도가 분명하다. 그들의 조형에는 최소주의와 복합성이 함께 있다. 밀도에는 순간의 관계를 발생시키는 첨예한 긴장감이 짙다. 파벨라에는 대부분 상하수도 시설이 없다. 당국의 무료 식수차가 일주일에 세 번 오지만 그것으로는 태부족이다. 빗물을 받아 생활하는데 1년 강우량이 형편없다. 판잣집이지만 모두 큰 탱크 하나씩을 머리에 얹고 있다.

골목마다 머리 위로 검은 전깃줄이 수십 다발씩 얽혀 있다. 전선줄들은 도무지 풀 수 없는 난제의 은유처럼 보인다. 파벨라는 범죄 조직의 '통치'를 받는다. 그들이 보육원도 지원하고 도둑질이나 폭력, 강간 같은 범죄도 제어하기 때문에 주민들은 오히려 도심보다 치안이 낫다고도 한다. 최소한 경찰 나부랭이나 관료들에게 부대낄 염려는 없지만 마약과 무기밀매, 강도, 청부살인 같은 범죄와 일상이 섞여 있다.

기본적으로 이곳 산동네의 집은 '살면서 짓는 집'이다.
처음부터 완성된 집은 없고 형편에 따라 구색을 맞추어간다.
그래서 '뒤끝이 없는' open end 시스템이다.

▶ 공동체 놀이터(가베아).
  아무리 삶이 척박해도 아이들이 뛰어노는 환경은 다듬는다.

파벨라에서 범죄보다 무서운 것은 화재이다. 최근까지도 화재가 빈번한데, 한번 불이 나면 대책 없이 타죽는다. 소방차가 접근을 할 수 없다. 2007년 9월 5일 상파울루의 파벨라에 화재가 났을 때도 다 타버릴 때까지 손을 놓고 기다렸다. 250명이 그나마의 집을 잃었다. 몇 개의 빈민지원재단은 청소년을 대상으로 무료교육을 실시하고 자립을 돕는다. 외부 지원에 의한 커뮤니티 시설은 보육소와 학교의 기능을 합친 프로그램이며 보다 적극적으로 활동하는 조직은 주민 복지에 힘쓰기도 한다.

부촌의 파출부, 호텔의 청소원, 행상, 잡부로 일하는 엄마가 돌아올 때까지 아이들은 공동체 시설에서 한나절을 보낸다. 이런 간이학교가 15곳이나 된다. 학교라고 해봤자 교실 두어 칸에 마당만 있으면 만족한다. 비록 사는 집들은 엉켜 짓더라도 학교에는 농구대도 하나 있고, 무엇보다 햇빛이 그득하다. 브라질의 하늘은 여기에서도 밝다.

동네 어귀, 웃통을 벗어젖힌 청년이 기타를 치며 노래를 불러대는데, 그의 시선 밑으로 눈부신 코파카바나 해변, 골프장의 그린, 도심의 고층빌딩이 파노라마를 그린다. 브라질의 하늘은 여기에서도 높다. 예닐곱 살이나 되었을까 수줍은 아이들이 조그마한 좌판을 벌이고 앉아 있다. 들여다본 공예품은 조잡하지만 표현주의 작품 같다.

"디스이즈 마이 픽처." 아이 앞에는 나무 판때기 위에 그린 파벨라가 늘어 서 있었다. 아마 삼촌이나 아버지가 그려준 그림을 팔고 있을 게다. 제 색깔을 잊은 지 이미 오래인 빈민촌 건물에 극채색의 옷을 입은 집과 마을이 어우러진 그림은 인상파 작품 같기도 하다. 그림은 대개 긴 수평적 구도나 수직적 구도 두 가지인데, 수평적인 그림은 파벨라의 파노라마이고, 수직적인 것은 집 위의, 집 위의, 집 위의 집을 그리다 보면 그렇게 된다. 브라질의 하늘은 여기에서도 푸르다.

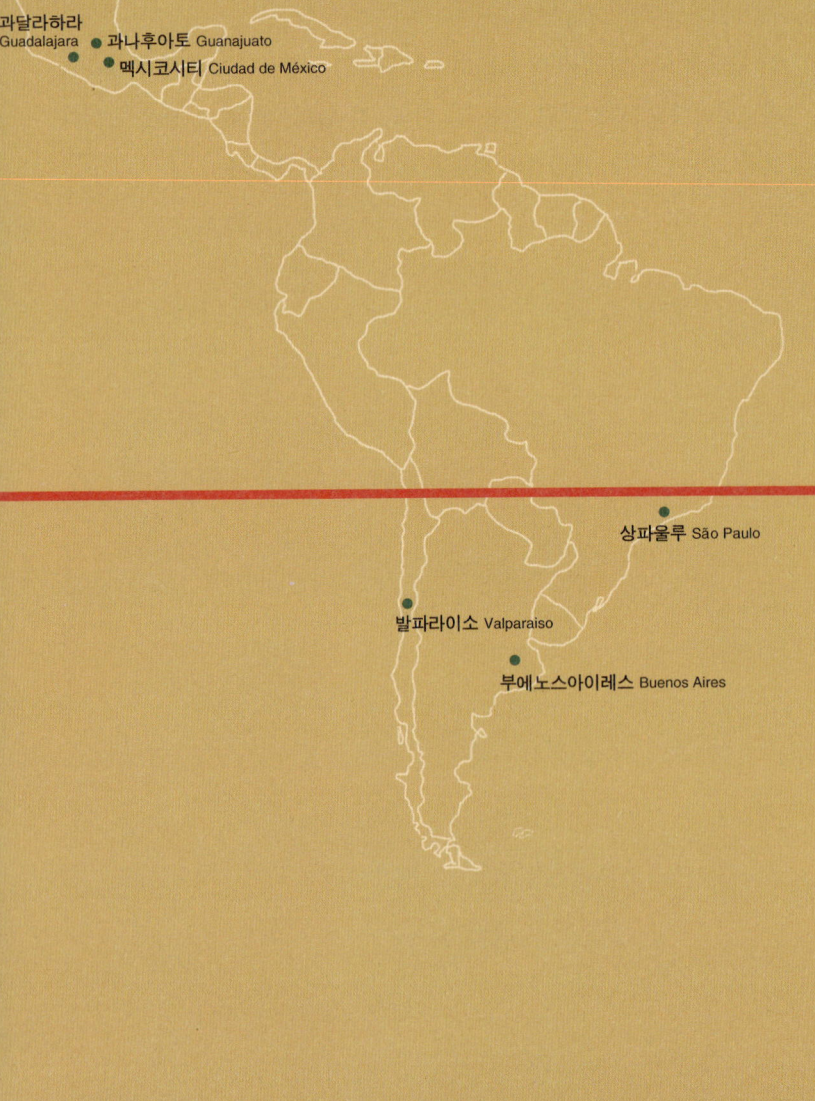

브라질은 1822년 독립한다. 식민지를 벗어나지만, 사회적 해방을 완전히 이룬 것은 아니다. 기득권층과 인디헤나 또는 메스티소와의 갈등이 깊어지고, 독립 후에도 정변과 피의 혁명이 끊이지 않는다. 민중은 그 혼란 속에서도 자신의 표현방식을 만들어간다.

그라피티는 미적 쾌감과 웅변의 카타르시스를 선사하며 중남미 전역으로 확산된다. 대도시만이 아니라 작은 도시에서 더 활발한데, 주변 환경을 이용해 미적 쾌감을 값싸게 해결하는 것이다. 형상은 주목을 끌어야 하기에 표현적이며 해학적이다. 지독한 아이러니와 패러독스는 그라피티의 존재이유이다.

10 혁명의 뒷길에 그라피티를 그리다

역동적이고 강렬한 멕시코 벽화

 한국에서 벽화는 서정적이어야 하며 그가 있음으로써 환경을 순화시켜야 한다는 고정관념이 있다. 그것도 미술이며 예술이기 때문이다. 한국의 벽화 미술은 낭만의 경계를 넘어서지 않으려 한다. 그래서 대중적이면서도 예쁜 미술이 된다. 또는 그 주제가 향토적이거나 계몽적이어야 한다고 믿는다. 그래서 향토애나 위인이 보편적인 소재가 된다. 우리는 그것을 환경미화라고 하지만, 오히려 환경을 혼란하게 만드는 경우도 많다.

 이에 비해 중남미의 그라피티graffiti는 공격적이며 파괴적이기까지 하다. 환경을 꾸미기 위한 수단이 날을 돌리면 파괴의 수단이 된다. 미술의 목적이 아름다움만을 추구하는 것은 아니지만, 그라피티가 도시의 경관을 파괴하는 일은 그 도시의 현재적 사실을 드러내는 것이다. 라틴 아메리카의 벽화는 우리와 그 태생부터가 다르다. 그들의 벽화운동은 정치적이거나 사회적인 목적으로 시작되었다. 그것은 민중에게 어떤 뜻을 전달하는 수단이었으며 정치적으로도 곧잘 이용되었다. 지금도 민중은 저항의 뜻을 이 '밤의 그림'으로 그린다.

 멕시코 벽화운동은 자유롭게 형성된 미술 양태가 아니라, 조직적인 구조를 통한 앙가주망이었다. 1910년 멕시코는 독립 100주년을 기념하는 미술전을 기획하는데, 인디오 화가들은 따돌림당하고 주로 스페인계 화가들이 초대된다. 중남미의 독립 후 정체政體는 식민시대의 영향에서 벗어나지 못했는데, 민중은 기득권자인 백인 크리오요와 계속해서 싸워야 했다. 메스티소가 다수를 차지하는 인구 구조이지만, 독립이 되고 나서도 인디오에 대한 인종차별이 사회에서도, 미술계에서도 엄연하다. 다수라고 해서 항상 힘이 있는 것은 아니다. 이에 인디오 미술가들은 동맹을 결성한다. 이 동맹에 참여한 화가들은 사회적으로 활발하게 활동하고, 독립 후 드세지는 민중혁명에 앞장선다. 이들은 대부분 문맹인 민중에게 미술을 통해 민족 자긍심을 불러일으키고 정치 참여의 중요성을 알렸다.

벽화는 대중매체가 빈약했던 당시, 일상의 시선이 머무르는 어느 곳에나 그릴 수 있기 때문에 민중 교도敎導에는 최고의 수단이었다. 20세기 들어 벽화의 사회적 역할은 퇴조되고 순수 미술 장르로 정착된다. 그렇지만 벽화는 여전히 소수자의 미술이며 소외의 장소에서 돌출한다.

소외로부터의 저항 수단, 이 어둠의 꽃은 미적 쾌감을 불러일으키기보다는 도시의 시각 환경을 파괴한다. 여전히 그들이 정치적이고 사회적인 것은 아직 피압의 경험이 잊히지 않은 사실이기 때문이다. 그들은 체념한 듯한 얼굴의 주름 밑으로 고급문화에 대해 냉소적인 시선을 던진다. 그라피티의 파괴성은 이제 법으로 규제되고, 제한된 범위에서만 허가된다. 그라피티가 미술의 위치로 순치馴致되는 것이다.

멕시코 벽화운동은 글을 모르는 민중에게 비언어적 메시지를 전달하고, 좌파의 이념을 전하는 창구 역할을 한다. 이는 곧 국가주의, 민족주의를 표방하는데 사회주의, 공산주의와도 겹친다. 멕시코 벽화운동은 네 명의 미술가로 대표된다. 디에고 리베라, 다비드 알파로 시케이로스, 호세 클레멘테 오로스코, 호세 차베스 모라도José Chávez Morado, 1909~2002이다.

그중 가장 대중적인 인기 작가는 리베라이다. 그는 프랑스와 미국에서 활발하게 작업하지만, 공산주의자로 낙인찍혀 미국에서 추방되어 멕시코로 돌아온다. 비운의 여류 화가 프리다 칼로와 결혼하여 더 유명해졌다. 프리다는 멕시코의 유복한 중산층에서 태어난 활달한 미술학도였는데, 열여덟 살 때 교통사고로 척추가 망가져서 침대를 벗어날 수 없게 된다. 아버지의 눈물겨운 노력 끝에 어느 정도 재활에 성공하고 화가로 성장한다.

그녀는 소녀 화가 시절부터 리베라를 찜한다. 리베라도 그녀에게 마음이 끌려 둘은 결혼하지만, 리베라는 천부적인 바람둥이다. 인기 화가 주변에는 여자들이 넘치고, 그의 바람기는 처제까지 덮친다. 프리다는 심한 마음고생으로 나락을 헤매고 운명은 그녀의 몸마저 파괴한다. 프리다는 피를 쏟으며 첫 아기를 사산한다. 이해할 수 없는 신의 뜻을 극복하는 것이 예술이다. 남편도 말년에는 프리다에게 돌아온다.

리베라의 작품은 멕시코 곳곳에 있지만, 대부분 정부 궁전이나 지방 정부청사에 걸려 있다. 아마 정부가 민중 정치를 표방하는 데 리베라의 작품이 유용한 모양이다. 곧 미술의 정치적 이용이다. 이러한 프로파간다를 위해 리베라는 멕시코 전통을 기조로 하지만, 다분히 정치적인 메시지를 흠뻑 얹어 그림을 그린다. 그는 좌파였으며 공산주의 성향도 보였지만, 상당한 재산의 부르주아로 호사스럽게 생활했다. 그는 기성 정치에 비판적이지만, 정부를 크게 자극하지 않는 묘한 선을 지켰다. 그의 그림에서 민중은 희화화되지만 애국주의와 적당히 버무려진다. 그가 출세한 이유이다.

오로스코의 묘법은 훨씬 거칠고 표현적이다. 그는 커다란 스케일에 마른 붓칠로 획을 긋기 때문에 붓자국이 힘차다. 그 역시 민중미술가이며 정치적이지만, 리베라보다 사회참여에 더 적극적이다. 어찌 보면 리베라가 기득권과 민중 사이에서 적당히 균형을 유지하는 것에 비해, 오로스코는 좀더 순수하고 비타협적이다. 그도 여러 공공건축에 벽화를 남겼는데, 최대작은 과달라하라의 카바냐스 문화원Cabañas Cultural Institute이다.

후안 크루스 루이스 데 카바냐스Juan Cruz Ruiz de Cabañas 주교는 1796년 과달라하라에 온다. 그는 선교활동과 함께 공공 자선사업을 시작한다. 지금 카바냐스 문화원이라 하는 건축은 1805년 고전주의 건축가 톨사가 설계했으나, 완공하지 못하고, 호세 구티에레스 호세José Gutiérrez José와 페드로 시프레스Pedro Ciprés가 후속 작업을 해 완성하였다. 건축의 완성까지 그렇게 오래 걸린 것은 1834년, 1846년, 1852년 그리고 1858년 전쟁Reform War으로 사회가 혼란스러웠기 때문이다. 완성된 건축은 처음에는 '자비와 자선의 집'으로 한때는 3,000명의 고아를 돌보는 데 쓰였다. 그러나 그후 건물의 신세가 기구해진다.

개관 몇 년 후 독립전쟁이 터지고 그 와중에 군대 막사로 이용하며 일시 폐관했다가 17년 후에야 원래 기능으로 복귀되었다. 1829년에는 주교의 이름 호스피시오 카바냐스Hospicio Cabañas로 이름을 바꾼다. 1912년부터 교육청에서 교육과 보육 시스템을 관리하고, 관련 시설들도 국가가 관리하게 되었다. 지금은 예술센터와 예술대학으로 운영되는데, 1937년 오로스코에게 채플 하나의 내부 공간을 온통 채울 벽화를 의뢰

▲ 디에고 리베라, 「알라메다 공원에서 일요일 오후의 꿈」Dream of a Sunday Afternoon in Alameda Park
(디에고 리베라 벽화 미술관, 멕시코시티).
그림에는 20세기 초 멕시코의 역사적 인물·관리·대중·인디오 등 모든 계층의
사람이 골고루 등장한다. 물론 모두가 동시대 사람은 아니며 공원의 오후라는
가상 시공간에 모인 것이다. 그림의 중앙에는 정면을 향한 정적인 포즈의 인물들이
위치하지만 좌우 양쪽으로 갈수록 동작이 커진다.
길이 15미터, 높이 4미터의 대작이다.

◀ 디에고 리베라, 「멕시코 정부청사 계단 홀 벽화」(멕시코시티, 1562).
고대 멕시카에서 근대에 이르는 멕시코 민중의 역사를 그렸다.

카바냐스 문화원(오로스코 홀). 중앙 돔 천장화 「불꽃 속의 사람」이 실내 벽화의 절정을 이룬다.
오로스코는 현실 정치뿐만 아니라 근대 문명 자체에 저항한 아나키즘 예술을 선보였다.

◀ 카바냐스 문화원(오로스코 홀, 1805~29). 실내 벽화 천장이 모두 오로스코의 작업이다.
그의 미술은 보다 격렬하고 저항적이다.
화제는 카바냐스 신부를 중심으로 한 민중운동의 기록이다.

한다. 1980년에는 카바냐스 문화원으로 개편되었다.

카바냐스 문화원의 전체 규모는 스물한 개의 코트를 머금는 대 궁성만하다. 식민시대에 고아원으로 쓰기 위해 궁전 같은 건물을 짓는다는 것이 시대·사회적 맥락에서 이해되지 않는다. 당시 멕시코가 그렇게 여유 있는 형편이 아니었기 때문이다. 건물은 신고전주의의 꽤 엄정한 양식으로 권위적이다. 신고전주의 건축은 정면의 입구에서 돔이 있는 중앙 홀을 갖고 그 좌우에 익랑좌우 양편으로 이어지는 행랑이 대칭으로 펼쳐진다. 오로스코의 벽화와 천장화는 민중의 핍박과 저항으로 점철되는데, 그중에서 중앙 돔의 원형 천정화는 「불꽃 속의 사람」이다. 근대화에 의한 인간성의 파괴와 비인간화를 상징한다. 그러고 보면 그의 사상은 다분히 반근대적이며 민족주의적인 것이다. 이 건축은 1997년 유네스코 세계문화유산으로 지정되었다.

과나후아토는 중부 멕시코의 지방 도시이다. 현재 지역 역사 박물관으로 쓰고 있는 알혼디가 그라나디타스Alhóndiga de Granaditas는 18세기 말 독립전쟁의 공간이었다. 1810년 과나후아토에서 혁명군은 정부군을 거의 몰살시키는 승리를 거두지만, 정부군의 총공세로 전세는 역전된다. 결국 혁명은 진압되고 주동자 네 명이 건물의 네 귀퉁이에서 참수된다. 건물은 네모반듯한 직방형이고 커다란 중정을 두고 주변에 전시실이 둘러쳐 있다. 그 주계단실에 호세 차베스 모라도의 벽화가 그득히 그려져 있다. 화제는 역시 혁명과 해방이며 그 중심에 이달고 신부가 있다.

호세 차베스 모라도, 「알혼디가 그라나디타스 박물관 벽화」(과나후아토).
계단 공간에 그린 그림이기에 화면이 입체적이고 동적이다.
민중혁명이 주제이며 고통받는 인디오와 흑인을 위해서 행동하는 신부 이달고가 나선다.

멕시코국립대학에는 유네스코 세계문화유산으로 지정된 근대건축이 있다. 하나는 후안 오고르만 Juan O'Gorman이 설계한 중앙도서관이고 다른 하나는 대학본부관이다. 본부관 건축은 국제주의 스타일로서 직방형의 구성으로 차가운 느낌을 준다. 수평으로 깔린 저층부 위에 본부 사무소가 직립으로 들어선 구성인데, 저층부 두 벽을 다비드 알파로 시케이로스의 벽화가 장식한다.

벽화는 멕시코의 근대화·산업화·과학화를 역설한다. 벽화는 시케이로스가 직접 제작한 것이 아니고 1972년 대학에 원화를 제공하여 구현된 것이다. 벽화라 하지만 평면 그림이 아니라 반입체의 모자이크이다. 그림 속의 형태는 양각으로 두드러져 입체감을 갖고, 모자이크 타일이 색감을 선명하게 한다. 수평적 화면 구도에서 오른쪽에서 왼쪽 방향으로 치닫는 묘사가 역동적이다. 그 속에 컴퍼스, 건물구조 등의 기호를 곳곳에 배치하여 산업사회를 이끄는 대학의 역할을 나타냈다.

멕시코시티 중심에 이 국민화가 시케이로스의 기념관 Polyform Siqueiros이 있다. 이곳은 극장, 컨벤션 홀, 카페 그리고 시케이로스 유물을 전시하는 작은 기념 홀로 구성되어 있다. 그중 「휴머니티의 행진」이라는 벽화는 다목적 강당을 꽉 채우고 있다. 시케이로스는 결국 인간들을 그리고 있는데 숨막히듯 휘몰아치는 역동성은 갈등의 구조를 보여준다. 사람들의 표정과 몸짓이 모두 격동적이며, 군중은 거대한 파도와 같다. 채색은 원색으로 거칠게 구사되며 검은 윤곽선의 묘사는 개체들을 더욱 두드러지게 한다.

멕시코 혁명사에서 가톨릭은 정치 세력과의 야합으로 비판받았지만,

멕시코국립대학 중앙도서관(후안 오고르만, 멕시코시티, 1950~52).
도서관의 상부 서고 부분의 네 면을 꽉 채운 벽화는 멕시코 설화, 황도 바퀴,
아스텍 문화, 멕시코의 탄생, 현대문명을 주제로 그렸다.
아스텍 미술을 차용하여 식민주의을 비평하려는 의도가 다분하다.

멕시코국립대학 대학본부(벽화 다비드 알파로 시케이로스).
멕시코의 근대성을 상징하는 건물이다. 벽화는 멕시코의 건설·과학·
진보를 이끌고 있는 젊음을 역동적으로 표현한다.
1960년대 제3세계의 벽화는 다분히 근대적 계몽주의의 목적으로 그려졌다.

시케이로스, 「휴머니티의 행진」(폴리폼 시케이로스 기념관, 멕시코시티, 1971).
문화센터 내의 대강당 네 면과 천장을 선동적 화제로 가득 채웠다.

그중에는 민중을 위한 순교를 마다하지 않는 정의로운 사제도 여럿 있었다. 당시 종교사회에서 사제가 민중 편에 서면 이단아처럼 취급당했다. 주류 가톨릭은 정치 세력과 야합해 이 이단아를 제거하려고 한다. 그런 상황에서 이달고Miguel Hidalgo는 행동하는 정의의 사제였다. 누구나 인디오들의 참상을 인지하고 있지만, 이미 너무 비만해진 사제들은 정의구현에 몸을 움직일 수 없다. 가톨릭의 맹목성에 젖은 사제들은 이미 마음이 굳었다.

1810년 파리 교회의 미구엘 이달고 신부가 이 고장에 부임한다. 이 젊은 사제는 구원과 착취, 식민의 모순 앞에 심장이 터질 것 같았다. 그리고 혁명에 몸을 던진다. 그의 손에는 십자가 대신 칼이 쥐어진다. 그러나 민중혁명은 기득권과 적당히 타협하며 승자도 패자도 없는 상황에서 종결되고 만다. 이달고는 1811년 체포되어 처형되지만, 그의 존재감은 현재까지도 과달라하라만이 아니라 멕시코 민중에게 각인되어 있다.

멕시코 중부 도시인 과달라하라의 정부청사Palacio de Gobierno에는 오로스코의 벽화가 두 개 있는데 하나는 계단실에 있고 다른 하나는 시의회당 천장화이다. 건축은 1774년 식민지 시대에 완공된 바로크 풍의 관아 건축이다. 계단이라는 공간은 층계참을 두고 꺾어져 오르는 공간이기에 시각적 거리와 각도, 높이에서 심한 동적인 시각운동이 발생한다. 곧잘 계단 홀이 벽화의 공간이 되는 이유가 이 동적인 속성 때문이다. 민중혁명이라는 화제 자체가 역동적이지만, 계단을 오르는 관람자의 시각이 동태적이기에 벽화의 인상이 더욱 강렬해진다. 시의회당의 천장화는 반원형인데 전체 면적을 그림으로 가득 채웠다. 그 중심에 이달

호세 클레멘테 오로스코가 그린 의회당 천장화(정부청사 계단실, 과달라하라).
미구엘 이달고 신부의 이미지를 중심으로 멕시코 민중혁명을 그렸고
그 아래에서 최초의 인디오 출신 대통령 후아레스가 근대 멕시코를 이끌고 있다.
이 역시 계몽주의의 미술이다.

고가 민중과 함께 있고, 그 밑으로 민중 대통령 후아레스가 앞장 선 개혁운동의 모습이 그려졌다.

시의회가 개최된다. 어떤 의원이 지난밤에 뇌물을 받고 권력을 남용했다. 아직 술이 덜 깬 이 의원이 의원석에서 고개를 드는 순간 이달고의 부릅뜬 눈과 맞부딪치고는 소스라치게 놀란다. '아이고 잘못.'(의원석에서 필자의 상상). 우리나라의 국회의사당에도 부정하거나 게으른 의원들을 위해 의원석 정면에 커다란 인물을 그려놓으면 좋겠다. 막상 마땅한 인물이 떠오르지 않는다. 박정희는 그렇고, 이승만이나 김구는 안 되겠고, 이순신은 무신이고 세종대왕은 어떨까. 자꾸 연대를 거슬러 올라가게 된다.

미술로 도시에 활기를 불어넣다

칠레의 발파라이소Valparaíso는 산티아고에서 120킬로미터 떨어진, 한때 항구도시로 흥청거렸던 지역이다. 도시는 바다를 향해 U자 모양으로 포구를 만들고 그 배경을 산세가 휘감는데, 도시 안에 마흔다섯 개의 언덕이 발파라이소 만을 내려다보고 있다. 도시는 소토 마요르 광장을 중심으로 짜인 계획도시이지만, 몰려드는 노동자들로 인해 도시 공간은 산동네까지 확장된다. 가파른 산동네의 교통이 문제가 되어 이곳에서는 아센소르라 부르는 엘리베이터가 사람들을 실어 나른다. 이 산동네에는 아센소르 정류장만 스무 곳이 있다.

발파라이소와 우리나라 산동네가 다른 점은 주민들이 가지고 있는 동네에 대한 자부심이다. 전자는 동네를 아끼고 보전하려 하며 관광자원으로 만든다. 후자는 동네를 부끄럽게 여기고 개발을 목놓아 기다리는 게 그 차이다. 항구 기능이 쇠퇴하면서 도시 경제도 위기를 맞고 산동네도 퇴락한다. 그들 나름대로 살길을 찾아야 했다. 도시 재생이라고 하지만, 그렇다고 동네가 떼부자가 된 것은 아니다. 동네 문화에 대한 자존심이 경제적 가치보다 중요하다.

동네 사람들은 점차 자신들이 살고 있는 소박하고도 거친 거주환경이 볼거리가 되어가고 있음을 안다. 사람들이 모두 집을 단장하기 시작한다. 가꾼다고 해봤자 원형을 그대로 유지하며 담과 건물의 외관 요소를 깨끗이 칠하는 정도이다. 그런데 그 색채에 남반구의 서정이 농후하다. 확실히 아열대의 색채는 밝고 적극적이다. 그리고 그것이 독특한 풍경을 만든다. 산동네라 주거 규모가 옹색하니 빨래나 생활의 내용들이 밖으로 삐져나온다. 그래도 동네는 쓰레기를 처리하고 청결을 유지하기 위해 애쓴다.

동네의 야외 갤러리는 화가이며 발파라이소가톨릭대학Pontificia Universidad Católica de Valparaíso의 멘데스Francisco Méndez 교수의 제안으로 시작되었다. 도시 내외에서의 호응이 커지면서 프로젝트는 더 확장되고, 칠레의 대표적인 현대미술가 로페르토 마타Roberto Matta 등이 참여하며 힘을 얻었다. 대개 우리나라의 벽화 미술이라는 게 대학생이나 비주류 미술가에 의한 것이 많은 데 비해 이 산동네에 그림을 그린 작가들은 모두 중견작가들이다. 1990년 발파라이소 정부의 지원으로 이 동네는 '하늘이 자유로운 야외미술관'Museo a Cielo Abierto de Valparaíso이 되었다.

원래 골목길의 공간 구조는 애매하다. 무엇과 만날지 예측할 수 없으

항구도시의 산동네 전경 (발파라이소).
항구의 기능이 쇠락해진 도시는 자치적으로 건축을 다시 꾸며 관광객을 끌어들인다.
그들의 재개발은 자본이 아니라 최소비용의 미술로 이뤄진다.

며 불특정한 각도와 치수 등 수많은 의외성과 부딪친다. 그 사이의 작은 건물들은 모두 오브제가 된다. 건축의 외장재는 녹쓴 아연판, 부식된 시멘트, 세월의 흔적이 뚜렷한 나무 널판 등 척박하지만, 건축의 물성이 색채와 힘을 합쳐 눈부신 풍광을 만든다. 그리고 이 산동네는 2003년 유네스코 세계문화유산이 되었다.

산동네 밑으로는 예전의 항구도시로서의 기능이 퇴조하며 여유를 잃었지만, 환경미술이 새로운 문화풍경을 만든다. 언뜻 원색이 난무하는 것 같기도 한데, 무채색 또는 중성색과 함께 하기에 전체적인 색감은 인상주의 풍경과 같다. 도시 건축의 주류를 이루는 낭만주의 양식 건축은 그 장식 조각 때문에 음영을 풍부히 머금는다. 이 빛과 그림자가 어떤 색채도 받아들이는 소질을 만드는 것이다. 아마 모든 건축술 중에서 색채는 아름다움을 표현하는 가장 경제적인 수단일 것이다.

부에노스아이레스의 보카 지구Barrio Boca는 20세기 초만 해도 아르헨티나의 중요한 거점 항구였으며 조선 산업이 성행했다. 항구도시는 부두 노동자, 이민자, 상선 장사꾼, 선원 등으로 북적대고 선술집, 바, 탱고가 흥청댄다. 그러다가 항만 경제가 고꾸라지면서 이곳은 버려진 공간이나 마찬가지였다. 허름한 이 장소를 주민들이 조선소에서 남은 페인트를 모아 단장하기 시작하며 독특한 풍경이 만들어진다. 이 동네에서 활동하던 화가 베니토 킨켈라 마르틴Benito Quinquela Martín은 대중적인 도시 풍경화를 그렸는데, 그것이 꽤 잘 팔려 돈을 많이 벌었다. 그는 이러한 성공이 보카를 애정으로 보듬은 덕택이라고 생각한다.

라몬 베르가라 그레스, 「벽화 Mural 12」(하늘이 자유로운 야외미술관, 발파라이소, 1992).
식민도시는 1900년대 산업 발전과 활발한 무역활동으로 경제성장을 이뤘다. 조화와 일관성을 지닌
문화 형성을 위해 노력한 결과 2003년 유네스코 세계문화유산으로 등재되었다.

발파라이소 거리의 건축.
낡은 건축의 낭만이 소박한 근대성을 입고 재생한다.

옛 푸엔타 트란스보르다도르 니콜라스 거리(카미니토, 라 보카, 부에노스아이레스).
쇠락한 항만도시가 도시문화 프로그램으로 살아났다.
도시미술이 시각을 집중시키고 탱고가 청각을 유혹하며 커피가 후각을 자극한다.

탱고 바와 미술 카페(카미니토, 라 보카, 부에노스아이레스).
미술은 밝고 유머가 넘친다.
대체로 공공의 벽화가 계몽적인 것과 비교된다.

이제 그가 보카를 살리고자 결심한다. 보카에 병원, 학교, 유치원, 미술관을 세우며 공동체 활동과 미술을 결부시켰다. 그중에 베니토 마르틴 미술관Museo Benito Quinquela Martín이 대표적이다. 그는 미술을 통해 마을에 활기를 불어넣는다. 동조자도 생겼다. 그의 친구 후안Juan de Dios Filiberto은 탱고의 명인이었다. 그는 춤으로 돈을 좀 모았는데, 철도용 땅을 불하 받아 폭 7미터에 100미터 길이의 골목길 공원을 만들었다.

지금은 아르헨티나 명문 팀이 된 보카 주니어 축구팀은 1905년 창설되는데, 처음에 이 팀은 이탈리아 이민자 중심의 클럽으로서 성적이 형편없었다. 아르헨티나의 축구 영웅 디에고 마라도나가 이 축구팀에서 잠시 뛰다가 유럽으로 진출한다. 일약 명문 팀이 된 보카 주니어가 또 한 번 보카를 살렸다. 도시를 다시 살리는 일은 정부만이 할 수 있는 것은 아니다. 건축과 미술이 살리며, 탱고가 살린다. 탱고는 거리에서, 카페에서, 바에서 줄곧 귀와 눈을 때리고, 건축과 미술은 우리 눈의 폭소를 터트리게 하고, 포도주와 커피는 우리의 코를 장악한다. 이것이 사람을 모으고, 도시가 돈을 버는 방법이다.

어둠의 꽃, 밤의 그림

브라질은 1822년 독립한다. 식민지를 벗어나지만, 완전한 사회적 해방을 이룬 것은 아직 아니다. 독립 후 국가의 권력은 주로 크리오요의 손에 들어간다. 크리오요란 백인 부모에게서 태어난 이주 차세대이다. 그들 역시 본토의 백인에게 차별당하며 식민시대를 감내했다. 독립 후 크리오요에 장악된 정체政體는 자연히 보수적이고 식민지 잔재 위에서 운영될 개연성이 많다. 기득권층과 인디헤나 또는 메스티소와의 갈등은 깊어지고, 독립 후에도 정변과 피의 혁명이 끊이지 않는다.

민중은 그 혼란 중에서도 자신의 표현 방식을 만들어간다. 그라피티는 미적 쾌감과 웅변의 카타르시스를 선사하며 중남미 전역으로 확산된다. 그라피티는 대도시만이 아니라 작은 도시에서 더 활발한데, 그들은 주변 환경을 이용해 미적 쾌감을 아주 값싸게 해결하는 것이다. 그라피티가 스케일이 커야 하는 것은 도시와 야외에서의 미적 소통이기 때문이다. 문자는 직접적인 의사 전달 수단인데 반해, 그라피티는 그것만의 독특한 서체가 양식화되어 있다.

형상은 주목을 끌어야 하기에 표현적이며 해학적이다. 혹독한 아이러니와 패러독스는 그라피티의 존재 이유이다. 큰 그라피티는 그룹으로 활동하는데, 개개인의 역할이 있고 리더가 있다. 리더는 전체의 조형을 감독하지만, 미술 실력이 뛰어나야 할 뿐만 아니라 사회와 사람들과 소통하는 데도 뛰어나야 한다. 그것은 그라피티가 익명의 '숨은 미술'이기도 하지만 자신의 이름을 알리는 '공공의 미술'이기 때문이다. 그래서 리더는 언변이 좋고 적극적이어야 한다.

브라질의 상파울루, 마달레나 길 Vila Madalena 은 평범한 주거지로서 별 특징이 없었는데 예술가들이 이곳에 모이며 활력을 얻기 시작했다. 이 장소가 그라피티로 주목을 끌기 시작하는데, 보통 그라피티가 아마추어 미술가인데 비해 여기에서는 모두 한가닥하는 예술가들이다. 중남미의 그라피티가 정치적 구호에 몰두하는 것과 달리 이곳의 그라피티는 순수하고 서정적인 특성이 있다. 주변 상가가 공예품점으로 점유되

목재소에 그려진 벽화(파이스 레미 길, 상파울루).
이제 남미의 대도시에서 벽화는 저항의 메시지를 표현하는 수단이라기보다는
서정적인 환경미술로 순화되었다.

바이로스 길(사우바도르, 2007).
청소년 그룹 ARTEXPLOSIVA이 벽화 작업을 하고 있다.
벽화는 아주 경제적인 도시 미화의 수단이다.

거친 그라피티(루스, 상파울루).
도시 벽화가 줄곧 미적 쾌감만을 추구하는 것은 아니다. 여전히 소외 계층의
저항 수단으로 쓰이는데, 종종 도시의 시각 환경을 파괴한다.

카르데아우 아르코베르지(마달레나 길, 상파울루).
길 이름 아르코베르지는 녹색의 무지개라는 뜻이다. 그라피티는 벽면에 그리는
2차원이 아니라 주변의 나무와 어울려 3차원의 공간이 된다.

기 시작하며 거리의 특색이 강해진다. 그라피티는 벽면을 대상으로 하지만, 도시의 오브제들이나 건축의 색채는 입체적이다. 카르데아우 아르코베르지 Rua Cardeal Arcoverde 골목은 녹색 빛이 지배하는 조형으로 이름과 색풍色風이 연관된다. 길 이름 'Arcoverde'는 '녹색의 무지개'라는 뜻이다.

대개 낯선 도시에 처음 들어가면, 도시의 어두운 면이 더 커 보인다. 우리나라로 치면 간판의 폭풍이 몰아치는 도시경관이나 막 되먹은 스카이라인이 먼저 눈에 들어오는 것과 같다. 상파울루에 처음 들어갈 때 마음을 어두워지게 하는 것은 그라피티의 홍수와 홈리스들의 어슬렁거림이다. 이 첫 시선의 불안감은 도심의 한가운데에 들어와서야 해소되는데, 그만큼 그라피티는 공격적이고 파괴적인 인상을 준다. 홈리스들은 그 존재 자체가 사회의 불안정을 말한다. 그라피티는 그야말로 건물의 외관에서 빈틈만 보이면 여지없이 공격한다. 이러한 파괴적 매너는 일부 그라피티들이 아나키스트 같은 사회성을 갖기 때문이다.

시위는 큰 집단이 목청을 돋워 불만을 토해내지만, 그라피티는 묵음默音이며 야음夜陰을 탄다. 이러한 파괴적 그라피티는 불법이며 형사처벌감이기 때문이다. 그럼에도 그들은 단지 어떤 성취감 때문에 건물을 공격하기도 한다. 그라피티의 공격은 무차별로 일어나는데, 고층 빌딩의 벽면, 가옥의 처마 밑 등 거의 접근이 불가능해 보이는 공간을 공격하면서 일종의 성취감을 만끽하는 것 같다.

한 사회가 가지고 있는 문화와 그라피티 행위의 연관성은 분명하다.

한국은 계몽주의를 기치로 하고, 멕시코는 프로파간다이며, 브라질은 사회 저항의 문화이다. 물론 이러한 사회적 색채는 점차 퇴조하며 서정적 수단으로 전이해가지만, 중남미에서 예술의 사회참여는 아직도 영향력이 있다. 미술가들이 아틀리에를 갖지 못하고 거리를 쓸고 있거나, 직업인으로서 서기 어려우니, 미술의 사회적 기여 역시 주변에서 맴돈다. 미술이 거리로 나돌며 값싼 문화적 욕구를 충족시킨다. 심지어 선거 벽보도 그라피티로 만들어진다. 이 벽화 벽보는 한 번 그리면 지워지지 않으니, 낙선하고 나서도 두고두고 봐야 한다.

멕시코시티 Ciudad de México
산타 클라라 Santa Clara
산 크리스토발 San Cristóbal de las Casas
리마 Lima
상파울루 São Paulo
몬테비데오 Monte Video
부에노스아이레스 Buenos Aires

독립은 되었지만 중남미는 하나같이 군사혁명과 쿠데타를 연발하며 혼돈의 악순환을 계속한다. 이 지도자, 저 정치가, 그 대통령이 등장하지만 20세기에도 정부는 민병 게릴라로 인해 긴장의 끈을 놓지 못한다. 민중에게 독립은 아직 완전하지 않은 것이다.

데모의 메시지를 전하기 위한 표현은 예술적이기까지 하다. 시위대가 만드는 대형 오브제들은 표현적이고 해학이 넘친다. 이곳에는 사회주의와 공산주의도 있고, 모택동주의와 카스트로주의도 있다.

11 혁명은 아직 끝나지 않았다

복잡다단한 라틴아메리카 독립사

19세기 초, 400년 동안의 식민 통치를 벗어나려는 중남미의 독립운동은 나라 안팎에서 불거진다. 안에서는 혹독한 인종차별과 한계에 다다른 생활고로 인한 민중들의 분노가 폭발한다. 바깥 사정은 이베리아의 국제 정세로서, 스페인이 프랑스에게 목줄을 잡히는 바람에 식민지에 한 손을 놓고 있었다. 중남미의 나라들은 1810~22년 사이 한꺼번에 독립하는데 모두가 대륙의 정치사에 얽혀 있다.

나라마다 개별적으로 쟁취하는 독립이 아니라 대륙 전체가 혁명 수단을 공유한다. 그럴 수밖에 없는 이유가 두 가지 있는데, 첫째는 국가 사이의 경계가 흐릿한 지정학적 특성을 살려 국경을 넘어 연합적인 독립운동을 펼쳐서이고, 둘째는 이베리아라는 공동의 타도 대상이 있었기 때문이다.

독립의 시점을 어디로 보느냐에 따라 차이가 나지만, 중남미에서 독립기념일의 시간표는 다음과 같다.

    1810년   멕시코 칠레 콜롬비아
    1811년   파라과이 베네수엘라
    1816년   아르헨티나
    1821년   온두라스 페루 과테말라 엘살바도르 파나마 볼리비아
    1822년   에콰도르 브라질
    1828년   우루과이
    파나마는 1903년에 다시 콜롬비아로부터 분리된다.

독립 직후에는 모두 형제의 나라 같았지만, 그 뒤의 관계는 꼭 그렇지만은 않다. 역시 큰 나라와 작은 나라 사이의 역학, 이권을 둘러싼 알력 다툼은 정국이 불안할수록 심하다. 독립 후 이런저런 이유로 여러 나라에서 독재정치가 시작된다. 브라질과 아르헨티나 틈바구니에 있는 파라과이는 지정학적 이유에서 독재정권이 유지된다. 파라과이의 호세 가스파르 로드리게스 데 프란시아José Gaspar Rodriguez de Francia는 1813년부터 26년간이나 독재통치를 하며 파라과이의 민족주의를 유지한다. 안으로는 정치적으로 억압하고 밖으로는 외교적 고립을 초래한 것이다.

그의 뒤를 이은 카를로스 안토니오 로페스Carlos Antonio López 역시 독재자이고, 그의 아들에게 세습된 독재체제는 1864년까지 이어진다. 이웃인 우루과이에게도 원조를 거부당한 채 파라과이는 우루과이·아르헨티나·브라질 3국 동맹에 대항해야 했다. 파라과이는 이 무모한 6년 전쟁으로 재정이 완전히 거덜날 지경이었다. 전쟁 후 남녀 성비가 1대 4에 이르렀으며 브라질과 아르헨티나에 국토를 많이 잃었고 일시적이지만, 브라질의 군정 밑에 있었다. 그후 1933년까지도 파라과이는 군사 쿠데타와 독재에 시달렸으며, 아직도 남미에서 정치 상황이 혼란스러운 나라 중의 하나이다.

연합체로 독립했다가 나중에 분열되는 경우도 있다. 독립 영웅 시몬 볼리바르Simón Bolívar, 1783~1830는 남미 전체를 하나의 연합국가로 만들 꿈을 꾸었다. 볼리바르는 콜롬비아공화국을 만들었지만, 그가 죽은 후 곧 베네수엘라, 에콰도르, 파나마로 조각났다. 정작 볼리바르의 이름은 볼리비아Bolivia가 가져다 쓴다. 중남미에는 현재 서른세 개의 독립국과 열

시몬 볼리바르 동상(국립인류학 및 고고학 박물관, 리마).
독립 영웅 볼리바르의 활동은 국경을 넘어 대륙에서도 활발했다.
그는 콜롬비아 · 베네수엘라 · 에콰도르 · 볼리비아에서 국부와 같은 존재이다.
식민지 경영의 주체 계급인 크리오요였지만 이베리안들과
인디오를 차별하는 사회구조를 비판했다.

세 개의 비독립 영토가 있다. 볼리바르는 아이티·브라질·페루의 독립을 이끌며, 베네수엘라 독립 전쟁터에서 헌법의 기초를 만든다. 그 기조는 자유·독립·가톨릭인데, 이 3박자의 독립정신은 남미 각국이 대개 비슷하다. 우리는 이들 나라의 도시에서 볼리바르의 동상을 자주 보게 된다.

대륙을 누비던 독립 영웅 호세 산 마르틴José de San Martín, 1778~1850은 칠레·페루·에콰도르·우루과이 등의 어느 도시에서나 하나 이상의 동상을 가지고 있다. 그는 스페인에서 태어나 네 살 때 남미로 이주한다. 말하자면 크리오요 신분으로서 모국과 조국 사이에서 자신의 운명을 선택해야 했는데, 그는 조국의 독립을 위해 모국과 투쟁했다. 아르헨티나 부에노스아이레스의 메트로폴리타나 성당에 산 마르틴의 묘가 안장되어 있다. 근위병이 대통령궁에서부터 이 성당의 산 마르틴 석관 앞까지 행진하며 그에 대한 남미인의 사랑을 신고한다. 산 마르틴이 대륙을 근거지로 펼친 독립운동의 모습은 이러하다. 아르헨티나 출신의 산 마르틴은 스페인군 장교였지만, 망명 칠레 인들을 규합하여 5,000여 명의 '안데스 독립군'을 창설한다. 1817년 안데스를 넘어 칠레를 먼저 공략하는데 그것은 아르헨티나의 독립을 확고히 하기 위해서는 페루의 위협을 제거해야 하기 때문이다. 이렇듯 중남미에서 벌어지는 독립운동은 서로 얽히고설킨다.

호세 아르티가스José Gervasio Artigas, 1764~1850의 활동 범위는 우루과이·브라질·아르헨티나·파라과이 등이다. 독립은 대륙 모두가 갈구하고 적은 하나이니 네 싸움 내 싸움 가릴 게 아니다. 20세기 일본의 제국주

① 리마 ② 코르도바 ③ 부에노스아이레스에 있는 각각의 산 마르틴 동상.
산 마르틴 역시 아르헨티나·파라과이·칠레·페루 등 여러 나라에서 독립활동을 편다.
그의 동상을 남미의 여러 도시에서 자주 보게 되는 것은
자연스러운 일이지만 포즈가 모두 비슷하다.

의에 맞서, 서로 깊게 연합하지 못했던 아시아의 독립운동사와 비교된다. 물론 중남미의 독립이 이들 영웅들에 의해서만 이루어진 것은 아닐 터이다. 산 마르틴 장군이 부하들을 수없이 희생시키며, 그나마 얼마 남지 않은 녹초가 다 된 병사들을 끌고 진군하여 간다. "이게 다 자유를 위해서이다." 병사가 되묻는다. "자유가 뭔데요?"

난세는 자꾸 영웅열전을 만들지만, 라틴아메리카의 독립은 오히려 파리 목숨처럼 내던져진 인디오 병사들의 힘으로 이루어졌다. 특히 중남미의 카우보이인 가우초의 군사적 역할도 크다. 거친 광야에 익숙한 가우초의 승마술, 생존술은 독립운동에 큰 힘이 된다. 가우초들에게는 '하늘이 주인이 없는 것처럼 땅에도 주인이 없다.' 이들에게 낭만과 자유와 유목적 삶의 가치는 다르지 않았다. 호세 에르난데스 José Hernández, 1834~86가 가우초문학을 묘사하면서, 가우초의 삶이 하나의 문화처럼 그려졌다. 에르난데스는 실천하는 문학가로 독립 후 가우초와 연대해 독재정권에 투쟁했다.

"그 누구도 누구보다 중요하지 않다. 밤하늘의 별보다 더 좋은 지붕을 알지 못하며, 자신의 분신 같은 말을 타고 풀의 바다를 떠도는 자유보다 더한 영광을 알지 못한다." 에두아르도 갈레아노, 『불의 기억』 영웅의 그림자가 클수록 자칫 그 밑에 민중의 홍건한 핏자국은 흐릿해진다. 그러니 독립운동사에서 영웅주의는 국가주의가 만드는 인상이다. 독립운동에서 크리오요의 역할은 좀더 조직적이고 기술적이었는데, 이 유산자有産者인 크리오요가 보인 독립을 원한 목적은 민중의 것과 좀 다르다. 독립 후 크리오요는 기득권을 확실히 챙기고, 정작 민중은 빈손이다.

이제 혁명은 밑으로부터 다시 불거진다. 독립은 되었지만, 중남미에서는 하나같이 군사혁명 또는 쿠데타가 연발하며 혼돈의 악순환을 계속한다. 그사이에 내홍이 곳곳에서 터진다. 이 지도자, 저 정치가, 그 대통령이 등장하지만 20세기까지도 정부는 민병 게릴라들로 인해 긴장을 놓지 못한다. 민중에게 독립은 아직 완전히 이루어지지 않은 것이다.

멕시코 남부의 산 크리스토발San Cristóbal de las Casas 지역은 아직도 경찰이 아닌 군대가 검문을 한다. 거들먹거리는 검문 군인이 못마땅하지만, 딱히 일개 이방인이 어떻게 할 수는 없다. 내가 게릴라 졸병이나 외국인 용병처럼 보인다는 말인가? "뚜리스뜨?", "예스.", "패스포트.", "여기.", "코레아노?", "그렇다니까.", "뚜 도스?", "보면 몰라?" 물론 그는 스페인말로 하고 나는 한국말로 한다. 우리나라 헌병은 경례라도 하고 시작하지만, 이들은 다짜고짜 묻는다.

산 크리스토발에 들어가는 외길은 아직도 2차선의 구불구불 산길이고 몇 시간을 휘저어 들어가야 한다. 버스는 계속 요동치고 길가의 나뭇가지가 버스의 옆구리를 때린다. 이 험한 지역이 게릴라들의 은둔지였다는 사실을 이 길이 몸짓으로 말한다. 그 덕택에 산간 도시 산 크리스토발에는 식민지 잔재가 고스란히 남아 있다. 식민지 시대의 가로街路, 공공건축, 성당이 문화유산이다. 행상들의 좌판 위에 유독 게릴라 인형이 많다. 검은 두건을 뒤집어 쓰고 기관총을 가슴에 안은 게릴라들이 두 눈을 치뜨고 본다. 귀여운 게릴라.

◀ 가우초 동상(몬테비데오).
독립 영웅의 활약 뒤에는 민중의 희생과 가우초의 활약이 있다.

멕시코 산 크리스토발. 아직도 멕시코의 혁명은 완성되지 않았다.
사파타주의자들은 치아파스 지방에 은둔하며 그들만의 커뮤니티를 형성해
사회적 영향력을 발휘하고 있다. 산 크리스토발에 펼쳐진 기념품 행상 판에서는
혁명군 캐릭터 인형이 인기이다.

전설이 된 영웅들

멕시코 혁명 시절의 사파타와 판초 비야는 그야말로 전설 속 풍운의 인물이다. 멕시코 남부 지금의 모렐로스Morelos는 아스텍 시대부터 중앙에 조공을 올리던 비옥한 지역이었다. 1600년대 식민시대에 대부분의 가용 토지가 수탈되었듯이, 모렐로스에서도 원주민들은 지주 아시엔다로부터 땅을 빌려 농사를 짓게 되었다. 독립이 되고 1874년, 이 마을의 촌장 호세 사파타는 이제 땅을 농민들에게 돌려주도록 정부에 탄원한다. 늙어 병상에 누워서도 신문고를 울려대지만, 대통령 디아스는 시큰둥하고 호세 사파타는 세상을 떠난다.

그의 아들 에밀리아노 사파타Emiliano Zapata, 1879~1919는 선대의 기록을 뒤져 부친의 유업을 잇는다. 기득권자들은 "만약 아네네쿠일코 사람들이 씨앗을 뿌리고 싶으면 꽃병에나 뿌리라"며 비웃을 뿐이다. 1910년 사파타는 무력으로 아시엔다의 담을 무너뜨리고 농민들에게 땅을 분배한다. 그가 성난 혁명가가 되는 장면이다. 사파타는 세련되고, 여자들에게 매력 있는 남성이며, 여성스런 투우사이거나, 사제 같기도 하며, 뛰어난 말몰이꾼이었다.

사파타는 차로charro라는 목동의 복장을 죽을 때까지 벗지 않는데, 큼직한 콧수염, 몸에 꼭 붙는 검정 케시미어 바지, 잘 닦은 은색 단축, 챙이 넓은 모자, 린넨 셔츠와 스카프, 부츠와 박차, 벨트와 권총은 이 혁명아의 이미지로 굳어진다. 그즈음 멕시코 북부에는 판초 비야가 활거하고, 멕시코는 무정부 상태로 치닫는다. 전투 중 사파타는 아무런 배상도 않고 대농장에 불을 질러 토지를 빼앗아 농민에게 나누어주었다.

때때로 사형 집행과 재산 몰수가 잔혹하게 이뤄졌다.

멕시코에서 1910년 선거에서 패배한 프란시스코 이그나시오 마데로Francisco Ignacio Madero, 1873~1913가 미국으로 망명한다. 거기에서 대통령을 자임하고는 멕시코로 돌아온다. 마데로를 지지한 사파타는 남부해방군 2만 5,000명을 끌고 멕시코시티를 접수한다. 수도의 시민들에게 이 정복군의 행태는 의외였다. 왕궁을 침입하거나 부녀자를 범하지 않고 집집마다 찾아다니며 먹을 것과 마실 것을 '부탁'하는 농민군을 보고 놀란 것이다. 2주일 후 사파타와 비야는 왕궁을 방문했다. 두 혁명가는 민간 대통령을 선출할 때까지 힘을 합쳐 싸울 것을 약속했고 사파타가 구호로 내건 토지와 자유의 '아얄라 강령'을 비야도 수락했다.

결국 포르피리오 디아스Porfirio Díaz 대통령이 사임한 그해 1911년, 멕시코시티는 큰 지진이 땅을 흔들어 인심이 흉흉했다. 이렇게 해서 압도적인 지지로 정권을 잡은 마데로는 문민통치를 펴는데 이 거친 혁명 시기에 잘 먹혀들지 않는다. 사파타도 마데로가 아얄라 강령을 실천할 의지가 있는지 의심이 든다. 혁명 동지들과 세력을 나누는 데 있어서도 마데로는 자책골을 넣는다. 배신자 우에르타Victoriano Huerta, 1850~1916를 풀어주고 포용한 실수이다. 한 번 배신한 자는 또다시 배신한다.

1919년 마데로는 부통령 수아레스와 함께 반란군에게 붙잡혀 연방교도소에서 사형에 처해진다. 죽은 뒤 그는 성 프란시스코 마데로 불려진다. 정국은 반전되어 마데로를 지지하던 카란사Venustiano Carranza, 1859~1920가 공화국 초대 대통령에 오른다. 집권한 카란사는 사회개혁보다는 정치개혁에 몰두하며 주변 세력을 척결한다. 카란사는 게릴라 토벌에 나선다. 1917년에는 비야의 군대를 붕괴하고 사파타를 고립시켰다. 카란사 정부군은 농민군 가담을 미끼로 은밀히 사파타와 비밀회담을 약속한다. 1919년 회담 장소로 향하던 사파타는 매복한 정부군이 쏜 총에 맞아 죽었다.

판초 비야Pancho Villa, 1878~1923는 멕시코 북부 치와와Chihuahua 출신으로 본래 이름은 도로테오Doroteo Arango였다. 그는 사파타와는 여러 가지로 비교된다. 그는 무식했고, 사회 밑바닥 출신이다. 아시엔다 소작농이었던 아버지를 일찍 여의고 어머니와 가계를 꾸리지만, 소년 시절부터 이미 사회의 주류에서 밀려나 있었다. 이 전설적인 인물을 소재로 수많은 소설·서사시·노래가 전해오는 것은 그의 만만치 않은 사람됨 때문이다. 그는 로빈 후드로 비유되고, 멕시코의 나폴레옹이 되기도 하고, 거친 혁명가이면서, 망나니 살인자이기도 하다.

그는 80킬로그램의 거구로 근육질에 억센 턱과 강한 이를 가졌으며 갈색 눈에서 뿜어내는 카리스마로 주변을 제압한다. 동시에 병사들에게는 격이 없는 친근함을 보인다. 돈 떨어진 병사에게 주머닛돈을 주거나, 집안 걱정 많은 병졸과 들판에서 같이 자기도 한다. 그는 술 담배를 하지 않지만, 여자가 여럿인 바람둥이다. 공식적으로 네 명의 부인이 있고 애인은 헤아릴 수 없으니 자식이 몇 명인지 알지 못한다. 1812년 전쟁에서 미국 본토를 공격한 최초의 외국인으로 기억된다. 영웅만들기는 자꾸만 전설을 두껍게 쌓아간다.

판초 비야는 마데로에 동조하며 혁명의 길에 들어선다. 처음에 그는

총통 의자에 앉은 비야와 사파타. 이 둘은 멕시코 혁명 과정에서 협동하기도 하고 반목하기도 한다. 이념도 그렇고 성격도 서로 다르다(크리오 기록, 연방의회도서관, 멕시코시티).

아래 | 냉혈한 비야는 어린이를 사랑했다(크리오 기록, 연방의회도서관, 멕시코시티).

단 40명의 병졸을 이끌고 정부군을 격파해나간다. 1913년 즈음에는 3천여 명의 군사를 거느리게 되었고, 군사력이 뛰어난 게릴라가 되어 치와와 주를 장악한다. 여하튼 그는 모래바람을 일으키며 혁명군을 이끌고 멕시코 북부를 휩쓴다. 그는 무식했지만 이상주의자였다. 점령지마다 학교 세우기에 힘썼고 고아들을 보듬었다.

그는 이론 없이 사회주의를 실천하고 있었다. 싸게 생필품을 나누고, 과부와 빈민을 보살피는 등 매우 자상했으나, 잔혹할 때는 그의 피까지 차가워진다. 그는 어떤 이념이나 혁명 논리에 의해 움직이는 것이 아니라 실천하는 행동가였다. 대지주의 토지를 몰수하여 농민에게 분배하거나 미국의 영향력을 거부하고 농민의 권익을 위해 싸웠다. 그는 미국 정부의 눈엣가시가 되고 끝내는 1923년 정부측 계략에 휘말려 암살당하고 만다. 이는 멕시코 혁명 시기에 하루살이처럼 정권이 바뀌는 상황의 일부분일 뿐이다. 혁명은 영웅과 반역자를 자꾸 만든다.

체 게베라는 아르헨티나 부에노스아이레스의 그런대로 유복한 부르주아 집안에서 태어났다. 체라는 이름은 혁명 중 굳어진 것이고 본래 이름은 에르네스토 게바라 드 라 세르나 Ernesto Guevara de la Serna, 1928~67 이다. 그에게는 의과대학을 마치고 의사로서 누리는 안온한 도시민의 삶이 예정되어 있었다. 체는 청년 시절을 아메리카 유랑으로 마치고자 했다. 이 유랑을 통해 그는 한 사람의 혁명가로 거듭났다. 그때의 그 대륙 무전여행기가 『모터사이클 다이어리』이다. 에르네스토는 친구 알베르토와 구닥다리 모터사이클을 타고 부에노스아이레스를 떠나 북진한다.

중고 모터사이클은 그 당당한 이름——'포레 로사 도스'^{힘찬 핑크 2}——에도 불구하고 얼마 못 가 폐품이 되고 말지만, 여행은 계속된다.

체는 점차 민중을 들여다보게 되고 그들의 삶에 동화되어간다. 고질적인 천식을 앓던 유산자의 아들은 여행을 마치고 난 후 쿠바 독립운동에 투신한다. 그는 투철한 공산주의자가 되었으나, 형편없는 군사력의 아마추어 게릴라였다. 카스트로와 협력해 신화 같은 승리를 거두며 쿠바를 제국주의로부터 독립시킨다. 그는 공산주의 쿠바 정부에서 국립은행총재, 재무장관, 외교전사 등 고위 관리를 지내면서도 육체노동을 거르지 않는다. 그러나 쿠바는 소련의 원조 아래 점차 부자유스러워지고, 체는 반 소련주의로 돌아선다. 카스트로의 친소 공산주의는 체의 이상주의와 거리가 멀어지고 결국 체는 쿠바를 떠나기로 결심한다. 무엇보다 아직도 남미의 여러 지역이 혁명을 기다리고 있다.

체는 쿠바를 떠날 시간이 되었음을 안다. 콜롬비아, 베네수엘라는 이미 투쟁 중이었고, 체는 남미에서 제2의 베트남 전쟁을 일으키자고 주창한다. 1965년 그는 쿠바를 떠나 볼리비아의 밀림으로 들어간다. 친소련으로 입장을 정리한 카스트로 역시 반 소련적인 체가 불편했다. 카스트로의 이중성이 드러나는 대목인데, 체는 외부 지원을 받지 못하고 고군분투 끝에 1967년 정부군에 잡혀 볼리비아의 한 시골 마을에서 사형에 처해진다. 사형대에 선 체를 향해 총을 든 하사관이 두려움에 떤다. "쏘아, 겁먹지 말고 방아쇠를 당겨!" 하사관은 나중에 이렇게 말한다. "그의 눈이 강하게 빛나고 있었습니다. 나는 그에게 매혹당했습니다."

나중에 공개된 시신의 사진에서 체는 눈을 똑바로 뜨고 있었다. 그의

체 게바라 기념광장(산타 클라라).
"영원한 승리의 그날까지" Hasta La Victoria Siempre.

시체는 한동안 이국에 버려졌다가 1997년 한 공동묘지에서 발견되어 지금은 쿠바의 산타 클라라에 묻혀 있다. 그가 쿠바의 역사이듯 산타 클라라는 혁명의 메카가 된다. 그의 고향 아르헨티나 국민도 체를 국민 영웅으로 추대하고 싶지만, 정부와 관료들은 마뜩찮아 했다. 행상들이 체를 캐릭터로 하는 기념품이나 만들어 팔 일이다. 어차피 체도 독재자 후안 페론Juan Domingo Perón의 조국을 끝까지 마땅해하지 않았다.

세계 어느 지역이나 혁명의 기억을 가지고 있지만 라틴아메리카의 혁명사는 더욱 거칠고 검붉다. 혹독한 식민지 경영, 복잡한 인종의 갈등, 빈궁과 박탈감, 독재와 부패, 관료주의 등 거의 모든 혁명의 조건을 갖추고(?) 있었다. 라틴아메리카의 지배구조는 기독교가 기축을 이루어왔다. 기독교는 정치적이었으며 식민지 경영과 분리되어 있지 않았다. 기독교는 식민지에서 기득권을 행사하고 어느 경우에는 착취를 도왔다.

중남미에는 1968년 해방신학이 등장하는데 구스타보 구티에레스 Gustavo Gutierrez가 1971년 『해방신학』 Telogia de Liberacion을 출판했다. 삶의 성령적 역할, 토착민 사목교회, 공동체 개념은 중남미 전체로 확산된다. 그러나 1979년 바티칸은 해방신학의 지지를 철회한다. 해방신학은 계급투쟁을 앞세우면서 당시 군사정권과도 알력을 일으켰다. 1980년대 브라질 오순절파와 복음교회 등에 의해 이 가톨릭 쇄신운동은 세력을 잃었다. 세계의 이성주의가, 기독교의 사랑이, 서양의 인문주의가 이 말도 안 되는 시대를 지배했다. 지배와 혁명의 극명한 대립, 인간 군상들의 희화화, 문명이라는 허구, 전쟁 속의 인간애. 모든 혁명은 피를 튀기며 거칠게, 일상을 초월하는 행위이다. 중남미의 혁명은 대륙에서 벌어지는 광야의 일이다. 그 일이 모두 순수하지만은 않으며, 회유와 모략과 엄병덤벙과 미친 짓이 섞여 있다.

민중의 투쟁은 길 위를 흐르고

중남미의 도시에는 '레포르마'라는 이름의 넓은 도로가 많다. 혁신 또는 개혁이라는 뜻으로 제일 큰 길을 차지하는데, 아직도 민중의 혁명은 이 길 위를 흐른다. 지속되고 있는 저항은 구구절절하지만, 몇 가지 축이 있는데 빈궁과 빈부 격차로 인한 서민들의 박탈감, 사회적 차별과 상대적 타자로 굳어가는 인디오의 위상, 아직도 여전한 관료주의와 부패에 대한 저항이다.

큰 도시의 소칼로, 아르마스 광장에서는 크고 작은 시위대와 자주 만난다. 물론 그 시위의 강도는 우리나라에 비해 훨씬 순하지만, 민중이 의사를 토로하는 기회는 열려 있는 듯하다. 평화로운 도보행진에서부터 극렬한 무력시위까지 형태도 여러 가지이다. 멕시코시티의 어느 여름 저녁 5시, 원래 시끌벅적한 멕시코시티의 광장이지만, 그 한편에서 이상한 소요가 일어나기 시작한다. 사람들이 모이는데 모두 인디오이니 시위를 하려는 모양이다. 약 400명, 꽤 많이 모였다. 여자들도 섞였고, 청년·중년·노인 등 연령대도 다양하다. 갑자기 모두 옷을 벗기 시작한다. 이런! 플래카드를 내걸고 남자들은 가운데 중요 부위만 가리고 여자들은 다 벗었다.

멕시코시티, 2007년 11월 3일 오후. 남자 시위대가 구호를 외치고 있다.
식민주의와 관료주의의 잔재를 씻지 못한 사회에서 민중에게 남은 의사표현 수단은
몸의 정치학이다. 태양 밑 나신의 효용성!

레푸블리카 대로 농성(멕시코시티). 도시의 현대적 면모를 배경으로 하는 민중운동은 우리에게도 익숙하다. 고층 빌딩과 천막이 사회적 계층의 대립을 보여준다.
아래 | 이그나시오 라미레스 가로 농성(멕시코시티). 멕시코의 농성문화는 예술적이기도 하다.

얼떨결에 이 상황에 휩쓸렸는데 어떻게 해야 하나? 필자는 여행자이며 국외자임에도 이 자리를 쉽게 뜰 수 없었다. 당황했지만, 광장의 사람들은 모두 무덤덤하다. 시위는 두 패로 나뉘는데 남자들은 대오를 만들고 구호를 외치며 도로의 공간을 장악한다. 전라의 여자들은 깡통을 하나씩 동원해 기금을 걷느라고 광장을 헤집고 다닌다. 남자 시위대는 피켓, 움켜쥔 주먹, 작은북을 하나씩 들고 꽤 시끄럽게 구호를 외치지만, 시위는 질서정연하고 교통을 크게 방해하지 않는다.

아마 정부 관료를 성토하는 시위인 모양인데, 그 수단이 비상식적이기에 혁명 같다. 점차 그 시위의 개념을 이해하고 나서부터는 언뜻 해프닝 예술처럼 보인다. 오렌지색 해가 기울어가는 저녁시간, 도시의 한 공간을 꽉 채운 나신들, 검은 아스팔트 위에 회오리를 일으키는 적갈색 피부들. 혁명은 이렇게 계속되고 있다.

도시를 들여다보니 멕시코시티에도 상주 시위 장소가 여럿 있다. 멕시코시티 중심에 혁명기념탑 Monumento a la Revolución이 있다. 꽤 상징적으로 생긴 이 낭만풍 건축은 1932년 절대 권력자 포르피리오 디아스가 제헌의회당으로 지었으나 멕시코의 정치적·경제적 불안으로 완성되지 못한 채 기념탑이 되고 말았다. 프로젝트는 프랑스 건축가 에밀 베르나르 Émile Bernard, 1868~1941의 설계였는데, 짓다만 건물을 버리기는 뭣하고, 건축가 카를로스 산타실리아 Carlos Obregón Santacilia, 1896~1961가 1910년 혁명을 기념하는 탑으로 만들 것을 제안한다.

그러니까 원래는 미국 워싱턴 DC의 국회의사당과 같이 큰 돔을 얹은 당당한 모양을 기대했는데, 몸체는 다 그만두고 머리만 남은 것이다.

혁명기념탑(오브레곤, 멕시코시티, 1938).
이 낭만주의 경향의 건축은 처음에 의회당을 짓기 위해 공사가 착수되었지만,
시간을 끌다가 기념탑이 되고 말았다.

그 기념성을 위해 낭만과 아르데코Art-deco: 근세 장식풍의 혼합으로 조각 장식을 보강하였다. 정방형의 평면 위에 쿠폴라Cupola: 원형 드럼 위의 돔를 얹으니 훌쩍한 입체 비례의 문루궁문, 성문 따위의 바깥문 위에 지은 다락집와 같은 조형이 되었다. 네 귀퉁이를 장식하는 조각은 국민미술가 올리베리오 마르티네즈Oliverio Martinez의 조각이다. 이 기념탑 지하에 묻힌 국가 영웅들의 이야기가 재미있다. 모두들 애국지사이고 혁명주체이지만, 서로 반목하기도 하고 정적 관계이기도 했다. 저승에 가서도 그런지는 모르겠지만, 이런 사람들이다.

프란시스코 마데로 Francisco Madero, 1873~1913 대통령, 사파타·판초 비야 등의 지원으로 정권을 잡은 민주주의 정치혁명가.

아돌포 데 라 우에르타 Adolfo de la Huerta, 1881~1955 1920년 카란사 정부 전복, 멕시코 임시 대통령.

플루타르코 엘리아스 카예스 Plutarco Elías Calles, 1877~1945 우에르타에 저항, 판초 비야에 대항, 카란사 정부에서 장관, 카란사 대통령 축출에 공헌, 가톨릭 제한, 1928년 대통령 오브레곤 암살 후 세 명의 꼭두각시 대통령의 배후에서 실질적인 권력행사, 복잡한 정적관계에서 미국 망명.

라사로 카르데나스Lázaro Cárdenas, 1895~1970 선교사 장군, 1934~40년 대통령, 외국인 소유의 산업체 몰수, 멕시코 민족주의 경영, 석유산업 국유화, 쿠바혁명 지원, 자유주의자들과 충돌.

베누스티아노 카란사 Venustiano Carranza, 1859~1920 대통령, 민족주의자, 판

초 비야·사파타와 대척 관계, 부하의 배신으로 암살당함.

판초 비야 Francisco Villa, 1878~1923 마데로와 협동하여 정권을 창출하나 마데로의 토지개혁이 미진하자 등을 돌림.

모든 이들이 지하에 모여 이념의 차이야 어떻든, 다함께 멕시코의 미래를 걱정하고 있다.

멕시코시티의 중심인 레포르마 로터리에 쿠아테목 Cuauhtémoc, 1502~25 기념 동상이 있다. 이 장소도 인디오들의 시위 거점 공간이다. 쿠아테목은 아스텍의 마지막 왕으로서 '추락하는 독수리'라는 의미의 이름을 갖고 있다. 그가 열여덟 살이 될 때 아스텍이 스페인에 괴멸되었다. 그는 정복자의 온갖 회유와 고문을 이기고 마지막까지 저항한 아스텍 인으로 기억된다. 그의 동상 앞에는 오늘도 인디오 시위대의 구호가 흩날린다.

혁명기념탑을 중심축에 걸고 있는 레푸블리카 De la Republica 대로가 웬 허섭스런 텐트들로 막혀 있다. 말하자면 상주 데모촌이다. 이 막 만들어진 텐트들이 주변의 말끔한 현대 건물과 대립되는데, 꽤 오랫동안 숙식을 하며 점유한 듯하고, 공안도 그냥 내버려둔다. 시위는 폭력적이지 않고 주어진 조건을 벗어나지 않는다.

오히려 데모의 메시지를 위한 표현은 예술적이기까지 하다. 시위대가 만드는 대형 오브제들은 꽤 표현적이고 해학이 넘친다. 이곳에는 사회주의와 공산주의도 있고, 모택동주의에 카스트로주의도 있다. 자본주의 국가와 그 정치를 못 믿겠다는 것이다.

시위는 집단적인 웅변이다. 그 웅변은 거칠지만 표현 방식은 멕시코의 민속예술에서 연유한다. 우리의 시위문화도 농악과 민화를 차용한 민중예술과 연관이 있다. 그래서 의문스럽다. 왜 항상 소외층의 수단은 토착적인 것이며, 타도의 대상은 비토착 세력이 되는가. 그 관계 구도를 중남미에서 찾자면 토착-인디오와 외래-이베리아가 되겠지만, 한국에서의 관계는 잘 모르겠다.

1968년 1월 21일 북한 민족보위성 정찰국 무장 게릴라가 서울 청와대를 습격하기 위해 세검정까지 넘어왔다. 이른바 1·21 김신조 사건으로 정국이 얼어붙었는데 당시 한국은 잘 통제된 제3공화국 시기였다. 그해 1968년은 세계가 혁명으로 들끓었다. 1964년 버클리 대학 자유발언 운동에서부터 베트남 반전운동, 1968년 프랑스 5월 학생혁명, 1969년 도쿄 대학의 전학공투회의사건, 영국·독일·이탈리아·북아일랜드 신좌파 등장, 상황주의, 히피 등 저항의 시기였다.

멕시코는 당시 디아스 오르다스 정권 시대로서 독재·탄압·부패로 시민의 저항이 일고 있었다. 멕시코국립대학 학생들을 중심으로 한 농민·노동자·군중이 시내의 틀라텔롤코 광장에 집결한다. 이 장소는 이미 4장에서 다루었다. 그런데 10월 2일은 1968년 멕시코 올림픽 개최를 앞둔 10일 전이다. 열심히 준비한 올림픽이 임박했는데, 학생들이 그들의 의사를 표현하기 위해 이를 저지하는 것이다. 난감해진 정부는 탱크와 바주카포로 시위를 무력으로 진압하며 500명의 희생자를 내고 올림픽을 치른다. 우리나라는 복싱의 지용주 선수가 은메달을 따고 장용주 선수가 동메달을 따왔지만 멕시코에서 일어난 학생운동은 아무도 몰랐다.

페루는 반복되는 군사 쿠데타에 염증을 내고 민중주의를 택하나, 1980년대 외채 위기가 중남미를 휩쓸던 상황에서 이는 좋은 선택이 아니었다. 이 뻔한 실패 뒤에 정권을 잡은 것이 무명의 일본계 정치인 알베르토 후지모리Alberto Fujimori인데 페루는 1990년부터 2000년까지 10년간 또 잘못된 선택을 한다. 이 20세기를 마무리하는 시간에 페루가 공산주의, 마르크시즘, 레닌주의, 마오주의에 휩쓸렸다는 사실에 아연해진다. 정작 당사자인 중국은 1970년대 개혁·개방에 들어갔는데, 지구 반대쪽 페루에서는 마오주의의 부활이라니 그 시차가 이해되지 않는다.

페루의 마오주의 단체는 젊은이들로 조직되었는데 폭력적이고 지식인을 응징하거나 노동을 찬양하는 게 꼭 홍위병과 닮았다. 아니 똑같이 붉은 깃발을 휘날리며 지역을 휩쓴다. 1980년에 시작된 붉은 운동은 사회의 불균형·부패·차별 등에 대해 저항의 목소리를 높이지만 그 흐름이 잘못되었다. 그들은 주로 산간 마을이나 외떨어진 지역, 이데올로기라고는 처음 들어보는 변방을 거점으로 양민을 계몽한다면서 총을 들이댄다. 운동은 2000년 들어 정부에 의해 진압되었지만, 페루 사람들은 그 기억을 두고두고 되씹는다. 유야나파크 기록사진 전시회Yuyanapaq: Para Recordar, 국립페루박물관, 2007.5.가 그것이다. 순진한 인민!

유야나파크 기록사진 전시회 1980~2000(엔리케 쿠네오, 국립박물관, 리마, 1994).
무장혁명군 옆 민중은 어설프다.

「우리는 멈출 수 없다」, 유아나파크 기록사진 전시회 1980~2000.
페루의 20세기 후반이 공산주의와 모택동주의로 지척거렸다.

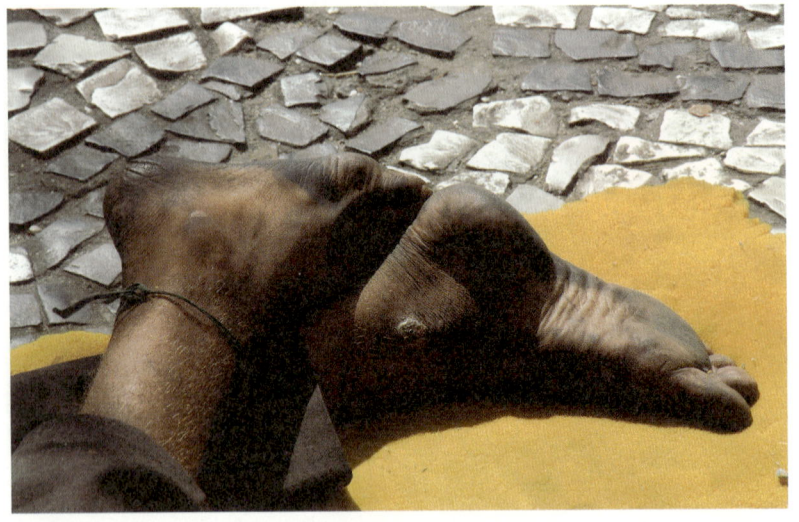

이피랑가 대로에 널브러져 있는 한 소년의 발(상파울루).
2007년 5월 7일 월요일. 오전 햇볕은 따가운데 소년은 깨어날 줄 모른다.
남미의 아동 문제는 어떤 사회문제보다 심각하다.

조용한 혁명 엘 시스테마

남미의 당면한 문제는 빈궁이다. 그러나 이보다 더 심각한 사회문제는 아동복지이다. 아직도 절대 빈곤층이 없는 것은 아니지만, 남미의 경제 중흥으로 점차 해결되고 있다. 그러나 이미 이 세기에서 해결 시기를 놓친 아동 문제는 다음 세대까지 사회 부채가 될 것이다. 가정과 학교에서 내몰리고 거리로 쫓겨난 소년들은 개인의 문제가 아니다. 그들은 구걸로 생계가 아니라 마약을 해결하고 있다.

범죄의 그늘이 그들을 옥죄어도, 정부는 크게 할 일이 없다. 휴일이 지나고 월요일 아침이 되었는데도 대도시의 보도에는 아이들이 널브러져 있다. 출근하는 사람들은 바닥의 오물 보듯 이들을 피해 돌아간다. 찌든 때의 조그만 손으로 비닐봉지를 움켜쥔 채 잠든 아이들은 언제 깨어날지 모른다. 아이들은 조그만 마약으로 효과를 극대화하기 위해 본드 흡입, 음주를 같이 한다. 이러한 장면은 도시의 으슥한 장소만이 아니라 대로에서 쉽게 볼 수 있다.

아동 문제는 베네수엘라라고 크게 나을 게 없었다. 음주, 마약, 소매치기, 좀도둑, 조직범죄, 살인으로 도시의 병은 깊어만 간다. 이 베네수엘라에서 조용한 혁명이 일어나고 있었다. 바로 엘 시스테마El Sistema이다. 30년 전 1975년 호세 안토니우 아브레우José Antonio Abreu라는 한 음악가가 길거리 소년들을 모아 낡은 악기를 쥐어주고 클래식 음악을 가르친다. 이 프로그램은 한 지하 주차장에서 낡아빠진 고물 악기로 시작되지만, 아이들이 달라지기 시작한다. 이 기적 같은 일은 전국적으로 반향을 일으키고, 사회적 지원을 얻으며 규모가 확대된다.

아브레우는 음악에 대한 애정이 깊을 뿐 아니라 경영능력이 뛰어났고 정치 경력도 있었다. 그러나 가장 중요한 것은 음악을 통한 교화에 대한 그의 신념이었다. 너무 연로한 아브레우가 과로하는 것을 주변에서 걱정한다. "걱정 마. 어차피 죽으면 쉴 시간은 충분해."

엘 시스테마는 청소년 음악 워크숍, 음악센터, 오케스트라가 종합된 그야말로 다면체적 구조이다. 교향악단의 이름은 혁명가 볼리바르의 이름을 딴 '시몬 볼리바르 청소년 오케스트라'Orquesta Sinfónica Simón Bolivar이다. 현재 베네수엘라에서는 25만 명의 청소년이 이 시스템에 참여하고 있고, 200여 개의 어린이·청소년 오케스트라와 136개의 관련 센터가 운영되고 있다. 엘 시스테마는 이제 국가적인 시스템이 되었고 베네수엘라를 문화의 중심으로 일으켜 세웠다. 베네수엘라뿐만 아니라 브라질·우루과이·에콰도르 등 남미 여러 나라에 교사들이 파견나가 이 프로그램을 진행하고 있다. 구스타보 두다멜Gustavo Adolfo Dudamel Rdmirez, 1981~ 역시 빈궁한 환경에서 자라난 소년이었다. 두다멜은 이 프로그램을 통해 지휘자의 꿈을 키웠고 선생님은 그의 재능을 알아봤다. 15세에 지휘봉을 처음 잡은 그는 18세에 '시몬 볼리바르 청소년 오케스트라' 음악 감독을 맡는다.

두다멜은 2004년 말러 국제지휘콩쿠르 우승, 2005년 BBC 프롬스에서 예테보리 심포니 지휘 등으로 국제적인 인정을 받은 뒤에 2009년부터 LA 필하모닉 음악감독이 된다. 약관 27세, 그는 시몬 볼리바르 청소년 오케스트라를 이끌고 세계 연주여행을 떠났다. 이들은 의식적으로 말러·베토벤·차이코프스키 등 거장들의 대작을 연주한다. 세

CCGM Corriente Comunista Gustavo Machado 사진. 「기적」 miércoles.
구스타보 두다멜의 귀향을 마을 사람들이 환영한다.
두다멜은 교향악 연주로 답하는데 극장이 작으니 길 위에서 열린 공연이 되었다.

상 사람들에게 자신들이 아마추어가 아님을 꾹 눌러 말하는 것이다. 그의 오케스트라는 100명의 대 편성을 고집하는데, 소년들을 한 명이라도 더 끌고 나올 셈이다.

  2008년 12월 한국 공연에서는 번스타인의 웨스트사이드 스토리 중 심포니 댄스와 말러의 교향곡 1번을 연주했다. 처음 곡은 미국적 감성의 표현이고, 두 번째는 큰 곡에 도전하는 청소년 오케스트라의 정신이다. 앙코르는 두 곡을 서비스했는데, 번스타인의 맘보와 알베르토 히나스테라의 말람보이다. 앙코르 곡 연주에 앞서 잠시 조명이 어두워진 사이에 단원 모두가 베네수엘라 국기를 의장한 점퍼로 갈아입었다. 꺼먼 연주복이 그득하던 무대가 갑자기 빨강과 노랑과 파랑색으로 변해 있었다.

  맘보는 가만히 의자에 앉아 연주하지 않는다. 연주하던 악기를 하늘에 던지고, 춤을 추듯 흥겹게 청소년 오케스트라 단원들이 무대를 휘젓는다. 그들의 원조 선생님 호세 안토니우 아브레우도 왔다. 그는 "엘 시스테마는 음악에서 출발했지만 가장 중요한 것은 '열린 시스템'이다"라고 강조하면서 "춤이나 예술철학, 경영 관련 프로그램도 서서히 운영해 음악가만이 아니라 문화·예술 분야의 경영자, 예술 코디네이터도 함께 키울 것"이라고 엘 시스테마의 앞으로의 계획을 밝혔다. 그는 2010년 우리나라에서 제10회 서울평화상을 수상한다. 두다멜과 엘 시스테마의 이야기는 다큐멘터리로 제작되어 우리나라에서도 2010년 8월 개봉되었다.

  우리나라도 이 교육 시스템에 관심을 기울이고 있다. 그렇지 않아도고 알로이시우스 슈왈츠 신부Aloysius Schwartz, 1930~92가 1979년 부산에 창단한 관현악단이 있다. 정명훈이 지원하며 아들 정정민의 지도를 받는 알로이시우스 관현악단은 2010년 2월 뉴욕 맨해튼의 카네기홀에서 연주회를 갖고 칭찬을 받은 바 있다.

브라질의 정치가 쿠비체크는 1940년 벨루오리존치의 시장이 되고, 대대적인 도시 개조와 신도시 팜풀라 구축에 힘쓰며 '건축 시장' 같은 역할을 했다. 팜풀라의 건축을 들여다보면 영락없이 1950년대 브라질 부르주아들의 근대적 삶과 닮아 있다. 보다 세련되고, 완전히 서양풍이어야 하며, 계급적이어도 좋으니 주변과 차별되어야 한다. 이들은 댄스홀에서 호수의 밤을 즐기며 저녁마다 파티를 연다. 자지러지는 여자들의 웃음소리, 요리냄새와 와인의 향, 달빛, 그리고 이들을 비추는 물그림자. 이것이 브라질 모더니즘의 이상이다.

12 건축에 드리워진 정치의 그늘

예술 또는 프로파간다

이제 라틴아메리카도 20세기에 들어섰다. 그리고 모더니즘이라는 서양문화의 보편성을 빌미삼아 뒤집어쓴다. 물론 이러한 사정은 제3세계와 한국 모두 마찬가지인 운명이다. 독립 후 라틴아메리카도 근대화가 시작되지만, 식민시대의 잔존 문화가 딴지를 걸고, 모더니즘은 지척거린다. 그것은 다분히 라틴아메리카의 문화가 정치와 사회로부터 자유롭지 못한 탓이다.

봉건시대에 기념적인 건축이 매너리즘을 취하는 것은 예술의 정치성 때문에 벌어지는 일이다. 인디오와 평민들에게 왕실의 권위를 확실하게 각인시키기 위해서는 대규모 광장과 거창한 기념물이 필요하다. 기독교회당의 우월성을 증명하기 위해서 대단한 스케일과 장려한 양식을 부추긴다. 이러한 분위기는 궁실과 교회 건축만이 아니라 상업 건축에도 영향을 미치는데, 대도시의 자본가들은 유럽 건축가들을 데려와서라도 자신의 기념비적인 건물을 매너리즘으로 표현한다.

부에노스아이레스는 일찍이 서구적인 도시를 이루는데, 유럽을 흠모하는 도시는 중심가에 매너리즘 건축을 집중시킨다. 왕궁과 대성당과 정부청사가 중심의 일곽을 이루며 그 주변에서 상업 건축이 낭만주의의 잔치를 벌인다. 과시적 건축은 별로 효용도 없는 부분에 돈을 들이거나 본래 기능을 훼방하는 조형도 마다하지 않는다. 부에노스아이레스의 중심축인 '5월 가로' Avenida de Mayo에 있는 바롤로 빌딩 Edificio Barolo은 1935년까지만 해도 아르헨티나에서 제일 높은 빌딩이었다. 빌딩을 성관처럼 짓기에 온갖 장식 조각을 입고 건물이 무거워진다.

이 디자인이 무척 마음에 든 우루과이의 개발업자 살보Salvo Hermanos는 이 조형을 살보 궁전에서 재현한다. 이 건축은 상업·업무·주거 복합 건축이지만 궁전이라고 부른다. 몬테비데오의 살보 궁전은 도시의 주축 도로인 '7월 18일 대로'Avenida 18 de Julio와 중심 광장인 독립광장Plaza Independencia에 접하면서 자신의 몸매를 한껏 뽐낸다. 건축가는 각층마다 장식과 디자인을 달리할 만큼 설계에 공을 들였다.

이 탑의 꼭대기는 등대처럼 회전하는 불을 밝혀 몬테비데오의 상징이 되었다. 건축은 수직적으로 3분할이 되는데 단테의 『신곡』이 주제이다. 상단부는 낙원, 중간부는 연옥, 지반층은 지옥이라고 한다. 건물의 석조와 청동 장식은 용·뱀·두꺼비·달팽이·문어·벌 등의 문양으로 이 세계를 은유한다. 건축이 문학적이고 싶은 이유는 '고상함'을 향한 욕망 때문인데, 20세기 도시 건축에서는 이러한 문학적 수사가 합목적성을 앞지르는 것이 매너리즘이다.

중남미의 근대건축은 시기적으로 좀 지체되는 경향이 있지만, 서구의 예술 양식을 대부분 복사한다. 이는 서구 문화를 보편적 사실로 인식하면서도 수용하는 시간 때문에 한 박자 뒤지는 제3세계 국가의 사정일 것이다. 중남미는 20세기 초에 들어서야 아르누보Art-Nouveau를 만들고 있었으며, 20세기 중반에야 국제주의를 구현한다. 중남미에서는 아주 전문적인 건축 기술이 아니면 보통 아르누보와 아르데코를 혼합하여 쓴다. 그것은 지리적으로 유럽보다 북미에 더 가깝기 때문일 것이다.

바롤로 빌딩(마리오 팔란티, 부에노스아이레스, 1922).
사무소 빌딩 치고는 너무 무겁다.

살보 궁전(마리오 팔란티, 몬테비데오, 1927). 한 건축가의 디자인이 두 나라 도시에 복제되어 세워졌다. 이러한 매너리즘의 표현이 남미의 근대 초기 건축양식을 지배했다.

상파울루 건축대학원Faculdade de Arquitetura e Urbanismo da U.S.P.이 있는 이기에노폴리스Higienópolis는 상파울루가 일찍이 만든 근대적 도시 주거지이다. 이곳에 건축주 콘지 펜테아두Conde António Álvares Penteado가 자신의 저택을 아르누보로 짓는다. 주변이 근대적인 아파트 동네인데 비해 이 건축은 앞마당을 둔 저택의 형식이기에 주변 환경으로부터 벗어나 자유로운 조형을 구사한다.

외관에서 시작되는 아르누보 장식은 내부로 연속되며 가구와 미술을 만나 풍부해진다. 2층의 볼륨은 중앙 홀에 들어서 개방된 중심을 만들고 그곳에서 동선이 분지한다. 중앙 홀의 장식에서는 전형적인 아르누보 요소로서, 흐느적거리는 식물의 유기적 묘사와 기하학적 패턴이 구사된다. 감성적인 상세 묘사, 철 공장工匠의 섬세한 솜씨, 요소를 독립시키며 집중시키는 장식, 조명 기구의 환상적 의도, 가구와 집기를 아우르는 통합성도 뛰어나다.

브라질의 중부 도시인 벨루오리존치의 시청사Prefeitura de Belo Horizonte는 1935년 설계 경기를 통해 이탈리아 건축가 라파엘로 베르티Raffaello Berti가 구현시킨 국제적인 건축이다. 바르고 곧은 선들이 만드는 볼륨, 직립한 시계탑, 대칭을 벗어나면서도 중심은 흐트러트리지 않는 구조를 볼 때 부분으로서는 아르데코이고 전체 구성에서는 세제션Secession : 근대 유럽에서 일어난 옛 양식으로부터 일탈하는 분리파 운동이라 할 만하다.

내부 재료는 흑백 대리석으로 절제된 감각을 뽐냈으며 공간의 전개는 고전적이다. 무엇보다 이 건축의 주역인 중앙 홀은 전면적인 천창天窓을 통해 빛을 머금는다. 이 옅은 볼트형 천창은 다분히 오스트리아 빈

우체국Postparkasse Wien을 연상시키지만, 빈에서 벌어지는 우아한 빛의 부유浮游에는 미치지 못한다. 좀 기울어진 시선에서 보면 파시즘 건축을 닮은, 이탈리아 건축가의 모던한 솜씨이다.

우리나라도 그랬지만, 제3세계에서 식민지 경험 뒤에 해방공간을 '근대화'하는 수단은 '서구화'라는 게 통념이다. 중남미에서도 '독립-근대화-서구화'라는 수순이 당연했던 것은 독립을 이끈 크리오요의 역할 때문이다. 크리오요는 비록 남미에 태반을 묻고 태어났지만 지식계급이며 유산자이다. 민초들이 흘린 피는 이 거친 땅에 스며들어버리는 데 비해, 크리오요는 독립 후 지배계급이 된다. 그리고 인종 갈등과 독재로 얼룩진 근대사는 다시 피의 희생을 보챈다. 독재는 국가주의를 끌어안고, 포퓰리즘은 정권의 가면이다.

아르헨티나에서 페론Juan Domingo Perón, 1895~1974과 에바María Eva Duarte de Perón, 1919~52의 인기는 아직도 대중과 정치인들 사이에서 뜨겁다. 에비타에바의 애칭는 연예인 출신으로 페론의 눈에 들어 1946년 영부인이 된다. 그녀의 빼어난 용모와 인생 역전사가 대중의 마음을 사로잡는데, 여성운동, 민중 구휼 등의 활동을 통해 페론의 포퓰리즘 정치에 큰 역할을 한다. 에비타는 페론이 '영적 지도자'라 칭할 만큼 권세를 갖는데, 그녀의 포퓰리즘에 기념적인 조형을 헌사하는 정치적 예술가들이 주변에 널려 있다.

문화가 정치로부터 자유롭지 못할 때, 고전주의가 부활한다. 1930년대 아르헨티나의 군사정부 시절, 에바 페론의 재단 건축이 신고전주의

펜테아두 저택, 현재 상파울루 건축대학원(카를로스 에크망, 1902).
아르누보 양식의 건축은 남미에서 그렇게 큰 반응을 불러일으키지 않는데,
동시대 포르투갈과 스페인의 분위기가 그러했기 때문이다.
유럽에서 아르누보는 프랑스어권의 훨씬 부드러운 조형과 독일어권의 보다
강직한 조형으로 구분된다.

펜테아두 저택 중앙 홀. 실내장식에서 프랑스 풍의 아르누보를 격조 있게 담아낸다.
흐느적거리는 식물 문양, 유기체 같은 장식 가구, 벽화가 면밀하게 통합되어 있다.

벨루오리존치 시청사(라파엘로 베르티, 1936~39).
격자로 구성되는 파사드와 시계탑이 구성적인 독일어권의 아르누보 양식이다.

중앙 홀의 근대적인 표현은 동시대의 통념이었던 낭만풍 문예와 대비된다.
옅은 볼트로 된 천장에 유리 블럭이 빛을 내린다.
독일식 아르누보는 프랑스식보다 좀더 강직한 인상이다.

양식으로 만들어진다. 에바는 이 그리스 신전 같은 건축에서 빈민 구휼 사업을 펼친다. 에바가 떠난 후 이 신고전주의의 건축은 대학이 되었지만, 에바와 관료주의가 만든 기념적인 건축은 허다하다. 건물 양식도 그러하거니와 건물마다 수많은 기념판이 공산당 훈장처럼 걸려 있다. 프로젝트에 참여한 행정 관료만이 아니라, 후에 취임한 기관장들도 앞다투어 하나씩 이름을 새겨넣으니 로비는 온통 기념동판 범벅이 된다.

아르헨티나 국립도서관Bibllioteca Nacional은 부에노스아이레스 도심에 있지만 녹지 동산 안에 위치한다. 도시 구조에 얽매이지 않아 조형은 자유롭지만, 도서관의 건축 형식으로는 여러 가지가 마뜩찮다. 우선 도로에서 깊숙이 들어간 언덕 위에 있어 접근이 힘들고, 합목적성보다는 기념성을 띤 조형이다. 1~2층은 오픈 홀이고 그 위의 3~4층이 도서 서비스 공간인데 이용자는 수직적으로 긴 동선을 감내해야 한다. 넉넉한 대지에 도서실을 굳이 높게 쌓는 것은 기념비적인 조형의 만듦새 때문이다. 3~4층은 밑에 받치는 구조체 없이 건물의 일부를 공중으로 돌출시킨 캔틸레버인데, 건축의 구법을 괜히 어렵게 하는 것도 강한 형태적 욕망 때문이리라.

국민영웅이 된 건축가 오스카 니마이어

브라질의 근대건축가 오스카 니마이어의 원래 이름은 좀 길어서, 오스카르 히베이루 데 알메이다 데 니마이어 수아레스Oscar Ribeiro de Almeida de Niemeyer Soares이다. Ribeiro, Soares는 포르투갈어이고, Almeida는 아랍어이며, Niemeyer는 독일어이다. 그러니까 그는 최소한 세 개 인종의

국립도서관(테스타 블리흐 카잔니가, 부에노스아이레스).
1955년에 건축이 시작되었으나 그동안 여러 가지 상황으로 시공이 지체되다가
1992년에야 문을 열었다. 건축가는 공공시설로서의 기능보다도 과장된 몸짓에 열심이다.
그래서 언덕 위의 기념비 같은 도서관이 되었다.

피가 섞인 메스티소이다. 원천적으로 브라질의 문화는 생기발랄하다. 브라질의 대지와 빛은 유럽과는 다른 색채를 만든다. 식민문화가 유럽을 재현하려 해도 유럽의 침울함, 은밀함, 내재적인 어두움 등은 브라질의 낙관주의, 노출증, 명징성으로 변성되고 만다.

우리가 상식으로 알고 있는 르 코르뷔지에Le Corbusier가 브라질 모더니즘에 끼친 영향력에 비해 브라질 건축사의 기록은 인색하다. 르 코르뷔지에가 1929년 국립미술학교Ecola Nacional de Belas Artes에서 강의할 때 니마이어는 학생이었다. 1936년 르 코르뷔지에가 리우데자네이루 교육청사를 설계하기 위해 브라질에 다시 왔을 때, 니마이어는 코스타 사무소에서 일하고 있었다. 르 코르뷔지에는 그를 발탁한다.

니마이어는 자서전에서 르 코르뷔지에에 대해 이렇게 말한다. "당신의 재능과 건축을 이해하는 특별한 방식에 매료되었죠. 당신은 근대건축에 의해 제기된 완벽한 자유가 어떻게 표현되어야 하는지를 아십니다." 그 자유란 양식과 전통과 통념으로부터의 일탈에서 시작된다. 니마이어의 '브라질 모던 스타일'은 르 코르뷔지에를 기반으로 한다. 그가 잡지도 만드는데 1955년에서 1989년까지 만든 잡지의 제목이 「모둘루」Modulo이다. 그런데 점차 그는 르 코르뷔지에게 받은 영향을 흐린다. 르 코르뷔지에는 자신에게 '유용한' 사람이었지만, 자신의 건축과는 무관하단다.

니마이어는 여러 군데에서 자신을 공산주의자라고 밝혔다. 2008년에 그는 100세가 되었는데 점차 그의 이데올로기는 흐릿해진다. 공산주의가 삶의 의미, 우주, 존재와 맞닿으면 이데올로기는 흐려진다. 그는 중산층 가정에서 태어났지만 아버지의 사업 실패로 곤궁한 소년 시절을 보낸다. 부르주아에 대한 편견으로 가득 찬 세상. 니마이어는 현실과 타협해야 했고, 공산당에 가입할 수밖에 없었다. 그의 출세작인 벨루오리존치의 팜풀라Pampulha 프로젝트는 댄스홀, 요트장, 카지노 등 전형적인 자본주의 문화를 주제로 한 것이다. 그가 보여주는 공산주의와 자본주의의 이중성 또는 모순은 브라질리아에서도 드러난다.

처음부터 브라질리아는 정치와 자본을 위해 만들어졌다. 민중은 애초에 배제되었는데, 깨끗한 도시를 위해서다. 그러나 도시가 유지되는 데 꼭 필요한 3D 업종에서 일하는 사람들, 청소부, 막노동, 날품팔이, 행상들은 브라질리아 외곽에 따로 모여 산다. 적당한 대중교통이 없는 이 지역에서 브라질리아 도심으로 출퇴근하는 일은 고통이다.

보건교육청사Ministério da Educação 건축은 리우데자네이루 도심에 있는데, 마당과 필로티 건물의 지반층을 기둥만 남기고 비워서 만든 개방 공간로 지반의 공간을 최대한 개방한다. 이 건축이야말로 모더니즘·브라질·코스타와 르 코르뷔지에의 통합체이다. 조형은 필로티 위에 직립한 입방체이지만 여러 군데의 서정적 요소와 쉐이드는 남미 모더니즘의 코드이다.

브라질의 정치가 주셀리노 쿠비체크Juscelino Kubitschek, 1902~76는 1940년 벨루오리존치의 시장이 되고, 대대적인 도시 개조와 신도시 팜풀라 구축에 힘쓰며 '건축 시장市長' 같은 역할을 했다. 그는 오스카 니마이어를 절대적으로 신임했는데, 팜풀라 프로젝트는 연장 18킬로미터에 이르는 인공호수가 니마이어의 건축으로 점철되어 있다. 이후에도 쿠비체크는 니마이어와 많은 프로젝트를 함께하고 '좋은' 사이가 된다.

보건교육청사, 현재 구스타부 카파네마 궁전
(코스타·니마이어·르 코르뷔지에, 리우데자네이루, 1936~42).
브라질 모더니즘을 대표하는 이 건축은 아열대의 풍토와 니마이어의
조형감각이 통합된 결과이다.

팜풀라의 아시스의 상 프란시스쿠 교회당 Igreja São Francisco de Assis은 한적한 호숫가 주변, 탁 트인 환경에 위치해서 자신의 건축미를 잘 드러낸다. 이 작은 교회당은 연속 볼트 구조로 공간을 만드는데 큰 볼트는 네이브이고 작은 볼트들은 부속 기능을 한다. 리듬을 타고 연속되는 곡선은 중력을 무시하는 듯 대지 위에서 튀어오른다. 내외부의 장식을 맡은 칸지두 포르치나리 Cándido Portinari의 벽화와 모자이크가 중요한데, 그는 리우데자네이루의 보건교육청사를 비롯한 여러 건축에서 니마이어와 같이 작업했다.

팜풀라의 건축을 들여다보면 영락없이 1950년대 브라질 부르주아들의 근대적 삶과 닮아 있다. 보다 세련되고, 완전히 서양풍이어야 하며, 계급적이어도 좋으니 주변과 차별되어야 한다. 팜풀라의 교회당은 순례교회로서 조그맣다. 어차피 오스카 니마이어의 종교예술을 향유할 수 있는 사람들은 많지 않다. 이 소수들은 댄스홀에서 호수의 밤을 즐기며 저녁마다 파티를 연다. 이 아열대 지방의 호수는 파티를 위한 맞춤 장소이다. 무도장의 긴 테라스는 호수를 향해 열려 있다. 아마 댄스파티는 호숫가로 이어졌을 것이다.

자지러지는 여자들의 웃음소리, 요리와 와인 냄새, 달빛, 그리고 이들을 비추는 물그림자. 이것이 브라질 모더니즘의 이상이다. 물은 고요하고 주변이 호젓하니, 요트도 즐길 줄도 알아야 한다. 지금은 미술관이 된 도박장도 흥청거린다. 실제로 이 장소는 모던 브라질 시대의 상징적인 공간이었으며, 패션·여성·가전제품 등을 위한 광고의 배경으로 곧잘 등장한다.

아시스의 상 프란시스쿠 교회당(니마이어, 팜풀라, 벨루오리존치, 1943~59).
호숫가의 작은 교회당은 순례자를 위한 것으로
건축·벽화·조각 전체가 하나의 기독교 예술이다.

교회당 내부. 성단과 장식 미술은 포르치나리의 작업이다.
그는 줄곧 니마이어의 건축을 구현하는 데 함께한다.

요트 클럽(니마이어, 팜풀라, 벨루오리존치, 1940~42).
편안한 수평적 구도에 비대칭적 조형이 얹혀 있다.
모더니스트 니마이어의 조형 솜씨가 빛나는 건축이다.

팜풀라 미술관(니마이어, 1946~57).
건축 당시에는 카지노로 쓰인 브라질 상류사회의 사교장이었다.
브라질 근대를 표상하는 장소이다.

거대한 건축의 도시 브라질리아

　브라질의 근대건축은 국가주의와 모더니즘의 이중적인 성격을 갖고 있다. 다시 말해 브라질의 순수주의 운동이전의 모든 양식적 속성에서 벗어나 자유로워지려는 근대의 조형주의, 르 코르뷔지에의 작풍이 대표적이다에는 내셔널리즘의 이상이 스며 있다. 이제 그 순수주의와 국가주의가 혼합된 미학이 브라질의 국가 개발 프로젝트에 얹힌다. 쿠비체크는 1956년 대통령이 되는데, 그의 통치 기간은 팽창주의와 독재개발경제 시기이다. 그는 취임하면서부터 산업경제로의 체질변화를 위해 행정수도 건설을 추진한다. 기존의 수도 리우데자네이루에서 행정수도로 천도하려는 것이다. 박정희 대통령의 개발경제와 닮았다.

　신 수도를 위한 르 코르뷔지에의 기념적 구상은 단 세 사람의 건축가에 의해 구현되는데, 작업 구조가 단순한 만큼 통일감에 훨씬 효율을 기할 수 있었다. 더군다나 이 셋은 막역한 사이였다. 건축은 니마이어, 도시 설계는 루시우 코스타 Lúcio Costa, 조경은 로베르투 마르스 Roberto Burle Marx가 맡았다. 이들에 의해 대통령의 임기 안에 도시를 완성하려는 쿠비체크의 야심이 채워진다.

　코르뷔지에의 초기 구상대로 비행기 모양의 도시 평면에 삼권광장 Praça dos Três poderes, 머리과 J. 쿠비체크 메모리얼 Juscelino Kubitscek Memorial, 다리을 연결하는 중심축 Eixo Monumental, 척추은 기념비적이다. 두 팔을 벌린 비행기의 머리 부분이 삼권광장이며 거기에서부터 정치적 건축의 잔치가 벌어진다. 도시의 몸통인 메모리얼 가로축의 그 비인간적인 스케일은 그렇다 치더라도 실제로 보행자가 다닐 수 있는 건널목이 없다. 말하자면 걷는 사람이 없는 자동차 기반의 도시 디자인이다. 서민들은 매우 긴 거리를 우회하여 길을 건너거나 200미터 거리를 무단횡단하는 모험을 해야 한다.

도로는 일방통행인데 유턴을 통해 방향을 바꿀 수 있고 양측 도로 가운데에는 딱히 쓰임새가 있다기보다는 시각적 장대함을 위한 잔디 광장이 축을 따라 계속된다. 도시 전체가 거대한 스케일 콤플렉스에 빠져 있지만 삼권광장 역시 그 크기 때문에 비인간적인 감정을 불러일으키는 것은 물론이거니와 실제로 사람들이 머무를 공간이 없다. 뙤약볕에서 통닭처럼 되기는 싫은데 벤치나 그늘막이 없는 것이다. 사람들은 가까스로 기념탑이 만든 그늘 안에 들어가는데 그러다 보면 사람들의 군집 모양이 기념탑의 모습을 땅에다 복사한 듯하다. 어차피 그 공간은 기념적 스케일을 위해 비워져 있어야 한다.

대지 위의 가벼움, 니마이어의 건축은 모두 공중부양을 시도하고 있다. 유연한 곡선의 동작은 건축을 지반의 최소 지점에 착지시키고, 볼륨을 허체로 만드는 것이 요령이다. 이렇게 땅을 살짝 건드리는 선, 탄젠트를 발견한 것은 구조 전문가 조아킹 카르도주 Joaqim Cardoso이다. 브라질리아에 있는 건축 대부분이 그의 기술설계로 구현되었다.

외무청사 Palácio do Itamaraty는 주변에 연못을 만들고 그 안에 들어앉아 있는데, 주변의 공기를 축축하게 하며 건축의 몸체를 비추는 수면의 효과가 뛰어나다. 마르스의 조경 디자인과 니마이어의 건축이 극적으로 만드는 물그림자가 실체의 아름다움을 확장한다. 아치를 갖는 주랑은 연속적으로 리듬을 타지만, 물의 거울에서 깊은 그림자를 만들 때 매력

기념비적인 도시 브라질리아의 전경. 르 코르뷔지에의 기본 구상을 가지고 코스타(도시계획)·니마이어(건축)·마르스(조경) 3인방이 도시를 만들었다. 기념적인 건축과 도시구조가 브라질리아를 정치적 도시라 하는 이유이다. 이 근대도시는 1987년 유네스코 세계문화유산에 등재되었다.

행정부(니마이어, 브라질리아, 1959).
건축이 마치 공중부양하는 듯하다. 이러한 조형이 가능한 이유는
상당 부분 니마이어를 보조한 구조 엔지니어 조아킹 카르도주의 공로이다.

◀ 의회당(니마이어, 브라질리아, 1960). 왼쪽 돔이 하원, 오른쪽에 뒤집어 놓은 돔이
 상원, 가운데 타워가 사무동이다. 건축이라기보다는 하나의 기념비라 하겠다.

외무청사(니마이어, 브라질리아, 1959~67).
열주랑 뒤로 깊은 처마가 빛을 숨기고, 연못에 비친 건축의 자태가
전체적인 조형을 현상적이게 한다. 브라질리아의 어느 건축보다도
마르스의 조경과 건축의 화합이 빼어나다.

적이다. 이 연속 아치의 고전적 구성은 한때 세계 여러 나라의 모더니즘이 본을 떴다. 현재 대부분의 업무는 옆에 증축된 별동에서 보고 이 기념비적 건축인 외무청사는 박물관과 문화적인 공간으로 보존하고 있다.

삼권광장의 정수리에는 애국자를 위한 만신전이 자리한다. 판테온은 독립투사이며 전 대통령인 네베스를 기리는 묘당으로 정식 이름은 'T. 네베스와 애국선열을 위한 만신전' Panteão da Pátria e da Liberdade Tancredo Neves이지만, 자유와 민주주의의 만신전, 애국선열의 만신전 등 여러 가지로 불린다. 한 건물이 여러 이름으로 불린다는 것은 애매한 건물이라는 뜻도 된다. 기념관의 내용도 그러하지만 이 신 수도에서 차지하는 만신전의 위치에도 상징성이 있다. 묘당은 크게 세 토막의 볼륨으로 보이나 전체적으로는 비둘기 형상이다. 이 광장에는 비둘기가 많기도 하니 좀 통념적이기는 하나 '평화'를 상징하는 공간이 된다. 니마이어는 이 광장 안에 비둘기의 아파트까지 설계해주었다.

창이 없는 내부 공간은 극적으로 어둡고 몇 개의 이미저리로 국가주의의 감동을 그리려고 한다. 입구 홀에 들어서서 만신전의 주인공인 네베스와 만난다. 네베스는 1985년 대통령에 당선되나 취임식 전날 급서하여 대통령직에 오르지 못했다. 브라질은 그를 명예 대통령으로 추대했다. 밖에서 보았을 때 그 비둘기의 몸 안에 들어간 것이다. 암실 같은 어두운 공간 안에는 두 개의 조형물이 있는데 하나는 초대형 스테인드글라스이고 다른 하나는 벽을 꽉 채운 벽화이다. 벽화는 포르투갈 식민시대 '미나스의 모의' Inconfidência Mineira 이후 독립 영웅들의 투쟁과 희생을 그리고 있다. 스테인드글라스는 마리아네 페레치Marianne Peretti, 1927~ 의 작품으로서 비둘기가 비상하는 평화로운 율동을 그리는 듯하다.

가히 콘크리트 조형의 귀재라고 할 만한 니마이어의 솜씨는 육군본부Quartel General do Exército에서 빛난다. 이 건축은 방패를 든 군사들이 도열한 것처럼 외장 패널로 싼 직방체이다. 언뜻 단순해 보이는 이 직방체는 전면에 놓인 위병소의 힘찬 곡선을 대립시키는 배경으로 보인다. 건축이 자리하는 곳은 워낙 허허벌판이지만 이러한 배치의 연출로 위병소의 기념성이 시각적으로 잘 드러난다.

하이퍼 쉘단순한 곡면이 아니라 다층적인 입체 기하학적 구성으로서 조개껍질과 같은 모양의 구조법의 곡면은 허공을 가로지르다가 땅에 안착한다. 마침 본부 건물이 장대하고 딱딱한 직선이기에 상대적으로 큰 곡률의 운동이 더 빛난다. 대지의 왼쪽을 박차고 나온 쉘의 한 자락이 공중으로 치솟아 서서히 오른쪽으로 사그라든다. 대단한 몸짓이다. 장대한 콘크리트 쉘은 넉넉한 스케일로 그 안에 들어온 사람을 감싼다. 쉘 밑에서는 자연히 반동 음향효과가 생긴다. 이 공명하는 소리는 형태의 동적인 몸짓과 함께 더 인상적이다. 이러한 인상 때문에 사람들은 이 콘크리트 케노피를 '카시아스 공작의 검의 손잡이'Cúpula da Espada de Caxias라고 부른다.

행정수도 건축의 정점은 대통령궁이지만, 도시의 구석에 위치한다. 대통령궁은 '새벽의 궁전'Palácio da Alvorada 이라 부른다. 지평선이 뚜렷한 대지, 거기에서 건축은 작은 수평의 파동을 만든다. 관저 앞은 넓은 잔

스테인드글라스(마리아네 페레치). 만신전의 내부는 암흑이며
브라질의 독립과 근대화의 영웅들이 상징적으로 표현되어 있다.
이 2층은 검은 방이라고 하고 1층은 네베스 대통령을 상징하는 붉은 방이라 한다.

◀ 네베스와 애국선열을 위한 만신전(니마이어, 브라질리아).
삼권광장의 끄트머리를 장식하는 만신전이다. 비둘기를 모티프로 한 형태에는
리듬감이 넘치고 역삼각형으로 만든 공간은 역동적이다.

디밭이 있는 전면이 그냥 드러나 있는 열린 공간이다. 방문자와 관저 사이에는 낮은 해자가 있어 궁전의 경계를 가른다. 낮은 해자는 시각적으로 눈에 띄지 않게 자연스럽게 방문자의 동선을 차단하는 묘안이다.

대통령궁이 파라나 호수Lago Paraná를 등지고 있는 것도 경관과 방어의 목적을 함께 갖고 있다. 중남미의 대부분 수도가 마찬가지이지만, 근세까지만 해도 왕궁은 도심 한가운데 주 광장에 위치했다. 독립 후에 궁전은 대부분 대통령궁으로 사용된다. 이곳은 독재로 인한 희생, 민중의 항거, 모반과 암살의 현장이었다. 그래서 솔직히 대통령은 항상 불안하다. 그래도 도심 안의 궁전은 부왕이 국민과 가까이 함께 있음을 상징했다. 니마이어는 일찌감치 대통령궁의 위치를 도시의 제일 깊숙한 곳에 점찍어놓았다. 그러면서 대통령궁의 모습이 극적으로 드러나는 구도를 만든 것이다. 드러내고 다 보여주는 것 같지만 절묘하게 거리를 둔다.

브라질리아의 배꼽에는 대성당Catedral Metro Politana Nossa Senhora Aparecida과 브라질리아 근대미술관Museu Nacional de Brasília이 위치한다. 신도시의 문화적 공간인 이 두 건축 역시 니마이어의 솜씨이다. 대성당은 미사 장소로서의 합목적성보다도 기념성이 더 두드러진다. 직경 70미터, 열여섯 개의 피어가 땅을 떠나 하늘로 치솟아 공중에서 모인다. 사람들은 그 모양을 '예수의 면류관' 같다 한다. 또는 하늘의 영광이 땅에 사뿐히 내려앉아 하느님의 공간을 만든다. 대단한 종교적 수사이다.

알프레두 세스시아틀리Alfredo Ceschiatli, 1918~89의 조각인 「4명의 에반젤린」Evangelistas Esconturas, Mateus, Marcus, Lucas, João이 입구 축에 도열하여 우리를

육군본부(니마이어, 브라질리아, 1968~73)
군영의 정문이지만 니마이어는 하이퍼 셸 구법으로 마치 독립적인 기념물처럼 만들었다.

대통령궁인 '새벽의 궁전'(니마이어, 브라질리아, 1956).
브라질리아 외곽에 위치한 대통령궁은 주변으로부터 시각적 간섭이 전혀 없다.
오직 건축의 긴 수평체만이 잔디 위를 달린다.
이 긴 정면성은 기둥이 만드는 리듬을 위한 구도이기에 역시 기념비적 조형이다.

대성당(니마이어, 브라질리아, 1958~70).
열여섯 개의 피어가 하늘로 치솟으며 공간을 만든다.
그 앞 종탑의 네 대의 종은 1977년 스페인이 보낸 선물이다.

대성당 내부의 스테인드글라스(마리아네 페레치).
외관에서는 피어가 모양을 만들지만 내부에서는 피어 사이의 공백이 주제이다.
부챗살처럼 퍼져 내려오는 구조체 사이를 메운 스테인드글라스는 천국이다.
이 천상의 하늘과 유리 밖의 하늘이 겹쳐 보이면서 입체적 현상체가 된다.

천국으로 이끈다. 실내에서의 동선은 지표에서 옅은 경사로를 타고 내려가는데, 이 역시 내부 공간을 극대화시키기 위한 장치이다. 여러분은 이제 지저분한 지상을 떠난다. 내부는 외관이 지시했던 원추 모양의 공간인데, 실내는 40미터 높이로 치켜든 머리를 열여섯 개의 리브가 받친다. 허공에는 천사가 난다. 천국에 들어선 것이다. 치켜든 골조 사이는 모두 유리로 채워지니 내부는 아주 맑고 밝다. 이 치솟는 역학적 성질 사이로 천사가 난다. 그야말로 원융圓融의 상태이다.

스테인드글라스 작가인 페레치의 작품은 이미 애국선열의 만신전에서도 보았다. 투명한 색유리는 종교적 수사를 직설한다. 스테인드글라스는 하늘인데, 두 가지 톤으로 청색과 투명함이 교차되며, 하늘에 구름이 움직이는 효과가 나타난다. 색유리 사이로 흐린 날, 비오는 날, 또는 어둠의 날이 포착된다. 니마이어의 조형은 이러한 재현성 때문에 모더니티 이상以上의 것으로 보인다. 이렇게 종교적 재현을 구현하는 니마이어가 진정 공산주의자란 말인가.

브라질리아 근대미술관은 대성당과 나란히 있다. 지반에 얹은 돔은 원초의 형태로서 시각적 장악력이 크다. 앞서 국회의사당의 하원 부분도 돔이었는데 거기에서는 회의 장소로서의 기능이 강조되어 내부 돔의 인상은 충분치 않았다. 이 미술관에서는 돔이 만드는 공간적 장력張力을 잘 느낄 수 있다. 돔은 외관에서 볼 때보다 내부에서 스케일이 확장되어 보이는 마력을 가지고 있다. 이즈음 니마이어는 드로잉에서 대지에 몸을 가벼움으로 얹힌 편안함을 그리고 있었다. 돔의 조형이 마치 그러하다.

콘크리트로 구축된 돔은 내부에서 그 곡면의 전모를 한번에 드러낸다. 돔의 곡면은 하늘이고 바닥은 대지이다. 전시 공간은 2층으로 구성되는데, 하늘 밑의 땅 그리고 그 위에 축조된 건축의 알레고리이다. 다시 말해 돔의 내부 공간은 하늘 밑의 세계와 닮아 있다. 전시 공간은 돔의 벽체에서 독립한 경사로와 벽면으로 구성된다. 이는 전체 공간의 규모에 비해 전시 공간이 현저하게 위축되는 것이 불가피하지만, 돔을 감상하는 데 전시 공간이 방해되는 것을 피하려는 의도일 것이다. 그만큼 니마이어에게는 건축적 표현이 우선한다. 니마이어는 이 돔 조형이 흡족했는지 상파울루 현대미술관과 리우데자네이루 니마이어 기념관에서 여러 번 반복한다.

쿠비체크 기념관Juscelino Kubitschek Memorial은 신도시의 중심축에서 이어지는 맨밑 서쪽 끝단을 마무리한다. 인공 연못에 건물을 앉힐 자리를 정리하고 가로로 긴 공간을 묻었다. 대통령과 부인의 유물을 정치적 성과와 함께 전시하는 공간이다. 의과대학생이었던 쿠비체크이기에 의학 서적이 그득한 서재를 재현하였고, 브라질리아 건설의 업적, 브라질 근대화에 대한 공로가 기록되어 있다. 쿠비체크 기념관은 브라질만이 아니라 세계의 어느 대통령 기념관보다도 힘이 있다. 다시 박정희 기념관이 생각난다. 브라질리아는 1987년 유네스코의 세계문화유산으로 등록된 최초의 근대도시이다.

브라질 상파울루의 도시 공원 이비라푸에라Parque do Ibirapuera는 상파울루 시정市政 400주년을 기념하기 위해 1954년에 완성한 것이다. 공원의

규모는 브라질 건축의 거대한 스케일처럼 1,584제곱미터에 이르는데 이 모두가 니마이어의 설계와 그의 영원한 파트너인 조경가 마르스의 작업이다. 이곳은 공원과 문화 공간이 어우러져 있는데 상파울루 비엔날레 전시관, 두 곳의 근대미술관Pavulhão de Biennale, Museo de Arte Moderna, 아프로·브라질 미술관Museu Afro-Brazil, 돔Oca, Pavilhão Lucas Noqueira Garcez, 천체 과학관 프라네타리움Palnetário, 공연장 등 다양한 건축이 들어서 있는 대공원이다. 무엇보다 엄청난 녹지와 물의 공간을 가지고 있다. 언뜻 너무 큰 공원이 좋은 것만은 아니라는 생각이 든다. 이비라푸에라 버스 정류장에 내려서도 걸어서는 접근이 어려워 찾아갈 때마다 택시를 타야 했다. 이곳의 건축에서도 니마이어의 특징인 기념적인 조형을 감상할 수 있다. 아주 합리적인 비엔날레 전시관의 수평적 구도도 그렇고 리우데자네이루에서 보았던 돔의 조형이 다시 등장하는 건축도 반갑다.

우리에게 쿠리치바Curitiba는 생태도시로서 잘 알려져 있지만, 브라질은 유럽식 도시 모델을 완성했다는 점에서 흡족해한다. 이 도시에 오스카 니마이어의 기념관이 세워졌다. 건축가가 생전에 자신의 기념관을 스스로 설계하는 일은 니마이어이기에 가능하다. 니마이어는 2007년에 백 세가 되었는데 아직도 활동하고 있다. 기념관 건축은 니마이어 조형의 한 판 잔치인데, 니마이어 건축의 완결판이라고도 할 수 있다.

공간은 풍부하고 형태의 몸짓에는 거침이 없다. 앞서의 건축들이 형태를 강조했다면, 여기에서는 공간의 변주가 훨씬 활달하다. 두 개의 포물선으로 만든 공간을 '눈'이라고 하는데, 장쾌한 볼트 공간이 허공에

◀ 브라질리아 근대미술관(니마이어, 브라질리아). 돔은 무한 확장의
공간감을 갖지만, 미술관의 전시기능은 제한될 수밖에 없다.
◀◀ 오스카 니마이어 기념관(니마이어, 쿠리치바, 2000~02).
니마이어는 건축 역사상 처음으로 생전에 자신의 기념관을 디자인한 건축가일 것이다.

솟아 있는 것이 압권이다. 지상은 바람이 흐르도록 내버려두고 대신 지하공간에서 전시 기능을 해결하며, 결절마다 다채로운 공간의 전이를 선보인다. 다만 건물의 규모나 조형의 활달함에 비해 전시관의 프로그램과 컬렉션이 한가하다.

20세기 중반까지 라틴아메리카에서 모더니즘을 추진하는 힘은 정치와 예술의 근친 관계에서 형성된다. 어느 시대나 예술은 사회적이게 마련이지만 특히 제3세계에서는 프로파간다가 문화의 동력이 되는 경우가 흔하다. 이 국가주의 문화는 방향성이 뚜렷하며 불가피하게 영웅주의를 동반한다. 이것이 문화의 다양성을 향한 문턱이 되는 것은 한국의 사정도 마찬가지다.

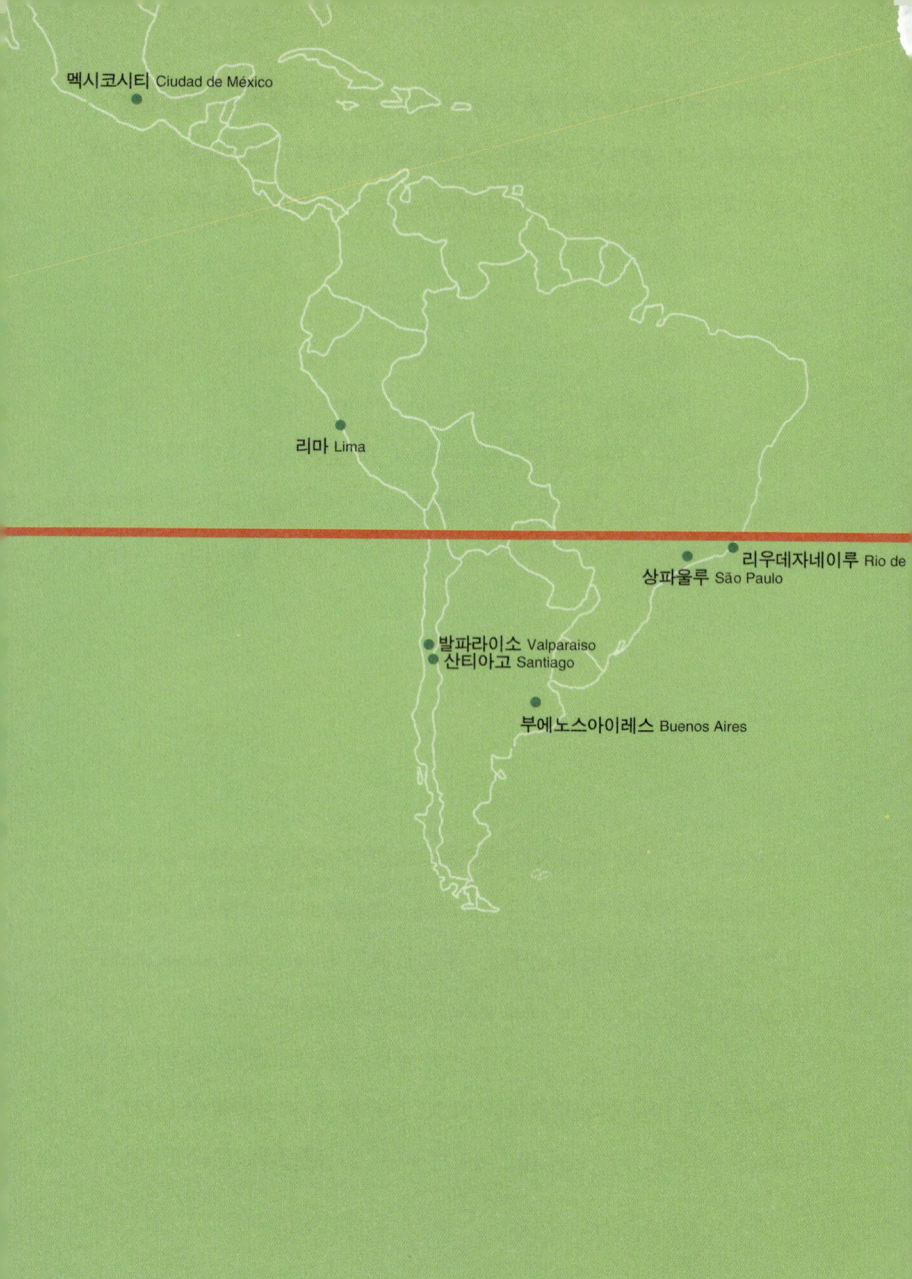

라틴아메리카 현대건축의 문화적 경향은 첫째, 여전히 중요한 전통의 가치 또는 지역적 정서, 둘째, 세계성 또는 보편적 가치인 신국제주의이다. 물론 전통에 대한 존중은 아주 느슨하게 정서적인 차원에서 이루어지기에 자유롭다. 지역적인 특색은 선천적인 아열대의 낙관성으로 밝고 힘차며 느긋하다. 반면에 신국제주의 경향은 인디헤나의 문화는 이미 오래 전에 잊혀진 채, 다분히 개인적이거나 아주 세계적인 가치를 내세운다. 시간의 동시성과 수단의 통합성이 건축문화를 자꾸만 국제주의로 내모는데 그 종국은 무엇인가. 종의 다원성은 박물관에서만 볼 수 있는 일인가. 믿음은 '순수이성비판'에만 있지 않기에 자꾸만 꺼내보는 것이 레비-스트로스의 '차이의 가치'이다.

13 아열대 모더니즘

거칠지만 힘찬 브라질 모더니즘

 1980년대까지도 라틴아메리카는 독재정치와 사회 차별에 부대끼며 피곤에 젖어 있었다. 저항에 지친 민중의 체념은 결국 다시 피압의 상태를 불러오는 악순환으로 이어진다. 이를 끊을 수 있는 것이 자기 근대화이다. 그런데 인간해방의 도구라 믿었던 근대성이라는 게 또 그렇다. 근대화라는 것이 사실은 서구가 제시한 함의와 척도가 지배하는 구조이기 때문이다. 서구적 근대성이란 '이성적'이어야 하며, '합목적적'이고, '탈역사적'이어야 한다. 세계의 어떤 문화들은 '감성'이 중요하고 '합목적'의 의미도 각기 다르며 전통을 버릴 수 없는 가치관을 가지고 있지만 모두 변방의 사정이다. 이렇게 서양이 제시한 기준이 정해지면 도달 정도를 측정할 척도를 만든다.

 근대화를 잣대로 지역의 문화를 재보면 충족과 미흡으로 갈라진다. '충족'이면 근대화된 문화이며, '미흡'이면 덜 떨어진 문화이다. 문화의 척도보다 더 무서운 것은 전 세계가 모더니즘의 우산 아래 하나로 엮인다는 사실이다. 다른 선택도 예외도 없다. 이 연대에서 일탈하는 것은 세계로부터 소외되는 두려움을 이겨낼 용기를 전제해야 한다. 제3세계의 대부분이 20세기를 모더니즘의 구령에 발맞추느라고 소진하였다. 라틴아메리카의 근대성은 유럽이 모델이었고 미국이 기준이었으며 인디헤나에게 라틴은 숙명이었다.

 레비–스트로스가 당부했듯 '역사는 하나만 존재하는 것이 아니다. 각각의 역사는 세계가 부여하는 의미와는 상관없이 그들 자체의 의미와 가치를 가지는 것'이다. 20세기 후반, 라틴아메리카는 근대화의 가치를 지역적 가치와 타협시키면서 라틴아메리카의 '대안적 근대성', '비선형 근대성', '선택적 근대성' 등을 그려간다.

모더니즘은 토착성과 식민성을 탈색하지만, 브라질의 건축은 여전히 '브라질' 위에 지어진다. 훨씬 더 큰 태양과 훨씬 더 깊은 그림자, 넓은 바다와 짙은 녹음, 게으름 그러나 낙관성. 그래서 브라질 건축은 아열대의 넉넉한 분위기를 담고 있다. 인디헤나 · 라틴 문화 · 근대성의 중합 거기에다 메스티소들의 다인종성이 얹힌다. 이 모두가 중첩되어 일어난 유전적 전이가 브라질 모던 스타일이다.

브라질의 근대건축은 그의 장쾌한 대지와 자연만큼이나 스케일에서 압도적인 쾌감을 일으킨다. 그 스케일의 미학이란 건물의 부피만이 아니라, 상상을 초월하는 스팬과 콘크리트 구법의 특별함에서 온다. 20세기에 들어서서 세계를 덮치는 회색의 분말, 시멘트는 지역성을 흐리는 희석재가 된다. 세계 어느 곳에서나 동일하게 쓸 수 있는 콘크리트는 지역성의 차이를 지운다. 그러나 라틴아메리카, 특히 브라질의 근대건축은 이 거칠지만 대담할 수 있는 매질의 특성을 살려냈다.

상파울루국립대학 Universidade de São Paulo 은 엄청나게 넓은 대지에 지어져 아직도 적절한 건물 밀도를 형성하지 못하고 있다. 그중에서 건축도시대학 Faculdade de Arquitetura e Urbanismo 은 캠퍼스의 중심에 위치하며 비교적 큰 비중을 차지한다. 1961년에 설계된 이 건축의 대담한 콘크리트 구법은 브라질 모더니즘이 가진 기술력을 웅변한다. 평면은 아트리움을 가운데 두고 외곽을 두른 장방형 구조인데, 두 개의 경사로가 3층의 동선을 서비스한다. 중정은 원래 조경이 된 정원이었으나 현재는 다목적 실

상파울루국립대학 건축도시대학(조앙 아르티가스, 1961~69).
브라질 건축가들은 콘크리트 공법에 뛰어난 솜씨를 가지고 있다.
이 대학 시설의 중앙 홀은 원래는 조경이 된 실내 정원이었다.
1층은 공공장소로 쓰이고, 2층은 도서관 및 강의실, 3층은 설계실이다.

상파울루 미술관(리나 바르지, 1957~69). 또 다른 브라질 콘크리트 공학의 솜씨.
미술관은 네 개의 지지체로 몸뚱이를 들어 올려 몸체 밑에 필로티 공간을 만들었다.
174미터 스팬의 무주공간으로 내부 공간의 개방감이 크다.

내 공간으로 개조되었다. 정원이 인조 공간으로 바뀌면서 야성은 제거되었지만, 넉넉한 공간과 격자형 지붕으로부터 빛을 담는 중정에서 활달한 브라질리언의 심성이 느껴진다. 강의실은 방 구조이나, 설계 스튜디오들은 준 개방형으로 복도에 노출된다. 이처럼 내외부 공간의 경계가 흐린 것이 아열대 건축의 특징이다.

상파울루 미술관 MASP은 이탈리아 출생으로서 브라질에서 활동한 여성 건축가 리나 바르지Lina Bo Bardi, 1914~92의 작품이다. 건축은 파울리스타Paulista대로와 길게 평행하는데, 74미터 길이의 건축을 단지 네 개의 지주로 지지한다. 프리스트레스 철강을 잡아당겨 고정시키는 공법으로 훨씬 강력한 인장력을 갖는다. 주로 큰 거리를 가로지르는 교량과 같은 구조물에 사용한다 콘크리트를 사용했는데 폭 12미터, 스팬 60미터이다. 이 건축은 완공되는 데 12년이나 걸렸다. 1960년대 브라질 사회상황이 혼란스러웠기 때문이다.

튼튼한 네 다리로 몸체를 들어 만든 필로티 공간은 도시에 개방되며 야외 전시를 비롯해 여러 가지 행사를 할 수 있을 것이다. 그러나 지금은 홈리스들에게 점령당하지 않도록 경찰들이 지키고 있다. 실내전시 공간도 초기에는 기둥과 벽체 없이 모두 터진 오픈 플랜이 기본 개념이었지만 보수적인 큐레이터들에 의해 전시벽면이 들어찬 보편적인 형식이 되었다. 지반층은 필로티이고 2층은 전시 공간이며 대부분의 특별전시는 지하에서 이루어진다. 브라질 건축은 브라질 문화의 담대함을 표현하는 데 유럽의 모더니즘에 비해 그 방식이 거칠다. 가끔 왜 이렇게 장대한 구조법이 필요한지 납득되지 않지만, 이러한 구조 자체가 근대성을 함의하고 있다.

리우데자네이루에 있는 근대미술관Museu de Arte Moderna은 도심에서부터 구아나바라 만을 향해 중심 도로를 달리다가 바다 직전에서 멈춘 위치에 있다. 이 미술관 근처에 세계대전 브라질 참전용사기념탑Monumento Nacional aos Mortos da Segunda Guerra Mundial을 비롯해 해안의 플라멩고 공원Parque do Flamengo이 있다. 여기에서 건축가 아폰수 헤이디Affonso Eduardo Reidy 역시 과감한 콘크리트 구법을 구사한다.

그는 도시에서 바다를 향한 시야를 확보하기 위해 이 미술관 건물의 다리를 들어올린다. 그렇게 만든 필로티는 바다가 보이는 경관을 위해 최소한의 지지체로 공간을 만든다. 그는 자유로운 전시 공간을 위해 26미터 스팬을 10미터 간격으로 짜고 전체 130미터 길이의 대담한 구체를 만들었다. 미술관은 1978년 대화재로 수장품의 대부분을 연기로 날려버렸지만, 지금도 건축의 기념비적 조형은 힘차다.

파울루 멘지스Paulo Mendes da Rocha의 건축도 통이 커서 대담한 몸짓과 거대한 스케일을 만든다. 구조 조형이 만드는 힘찬 역학적 거동, 프리 스페이스를 만들기 위한 큰 스팬이 그의 기본적인 형식이다. 그의 건축은 콘크리트의 '거칠지만 힘찬' 성질을 극대화하는 대신 일체의 장식적 수사를 배재해 건물의 근육질이 더욱 불거진다. 상파울루의 브라질 조각미술관Museu Brasilieiro da Escultura은 노출 콘크리트 건축으로서 든든한 두 다리가 육중한 가로대60×40미터를 받치고 있다. 대단한 기력이다. 그 밑의 필로티는 미술관의 개방형 공간을 조성하는데 앞뒤 정원을 관류하는 시각적 효과가 장쾌하다. 이것이 무리를 해서라도 장스팬 구법을 쓰는 이유이다. 조각미술관이기에 작품은 대부분 정원에 전시되며 실내

전시장은 지하에 두 개의 영역으로 갖추어져 있다. 그러니까 이 지상의 거대한 직방형 괴체는 야외 조각 전시장과 개방형 공간을 수사하기 위한 장치이다.

상파울루 파트리아르카 광장Praça do Patriarca의 캐노피는 샤 대로를 가로지르기 위한 지하도의 진입부이며, 그 경로에 있는 미술관Galeria Prestes Maia의 입구이기도 하다. 여기에서 캐노피의 재료는 철골인데 그 형태를 보면 비행기 날개에서 영감을 받았음을 한눈에 알아볼 수 있다. 혹은 큰 새가 자기 날개 밑으로 사람들을 보듬는 듯하다. 지주 사이의 거리는 40미터, 날개의 크기는 20×25미터이다.

멘지스의 건축은 대부분이 콘크리트 질료를 드러내거나 백색으로 중성적인 느낌을 준다. 그것은 빛과 감응하려는 의도로서 때로는 완곡하게 때로는 강렬하게 음영으로 반응한다. 그의 후기작품인 상파울루 피나코테카Pinacoteca do Estado는 1896년에 지어진 낭만풍의 사무소 빌딩Ramos de Azevedo을 개조한 것이다. 전체적으로 원래 건축의 자태를 흐트러트리지 않고, 양식적 규범을 재현했는데 질료가 완전히 바뀌었다. 옷을 뒤집어 입듯 헌 벽돌을 마감재로 재사용해 속이 껍질이 되었다.

미술관은 루스 대공원Parque da Luz을 등지고 있다. 아니, 대공원이 미술관을 등 뒤로 감추고 있다. 여하튼 이 붉고 낡은 듯한 물성은 공원의 녹음에 젖는다. 헌 벽돌의 푸근한 물성을 가지게 된 실내 공간에 중정의 천창을 통해 머금은 빛이 명징한 내부를 만든다. 미술관 컬렉션은 식민시대에 서양화를 체득한 시절의 작품부터 인상주의·입체파·추상·현대미술까지 폭넓다. 기획 전시가 활발하여 그림 전시에서 설치

◀ 근대미술관(아폰수 헤이디, 리우데자네이루, 1953~58).
리우데자네이루의 남쪽 바닷가, 거대한 시민공원을 마무리하는 미술관이다.
건축은 다리를 들어 자기 밑으로 사람의 동선을 흘려보낸다.

미술까지 미술관의 모든 공간이 잘 활용된다. 특히 낭만주의 시대의 그림을 통해서 브라질 근대사의 장면을 맥락을 따라 감상할 수 있다.

형태를 버린 멕시코 모더니즘

전통이 깊은 나라는 어떤 외부 자극과 내재적 변이에도 불구하고 변하지 않으려는 고집이 있다. 뿌리 깊은 나무 멕시코에서도 뚜렷한 하늘과 마른 땅이 빚어낸 낙천적인 심성이 건축의 항상성으로 작용한다. 루이스 바라간Luis Barragán, 1902~88은 형태를 버리고 공간과 질료와 색채를 취한다. 그것이 전통을 답습하지 않으면서도 멕시칸 고유의 감성을 훨씬 풍부하게 담을 수 있는 방법이다.

그의 건축은 그토록 강한 멕시칸 질료에도 불구하고 공간의 기운을 안으로 침잠시킨다. 비교적 그는 다작을 했고 건축의 규모와 형식도 다양하지만, 줄곧 그의 건축에서 어떤 정적靜寂을 느끼는 것은 최소주의로 자기 절제를 추구하기 때문이다. 그가 구사하는 질료는 투박하지만, 토착성에서 연유한 색채는 극채색이다. 특히 인디안 핑크, 군청, 선홍색 등이 백색 바탕에서 빛난다. 그래서 그의 건축은 미니멀한 입체 조형처럼 보인다.

바라간이 멕시코를 벗어나서는 작업하지 않는 데 비해, 리카르도 레고레타Ricardo Legorreta, 1931~ 는 국제적인 작업 구조를 가지고 있다. 우리나라 대구에도 봉무 집합주거단지Bong-Mu Desarrollo Residencial를 설계했다. 레고레타는 1963년부터 자신의 건축사무소를 세웠는데, 2000년부터 아들이 가세하고 이름을 Legorreta+Legorreta로 바꾸며 영역을 넓힌다.

브라질 조각미술관(파울루 멘지스, 상파울루, 1986~95).
콘크리트의 구체와 공간이 장대하다.
특히 마감을 하지 않은 노출 콘크리트는 그 거친 물성 때문에 표현적이다.

파트리아르카 광장(파울루 멘지스, 상파울루, 1992~2002).
대범한 구법이 만든 극적인 디자인은 도심의 조형물이면서
지하 공간으로 향하는 입구이다.

피나코테카(파울루 멘지스, 상파울루, 1993).
오래된 관공 건물을 미술관으로 개조한 것이다.
건축의 내부 벽돌을 밖으로 노출시켜 독특한 질감을 만들었다.
내부의 아트리움에 햇빛이 그득하다.

바라간 주택(루이스 바라간, 멕시코시티, 1947).
바라간은 멕시칸 모더니즘이 토착적 미학과 근대성을
중합시키는 데 가장 명징한 대답을 내린다.
이 주택은 2004년 유네스코 세계문화유산으로 등록되었다.

레고레타는 멕시칸 모더니즘을 추구한다는 점에서는 바라간과 같으나, 훨씬 감각적인 조형성으로 대중적 인기를 끌고 있다.

  레고레타를 세계에 알리기 시작한 것은 1968년 멕시코 올림픽을 위해 만든 카미노 레알Camino Real 호텔인데 레고레타의 색채가 멕시코의 눈부신 햇빛 아래 생생하게 빛난다. 근대라는 그릇에 전통이라는 내용을 담는 방식 때문에 우리도 그의 건축술을 주목했었다. 전통적인 건축 형태에만 집착하던 우리에게 이들 제3세계의 건축문화가 중요한 단서를 제공했던 것이다.

  그 카미노 레알 호텔의 건축술은 카리브 휴양지 칸쿤에서 다시 한 번 빛난다. 먼저 것은 도심에 있고 나중 것은 바닷가에 있는 입지의 차이에도 불구하고 색채·빛·물성이라는 기본 주제는 같다. 이때까지만 해도 레고레타는 바라간의 그림자에 가려 있었다. 레고레타의 최신작인 후아레스 콤플렉스Conjunto Juárez는 쇼핑센터, 멕시코 외무부, 연방 대법원의 청사와 안마당을 포함한다. 공원 안의 큰 연못에는 작은 대리석 피라미드를 논벼처럼 심어놓았다. 유동적인 물의 흐름과 기하적인 돌의 물성에 하늘의 풍경까지 섞여 그림이 된다. 그러니까 큰 연못에 뾰족한 산이 일정하게 솟아 있고 그 사이로 물거울이 그림을 만드는데, 구름도 생기고, 새도 날고, 들여다보는 사람도 그림 속에 빠진다.

  멕시코 산타페에 들어선 몬테레이 테크놀로지Tecnológico de Monterrey는 기술전문 대학으로서 멕시코 전국에 흩어져 있는 33여 개의 분산 캠퍼스로 구성된 새로운 시스템을 구축했다. 몬테레이 테크놀로지 캠퍼스 건축에서 레고레타는 외관보다 내부로 침잠하는데, 역시 공간에 떠도는

카미노 레알 호텔 입구(레고레타, 멕시코시티, 1968).
그의 건축은 바라간의 것과 비슷하지만 보다 감각적이다.
특히 빛과 색채는 멕시코 풍토에서 익힌 소질이다.

후아레스 콤플렉스(레고레타, 멕시코시티, 2003~05).
건축은 투박하지만 곧고, 서정적이지만 모던하다.
앞 정원의 못은 하늘을 담는 수경水鏡이며 주위의 공기를 습하게 한다.

것은 빛과 색채의 세계이다. 여전히 그는 사람들의 지각을 흔드는 능력이 탁월하다. 교사校舍는 세 동으로 엮어지는데 반복되는 정방형 평면을 구분하는 것이 색채이다. 동棟의 기능에 따라 분홍, 파랑, 갈색을 극채색으로 구사한다. 그 색깔로 물든 공간이 아트리움인데 전시를 감상하는 사람들은 색채 위를 부유하는 것 같다. 개방된 공간에 대한 색깔의 보상.

멕시코 근대건축의 다른 축 하나는 좀더 순수한 조형주의 경향이다. 이 흐름의 건축은 대개 도형의 형태를 드러내며 자기 완결적이고 기념비처럼 만들어진다. 아구스틴 에르난데스Agustín Hernández Navarro, 1924~ 의 조형은 기하학적인 구도를 극적으로 구성하기 위해 하늘이 내리는 힘을 거역한다. 에르난데스는 양식·구조·함수를 건축의 3대 권력이라고 한 바 있다. 칠순이 넘어서 작업한 최근작인 산타페의 칼라크물 교차 Conjunto Calakmul에서는 더욱 대담해져서, 건축의 기능적인 역할이 있음에도 불구하고 마치 거대한 오브제처럼 조형한다. 산타페는 멕시코시티가 높아지는 인구밀도를 감당하지 못해 건설한 신도시이다. 우리나라의 분당이나 일산과 비슷한데 건축들이 모두 낯선 느낌을 준다. 건물들이 모두 새 것이고 날카롭다.

에르난데스의 건축은 산타페에서도 마침 세 방향의 시야가 확보된 반도 같은 대지에 위치해 눈에 띄기 쉽다. 정방형 평면에 정방正方의 네 면을 세우고 가운데를 정원正圓으로 뚫어 시각을 관류시킨다. 우리는 원과 방형方形을 보며 '하늘과 땅'을 연상하지만, 작가는 '시간과 공간'이라고 설명한다. 실제로 그는 이 건축을 설명하면서 조로아스터교, 이슬

칼라크물 교차(에르난데스, 산타페, 멕시코시티, 2008).
교차로에 세워진 기념비 같은 형태, 사람들은 세탁기라고도 한다.

람, 중국, 마야, 아스텍을 인용했다. 여기에서도 공간을 파고드는 바람과 하늘과 빛으로 '소통과 원융'을 경험한다. 이러한 예술적 수사에도 불구하고, 형태가 워낙 분명하니 사람들의 반응도 즉각적이어서 통상 '세탁기'라고 한다.

차이의 가치를 말하다

서구 중심의 근대성에 대한 반성이나 대안을 찾으려는 움직임이 활발하지만, 여전히 우리는 스스로 또는 무의식적으로 국제화에 저항하기 어렵다. 건축도 세계 여러 나라가 비슷비슷한 재료를 사용하고, 대부분 미국에서 개발한 컴퓨터 프로그램으로 설계한다. 중남미의 나라들도 기후와 풍토 조건을 뒤로 감추고, 자신의 역사적 기억을 지우면서 이런 흐름에 합류한다. 이번에는 이상을 위한 것도 아니고 이념적일 것도 없다.

모두가 가는 대로 가야만 소외의 두려움에서 벗어날 수 있다. 이는 우리도 마찬가지이지만, 중남미와 같이 그 역사적 전통이 오래된 곳의 선택은 좀 다를 줄 알았다. 사실상 페루의 수도 리마는 아직 잘 정리된 근대적인 도시는 아니다. 식민시대의 낭만주의 건축이 구도심을 장식하지만, 근대건축은 아직 누추하다. 그곳에서 페루 최대의 국책 은행이 어깨를 으쓱한다. 리마의 인테르방크 본부Interbank Headquaters는 두 개 대로가 교차하는 귀퉁이 대지垈地에 있어 건축이 자태를 뽐내기에는 최고의 위치이다.

페루가 전통과 현대를 엮는데 오스트리아의 건축가 한스 홀라인Hans

Hollein을 초대했는데 홀라인이 잉카의 문화를 이해하고 작업했는지는 알지 못하겠다. 여하튼 포스트모더니즘과 잉카 토착 문화의 깊은 교류가 진행되었다. 홀라인은 활발하게 입체적으로 변하는 구성적인 건축에 짙은 색감과 여러 재료의 혼합이 다양한 시각효과를 만든다. 우뚝 선 업무 타워는 각·곡·선을 가지고 여러 얼굴을 만들면서 몸을 비튼다. 대단한 연기演技이다.

칠레도 식민과 혁명과 독재에 시달리던 근세사를 통과했다. 그러나 칠레는 비교적 백인사회의 지배력이 컸고 자본주의에도 발이 빨랐다. 이러한 역사 문화로 인해 서구식 근대화를 추진하는 데 있어서 '지척거릴' 전통이 깊지 않다. 수도 산티아고의 인디헤나 문화는 모두 휘발되어 버렸다. 그래서 도시의 건축은 식민시대의 양식이거나 아니면 근대적이다.

산티아고의 모네다 문화센터Centro Cultural Palacio de La Moneda는 도심에서도 중앙정부청사 앞에 위치한다. '모네다'란 '돈'이라는 말인데, 원래 1784년에 조폐국으로 지었던 건물이다. 이 건물은 해방 후 1846년부터 대통령궁으로 사용되는데, 독립 후에도 줄곧 혼돈으로 얼룩진 정치공간이었다. 칠레는 1931년부터 2년 사이에 대통령이 여덟 번이나 바뀐다. 1932년 이후 정국은 안정을 찾는 듯했으나, 1970년 살바도르 아옌데Salvador Allende Gossens, 1908~73가 대통령이 되면서 보수적이던 칠레가 사회주의로 전환된다.

이 변화의 시기에 사회는 극도로 혼란스러워지고 경제는 쇠퇴한다. 급기야 1973년 아우구스토 피노체트Augusto José Ramón Pinochet Ugarte,

▶ 인테르방크 본부(한스 홀라인, 리마, 1996~2001).
  오스트리아의 건축가가 이해한 페루의 토착적 상징은 무엇인지 궁금해지는 작품이다.
  저층부의 은행 홀 위에 90미터 높이 타워가 섰다. 도심의 교차점에서 어깨를 으쓱하는
  외관은 속과 겉의 색채·질감·기하학적 요소들이 다원적인 구성이다.

1915~2006가 쿠데타를 일으키고 아옌데 대통령은 이 궁전에서 끝까지 저항하다가 권총으로 자살한다. 영화 「미싱」Missing, 「산티아고에 내리는 비」Il Pleut Sur Santiago, 「지울 수 없는 기억」la memoria obstinada, 「칠레 전투」La Batalla De Chile에 등장하는 장면이다. 그러나 군벌 피노체트도 쿠데타 집권 후 군부의 친위화, 계엄령, 국회 폐쇄, 정치 활동 금지, 유명무실한 민정이양 계획으로 16년간 철권통치를 편다. 피노체트는 1990년 파트리시오 아소카르Patricio Aylwin Azócar, 1918~ 에게 대통령 선거에서 패퇴하며 칠레 민주화의 발목을 놓았다. 아마 세계적으로 독재자들은 서로 배우는 모양으로, 우리나라 정치도 이와 닮았다.

이제 독재의 정치사를 뒤로 하고 문화로 넘어가자. 칠레에서는 모네다 문화센터에서 숨 쉬는 현대미술이 중요하다. 산티아고가 이 사연이 많은 광장 밑에 문화공간을 지은 것은 어두운 구시대의 기억 밑에 칠레의 현대 문화를 심는 것처럼 보인다. 문화센터는 완전한 지하 공간으로서 도시의 일상성과 유리된다. 칠레의 건축가 운두라가Cristián Undurraga도 잉카나 페루, 전통을 의식하지 않는다.

긴 경사로에 의해 이끌려 들어온 내부 공간은 연면적 7,200제곱미터이니 작지 않은 규모이고 중앙 아트리움의 시각적 동태성이 힘차다. 아트리움의 천장 전체가 빛을 받고, 그 밑에서는 여러 가지 대형기획 프로그램이 펼쳐진다. 전시를 위한 620제곱미터 크기의 공간이 두 곳 있는데 공간 형식은 일반적인 화이트 박스이다. 문화센터는 전시 이외에 공연장 등 다목적 공간을 가지고 있으며, 페루의 대표적인 현대예술을 위한 공간이다.

'Pontificia Universidad Católica de Chile', 굳이 번역하자면 '주교가 설립한 칠레의 가톨릭대학'이며, 종합대학이고 여러 분교를 가지고 있는 명문 대학이다. 대학의 세력도 중앙 캠퍼스를 중심으로, 산 후아킨 San Joaquin, 발파라이소 Valparaiso 등의 분교로 확장되고 있다. 대개 종교학교는 고답적이거나 보수적이게 마련이라는 선입감이 있지만, 아마 이 대학의 총장은 건축에 대해 열린 마음을 가지고 있었을 것이다. 이 대학의 문화적 격조를 알레한드로 아라베나 Alejandro Aravena, 1967~ 의 여러 건축이 보여준다.

아라베나는 칠레가톨릭대학이 모교이며 미국 하버드대학원과 베네치아에서 역사·문화를 전공했다. 그는 1994년부터 교수로 재임한다. 산티아고 중앙 캠퍼스는 건설 초기부터 모든 건축이 모더니즘의 격조를 갖추어왔다. 약학대학 Facultad de Medicina에서 구사되고 있는 벽돌과 콘크리트와 목재의 조합은 원래 궁합이 좋은 질료들이지만, 아라베나는 좀더 치밀하게 세 가지 물성을 결합시킨다.

분지 도시인 산티아고에서는 만년설의 산을 볼 수 있다. 산 후아킨 캠퍼스의 투명한 덩어리는 그러니까 이 산티아고 만년설의 은유인지 모른다. 썩 좋은 느낌은 아니지만 '샴쌍둥이'라 부른다. 질료도 그렇고 부등 형, 다각형으로 치솟는 형상은 오히려 빛에 대해 아주 민감한 수정 덩어리 같다. 조형은 철저하게 담백하다. 말하자면 칠레적일 것도 없고 아메리카적일 것도 없이, 물성과 빛과 공간이 어울린다. 이렇게 해서 안팎의 풍경이 자연스레 어울리는 조형이 완성되었다.

아르헨티나의 사업가 코스탄리니 Edward Costanrini는 현대미술 작품을 수

모네다 문화센터 내부(크리스티안 운두라가, 산티아고, 2004~06).
중앙 아트리움이다.

▶ 칠레가톨릭대학, 약학대학 중앙 캠퍼스(알레한드로 아라베나, 산티아고, 2001~04).
  이 건축가의 디자인은 칠레의 공기만큼이나 담백하다.
  중정을 둘러친 건물은 벽돌과 목재의 질감으로 인해 푸근하지만
  유리와 금속이 긴장감을 만든다.

칠레가톨릭대학 이공학부(알레한드로 아라베나, 발파라이소).
가로면 외관은 맑은 유리이며, 그 안에 큰 아트리움을 품고 있어 건축 전체가 청명하다.

삼쌍둥이 빌딩, 칠레가톨릭대학, 산 후아킨 캠퍼스(알레한드로 아라베나, 산티아고, 2003~05).
건물을 다른 외피의 겹으로 싸서 이중 표피 건축을 완성했다.
건축의 외관이 한 덩이의 물질처럼 보이게 하는 수법이다.
이제 남미의 현대건축도 국제적이거나 지역적이기보다는 작가의 개별성이 중요하다.

집하는 큰 손이다. 그는 1971년부터 수집한 라틴아메리카의 현대미술 작품을 가지고 직접 미술관을 건립하기로 한다. 미술관은 1998년에 부에노스아이레스의 문화미술 지구에 속하는 위치에 AFT 건축팀의 설계로 구현된다. 피구에로아 알코타Figueroa Alcota 대로에 드러난 건축은 깨끗하고 투명하며 기하학적이다. 스페이스 트러스space truss: 공간 전체를 철골로 짠 경량 구조와 유리가 가벼운 조형을 가능하게 하며 미세한 부분까지도 정제되어 있다.

다시 말해 이 건축 역시 탈아메리카 문화이고, 신국제주의 조형이다. 여유 있는 홀에서부터 전 층을 통과하며 솟는 아트리움이 각층의 전시를 안내한다. 아트리움을 구성하는 몇 개의 사선斜線이 운동감을 부추긴다. 전체 공간은 화이트 박스이지만, 그 사이에 에스컬레이터, 테라스, 코지 코너작은 휴식공간 등으로 '프롬나드'보행공간를 삽입하였다. 건축주는 아르헨티나 최고의 민간 미술관을 만들기 위해 우루과이의 건축가 카를로스 오토Carlos Otto에게 의뢰하여 페루 광장 쪽으로 건축을 확장할 계획을 가지고 있다.

라틴아메리카의 현대건축을 통해 크게 두 가지 문화적 경향을 읽는다. 첫째는 여전히 중요한 전통의 가치 또는 지역적 정서이며, 둘째는 세계성 또는 보편적 가치로서 신국제주의이다. 물론 전통에 대한 존중은 80년대까지의 리폼Re-form · 디폼De-form의 방법과는 크게 다르며, 아주 느슨하게 정서적인 차원에서 이루어지기에 자유롭다. 지역적인 특색은 선천적인 아열대의 낙관성으로 밝고 힘차며 느긋하다. 반면에 신국제주의 경향은 아메리카적일 것도 없고, 인디헤나는 이미 오래전에 잊은 습속이며, 다분히 개인적이거나 세계적인 가치를 앞세운다.

의식적이던 무의식적이던 현대 문화를 지배하는 국제성은 우리의 현재성과 크게 다르지 않다. 21세기 건축은 지식과 수단을 공유하며 비슷한 프로그램에 비슷한 조형을 짓는다. 대표적인 예가 도시의 초고층 빌딩이다. 대지가 넉넉한 라틴아메리카의 도시들은 용적의 압박에서 자유로울 것 같은데도, 초고층 빌딩을 과시적인 욕구로 짓는다. 도시의 현재성을 상징하기에 모두 맵시를 뽐내지만, 다른 나라 어느 도시에 세워도 상관없는 디자인이다.

멕시코시티 마요르 타워는 중심가 레포르마 대로에서 우쭐한다. 우루과이 몬테비데오의 텔레커뮤니케이션 타워Torre de las Telecomunicaciones는 황폐화된 채 버려진 철도 유통지역에 우뚝 서 있다. 우리나라도 마찬가지이지만 제3세계 국가에서는 건물 높이에 콤플렉스라도 있는 것 같다. 고층 건물이 자본의 승리를 증명하듯 세워지는데 모양도 승리의 트로피처럼 생겼다. 시간의 동시성과 수단의 통합성이 건축문화를 자꾸만 국제주의로 내모는데, 문제는 그 종국이 무엇인가이다. CAD Computer-aided design와 인터넷이 문화의 공유를 가속적으로 부추긴다. 결국 지역성은 자꾸 흐릿해지고 에스페란토가 다시 떠오른다. 종의 다원성은 박물관에서만 볼 수 있는 일이 되는가. 믿음은 '순수이성비판'에만 있지 않기에 자꾸 꺼내보는 것이 레비-스트로스의 '차이의 가치'이다.

같은 물감을 가지고도 얼마나 다양하게 다른 그림을 그릴 수 있는지를 고민해야 한다. 역사에서는 줄곧 북반이 중심이며 남반은 변방으로

마요르 타워(자이들러 파트너십 아키텍츠Zeidler Partnership Architects, 멕시코시티, 2003).
현대 멕시코시티의 상징이며 자부심이지만,
이런 디자인은 이제 세계 어느 대도시에도 흔하다.

텔레커뮤니케이션 타워(카를로스 오토, 몬테비데오, 2002)
제3세계에서 초고층의 빌딩은 대개 자본주의의 자의식으로
둘러싸여 있다. 이제 세계주의는 모든 지역적 가치를 희석하며
세계를 하나의 성질로 몰고 간다.

취급되었다. 그러나 이러한 지리적 차이는 이제 의미가 없다. 서구와 아메리카는 16세기까지만 해도 서로의 존재조차 알지 못하던 관계에서, 식민시대가 되며 문화의 원천을 섞어왔고, 다시 해방공간에서 모더니즘으로 차이를 희석하며, 이제 동시성의 문화를 공유한다.

천천히 걸으면 세상은 충분히 넓다

세상의 모든 것이 모든 것으로 엮여 있다. '섞이어 엮임.' 세상의 이치 같은 명제이며 그림 같이 뚜렷한 사실이다. 한국과 남미가 어떻게 섞여서 엮이게 되었는지 아는 것도 어려운 일이 아니다. 까마득한 먼 옛날, 한 아시안 무리가 '저쪽으로 가보자'고 한다. 그들은 기어코 베링해를 넘어 아메리카에 도달했다. 근세에는 포르투갈이 매개가 된 서양 문물의 전파에 우리도 영향을 받는다. 파리 교회는 우리나라 기독교사의 큰 줄기이며 세계에 그물망을 편 예수회 선교에 우리나라도 한 끈을 쥐고 있다. 마젤란의 세계일주는 지구를 활짝 넓게 했다. 물론 세계의 크기가 커진 것은 아니지만, 서로 존재도 모르던 대륙들이 엮어지며 새로운 크기를 만든 것이다.

세상의 넓이는 세상을 어떻게 바라보는지에 달려 있다. 그래서 여행은 가급적 멀리 떠나야 한다. 남미는 우리에게 여행의 기점이 될 만한 곳이다. 다시 이 넓은 세계는 교통과 통신의 발달로 무서운 속도로 좁아진다. 이 좁아지는 세상을 다시 넓히는 것이 지식이다. 모르면 좁고 알수록 넓어진다. 크기는 속도와도 관계된다. 경중경중 뛰어다니면 좁은 세상이지만, 천천히 걸으면 충분히 넓다.

아열대 라틴아메리카는 우리와는 반대쪽 남회귀선을 허리에 두르고 있다. 거기에서 한 대륙을 누비며 성장한 고대문화는 식민지 시대를 거치며 처녀성을 유린당한다. 숲처럼 문화의 갈래를 만들던 잉카·마야·아스텍·아마조나스는 어느 날 스페인, 포르투갈로 통합되기 시작했다. 라틴아메리카는 억척스런 중년이 되어 독립을 얻지만, 다시 혁명과 독재에 부대끼며 목이 쉬었다. 실재로 중남미 사람들은 바리톤이나 알토이다.

라틴아메리카는 가톨릭이라는 종교로 통합되고 식민지성으로 결합되고 타자의 근대성으로 엮인다. 그 식민지성은 그야말로 라틴아메리카 대륙을 휩쓸 만큼 동시적이었다. 역사 시기라는 스케일로 보면 그것은 순식간의 일이었고 핵융합 같은 통합력으로 벌어졌다.

대륙은 고대 처녀의 문화에서 현대 잡종의 문화까지 몸을 맡겨왔다. 너의 고통이 나의 행복, 지배자에게 피식민지 사람들의 고뇌는 타자의 문제이다. 식민이라는 통증이 가라앉는 데에도 긴 시간이 필요했다. 피를 섞어 혼혈의 탁도를 높이고, 차별의 부대낌에 빈혈이 심했지만, 피는 모두 붉다. 그 피의 강을 건너 혁명이 거세었지만, 그 모두를 모더니즘이 평정하고 결국 구분의 가치는 점점 사라진다.

경이롭고도 여전한 지역적 차이라면 축구이고, 사소한 차이라면 자본주의의 진행 정도이다. 파라과이와 멕시코, 페루와 칠레, 우루과이와 아르헨티나, 볼리비아와 브라질 등은 근대성에 도달하는 시기가 조금 다를 뿐이다. 그리고 대부분의 나라가 이 뒤처짐을 극복하려고 부단히 애쓰고 있다. 여기에서 문화 교차가 진정 진화를 추진하는 동인이 되는

봉 헤치루(상파울루, 2007).
봉 헤치루Bom Retiro란 '좋은 날씨'라는 뜻이다. 상파울루의 중심에서
좀 떨어져 있지만, 한국 교민들이 밀집해 상권을 만든 구역이다.

지 질문을 던져야 한다. 깊은 전통이 진보의 발목을 잡는지, 문화의 교차가 종의 강세를 보장하는지, 그사이에 차이의 가치가 희석됨은 피할 수 없는 사실인지 말이다.

세계의 어느 역사도 평탄치만은 않아서, 줄곧 곤란과 갈등을 비집고 진화한다. 오히려 안온했던 시기보다는 새로운 것에 대한 두려움을 극복하며 역사는 부쩍 성장한다. 문화는 뒤척이며, 서로 다른 문화와 섞이며, 끊임없는 유전적 변이를 통해 진화한다. 역사에서도 잡종이 강세인 것은 엄연한 법칙이다. 다만 문화 교차의 진화에는 필요충분조건이 있는데, 바로 모태母胎의 건강이다. 화려한 문화 교섭을 이루던 비잔틴과 오스만 튀르크의 경우가 그랬고, 일본의 메이지유신도 그랬고, 라틴아메리카의 라틴성이 그랬듯이 여전히 중요한 유전자의 생태조건은 어머니의 건강이다.

세계의 지역문화들이 교차하면서 얻은 자신의 선험으로 서로 이웃에게 당부하는 것이 있다. 그 언질을 듣는 것이 여행이다. '상처 받은 자아와 멍든 감정.' 그들의 당부를 전하며, 라틴아메리카가 보낸 이 문화 심부름을 마치고자 한다.

참고문헌

송상기, 『멕시코의 바로크와 근대성』, 고려대학교 출판부, 2002.
에두아르도 갈레아노, 『불의 기억 2』, 따님, 2005.
엔리케 크라우세, 이성형 옮김, 『멕시코 혁명과 영웅들』, 까치, 2005.
우덕룡, 김태중, 김기현, 송영복, 『라틴아메리카』, 송산출판사, 2003.
월터 D. 미뇰로, 김은중 옮김, 『라틴아메리카, 만들어진 대륙』, 그린비, 2010.
장 그리스토프 뤼팽, 이원희 옮김, 『붉은 브라질』, 작가정신, 2005.
장 코르미에, 김선미 옮김, 『체 게바라 Che Guevara 평전』, 실천문학사, 2004.
체 게바라, 홍민표 옮김, 『모터사이클 다이어리』, 황매, 2004.
클로드 레비-스트로스, 박옥줄 옮김, 『슬픈 열대』, 한길사, 1998.

Andreoli Elisabetta and Adrianforty, *Brazil's Modern Architecture*, Phaidon, 2004.
Artiges Rosa, Paulo Mendes da Rocha, *Paulo Mendes da Rocha: project 1957~1999*, Cosacnaify, 2006.
Berti Mario, Berti Silma Mendes, Fonseca Maria Alice de Barros Marques, *Raffaello Berti arquiteto : Projecto Memória*, Rona Editora, 2000.
Briiembourg Carlos(ed.), *Latin Americam Architecture 1929~1960 : Contemporary Reflection*, The Monacelli Press, 2004.

Cavalcanti Lauro, *When Brazil was Modern 1928~1960*, Princeton Architectural Press, 2003.

Colás Santiago, *Postmodernity in Latin America : The Argentine Paradigm*, Duke University Press, 1994.

Decker Z.Q., *Brazil Built : The Architecture of the Modern Movement in Brazil*, Spon Press, 2001.

Gisele Diaz and Ala Rodgers, *The Codex Borgia*, Dover Publication Inc, 1993.

Hernández Felipe, Millington Mark, Borden Iain (ed.), *Transculturation Cities, Spaces and Architectures in Latin America*, Amsterdam, 1998.

Justo Cáceres Macedo, *Prehispanic Cultures of Perú*, 2007.

Multlow John, *the new architecture of MEXICO*, Image Publishing, 2005.

Niemeyer Oscar, *Oscar Niemeyer Minha Arquitetura 1937~2004*, Editora Revan, 2004.

Yutaka Saito, *Luis Barragán*, Noriega, 1994.

Latin American Art, 국립현대미술관, 2008.

INAH, 'Los Olmecas', *Arqueología Mexocana*, 1955.

INAH, 'Ediciones especiales 6', *Arqueología Mexocana*.

이 책에 실린 유네스코 세계문화유산

*연도는 문화유산으로 지정된 해이며, 위첨자로 표시한 숫자는 해당 본문의 쪽수

✤ 브라질

오루 프레투 역사도시 Historic Town of Ouro Preto, 1980 [339]
사우바도르 데 바이아 역사지구 Historic Centre of Salvador de Bahia, 1985 [295]
콩고냐스의 봉 제수스 성역 Sanctuary of Bom Jesus do Congonhas, 1985 [343]
브라질리아 Brasilia 1987 [569]

✤ 멕시코

멕시코시티 역사지구 Historic Centre of Mexico City and Xochimilco, 1987 [269]
오악사카 역사지구 및 몬테 알반 고고유적지 Historic Centre of Oaxaca and Archaeological Site of Monte Albán, 1987 [355]
테오티우아칸의 선(先) 스페인 도시 Pre-Hispanic City of Teotihuacan, 1987 [98]
팔렝케 유적과 국립공원 Pre-Hispanic City and National Park of Palenque, 1987 [167]
과나후아토 타운과 주변 광산지대 Historic Town of Guanajuato and Adjacent Mines 1988 [403]
치첸이트사의 선(先) 스페인도시 Pre-Hispanic City of Chichen-Itza, 1988 [140]
엘 타힌 선(先) 스페인도시 El Tajin, Pre-Hispanic City, 1992 [193]
욱스말 선(先) 스페인도시 Pre-Hispanic Town of Uxma, 1996 [151]

과달라하라의 호스피시오 카바냐스Hospicio Cabañas, Guadalajara, 1997 [464]
루이스 바라간의 집과 스튜디오Luis Barragán House and Studio, 2004 [591]
멕시코국립대학(UNAM) 중앙대학 도시 캠퍼스Central University City Campus of the Universidad Nacional Autónoma de México(UNAM), 2007 [466]
몬테 알반Monte Albán, Mexico 700~950 후기 고전, UNESCO, 1987 [189]

✤아르헨티나

코르도바의 예수회 수사 유적Jesuit Block and Estancias of Córdoba, 2000 [308]

✤우루과이

콜로니아 델 사크라멘토 역사지구Historic Quarter of the City of Colonia del Sacramento, 1995 [387]

✤페루

마추픽추 역사 보호지구Historic Sanctuary of Machu Picchu, 1983 [243]
쿠스코 시(市)City of Cuzco, 1983 [68]
리마 역사 지구Historic Centre of Lima, 1988·1991 확장 [330]
나스카와 후마나 평원Lines and Geoglyphs of Nasca and Pampas de Jumana, 1994 [34]

✤칠레

라파 누이 국립공원Rapa Nui National Park, 1995 [61]
발파라이소 항구도시의 역사지구Historic Quarter of the Seaport City of Valparaíso, 2003 [477]

✤그밖에 남미 지역의 세계문화유산은 유네스코한국위원회의 '유네스코와 유산' 사이트(www.unesco.or.kr/whc)에서 확인할 수 있습니다.

찾아보기 건축

*위첨자로 표시한 숫자는 해당 본문의 쪽수

과나후아토 공동묘지Guanajuato Panteón, 멕시코 ^{431}

국립도서관Biblioteca Nacional, 부에노스아이레스(아르헨티나), 1961, 테스타 불리흐 카찬니가 $^{538, 539}$

국립코르도바대학Universidad Nacional de Córdoba, 코르도바(아르헨티나), 1613 $^{306, 308}$

근대미술관Museo de Arte Moderna, 리우데자네이루(브라질), 1953~58, 건축: 아폰수 헤이디, 조경: 로베르투 마르스, 콘크리트 공학 $^{583~585}$

대성당Catedral Metro Politana Nossa Senhora Aparecida, 브라질리아, 1958~67, 오스카 니마이어 $^{561, 566}$

대통령궁, 새벽의 궁전Palácio da Alvorada, 브라질리아, 1956, 오스카 니마이어 $^{561, 564}$

도레스의 우리 주 교회당Igreja Nossa Senhora das Dores, 파라치(브라질), 19세기 ^{383}

돌로레스 공동묘지Panteón Civil de Dolores, Rotunda de los Hombres Ilustres, 멕시코시티 $^{418, 419}$

돔Oca, Pavilhão Lucas Noqueira Garcez, 이비라푸에라 공원(브라질 상파울루), 1951, 오스카 니마이어 ^{574}

디에고 리베라 벽화 미술관Museo Mural Diego Rivera, 멕시코시티, 벽화: 1947, 건축: 1986 $^{460, 461}$

라 콤파냐 데 헤수스 교회당Iglesia de La Compañia de Jesús, 쿠스코(페루), 16~17세기

260, 263

로사리우 교회당Igreja de Nossa Senhora do Rosário, 파라치(브라질), 18세기, 흑인 노예의 교회 379, 384

리마 대성당Catedral de Lima, 리마(페루), 1775 286, 327

마요르 신전Templo Mayor, 테노치티틀란(멕시코시티) 270, 275

마요르 타워Torre Mayor, 멕시코시티, 2003, 자이들러 파트너십 아키텍츠, 초고층 빌딩 607, 608

만신전Panteão da Pátria e da liberdade Tancredo Neves, 브라질리아, 1986, 오스카 니마이어 556, 560

메트로폴리타나 대성당Catedral Metropolitana, 멕시코시티, 1573~1813 269, 332

멕시코시티 국립인류학박물관Museo Nacional de Antropología, 1964년 개관 112, 408

모네다 문화센터Centro Cultural Palacio de la Moneda, 산티아고(칠레), 2004~06, 크리스티안 운두라가 598, 600

몬테레이 테크놀로지Tecnológico de Monterrey, 산타페(멕시코), 2001~07, 리카르도 레고레타 592

미라박물관Museo Momias Guanajuato, 과나후아토(멕시코), 2007 431, 433

바롤로 빌딩Edificio Barolo, 부에노스아이레스(아르헨티나), 1922, 마리오 팔란티, 매너리즘 건축 528, 530

반데이라 광장Praça da Bandeira, 파라치(브라질) 386

베니토 마르틴 미술관Museo Benito Quinquela Martín, 카미니토(부에노스아이레스), 1835년 개관 482

벨루오리존치 시청사Prefeitura de Belo Horizonte, 1936~39, 브라질, 라파엘로 베르티 532, 536

보건교육청사Ministério da Educação, 현재 구스타부 카파네마 궁전 Palacio Gustavo Capanema, 리우데자네이루(브라질), 1936~42, 건축: 루시우 코스타 · 오스카 니마이어 · 르 코르뷔지에, 청화타일 벽화: 칸지두 포르치나리 541, 542

보남팍Bonampak, 마야 유적, 멕시코 185~189

본펭 성당Igreja de Nosso Senhor Bonfim, 사우바도르(브라질), 1754~72 300

브라질 조각미술관Museu Brasilieiro da Escultura, 상파울루, 1986~95, 파울루 멘지스, 콘크리트 구법 583, 588

브라질리아Brazilia, 1956~60, 루시우 코스타 · 오스카 니마이어 548~575

브라질리아 근대미술관Museu Nacional de Brasilia, Complexo Cultural da República, 1960년 개관, 오스카 니마이어 561,568

사그라리오 메트로폴리타노 파로키아Parroquia del Sagrario Metropolitano, 멕시코시티, 18세기 270, 274

삭사이와만 국립고고학공원Saqsaywaman Parque Arqueologico Nacional, 쿠스코(페루), 1100~1200, 성곽 유적 73

산 라몬 광산Boca Mina San Ramón, 발렌시아나(멕시코), 1557 402

산 미구엘 레글라 아시엔다Hacienda San Miguel Regla, 파추카(멕시코), 18세기 농업 아시엔다 391~393

산 페르난도 공동묘지Panteón de San Fernando, 멕시코시티 425, 427

산 프란시스코 하비에르 교회당Iglesia de San Francisco Javier, 테포초틀란(멕시코시티), 17~18세기 332, 334

산타 리타 교회당Igreja Santa Rita, 파라치(브라질), 1722, 귀족교회 379, 382

산토 도밍고 교회당Iglesia de Santo Domingo(태양의 신전 코리칸차), 쿠스코(페루), 1559~1654 252

산토 도밍고 문화센터Centro Cultural Santo Domingo 오악사카(멕시코시티), 1964년 개관 355

산토 도밍고 성당Santo Domingo de Guzmán, 오악사카(멕시코시티), 1608~1938 355, 358

산티아고 대성당Catedral Metropolitana de Santiago, 산티아고(칠레), 1558 324~326

산티아고 아르마스 광장Plaza Armas, 산티아고(칠레), 1541 324, 325

살보 궁전Palacio Salvo, 몬테비데오(칠레), 1927, 마리오 팔란티, 매너리즘 건축 529~531

상 프란시스쿠 오르뎀 테르세이라 성당Igreja de Ordem Terceira de São Francisco, 사우바도르(브라질), 1702, 가브리엘 리베이루, 스페니시-아메리칸 플라스터 바로크 351, 356

상파울루 건축대학원Faculdade de Arquitetura e Urbanismo da U.S.P., 이기에노폴리스(브라질), 카를루 에크망 532

상파울루 공동묘지Cemiterio São Paulo, 브라질, 1926 428, 430

상파울루 미술관Museu de Arte de São Paulo, 브라질, 1957~69, 리나 바르지, 콘크리트 공학 581, 582

상파울루국립대학 건축도시대학Faculdade de Arquitetura e Urbanismo, 브라질, 1961~69, 조앙 아르티가스 579, 580

샴쌍둥이 빌딩 The Siamese, 칠레가톨릭대학, 요아킨 캠퍼스, 2003~05, 알레한드로 아라베나 601, 605

선한 예수 순례교회Basilica do Bom Jesus de Matosinhos, 콩고냐스(브라질), 1757~61, 안토니우 리스보아 343, 350

세 문화의 광장Plaza de las Tres Culturas, 트라텔롤코 마요르 신전의 피라미드 2 Etapa II del Templo Mayor de Tlatelolco, 멕시코시티, 1966 277~280

소치밀코 생태공원Parque Ecológico de Xochimilco, 멕시코시티, 1989 264

소칼로Zócalo, 멕시코시티 269, 270

시케이로스 기념관Polyform Siquerios, 멕시코시티, 1960년대 466

아르마스 광장Plaza de Armas, 쿠스코(페루) 255

아르마스 광장Plaza de Armas, 리마(페루) 327

아시스의 상 프란시스쿠 교회당Igreja São Francisco de Assis, 팜풀라(브라질), 1943~59, 오스카 니마이어 543, 544

아시스의 상 프란시스쿠 교회당Igreja São Francisco de Assis, 오루 프레투(브라질), 1764~74 351, 354

아시스의 상 프란시스쿠 교회당Igreja da Ordem Terceiram de São Francisco de Assis, 오루 프레투(브라질), 1776 342, 346

아프로-브라질 박물관Museu Afro-brasileiro, 사우바도르, 1982년 개관 302, 312

아프로-브라질 미술관Museu Afro Brasil, 상파울루, 1953년 개관 314, 317

알혼디가 그라나디타스 박물관Museo de la Alhondiga Granaditas, 과나후아토(멕시코), 1958년 개관 464

옛 과달루페 바실리카Basilica Antiqua, 멕시코시티, 1700년경 313

옛 산 가브리엘 아시엔다Ex Hacienda San Gabriel de Barrera, 과나후아토, 17세기 광산도시 아시엔다, 1979년 박물관으로 개조 398, 399

옛 푸엔타 트란스보르다도르 니콜라스 거리Puente Transbordador Nicolás Avellaneda, 라 보카(부에노스아이레스), 1908~14, 도시미술 480, 481

5월 광장Plaza Mayor, 콜로니아 델 사크라멘토, 1722~49, 해안도시 콜로니아의 주광장 368

오스카 니마이어 기념관Museu Oscar Niemeyer, 쿠리치바(브라질), 2002, 오스카 니마이어 572~574

왕립 산 카를로스 복합관광단지Complejo Turístico Real de San Carlos, 콜로니아 델 사크라멘토, 1761 376, 377

외무청사Palácio do Itamaraty, Esplanada dos Ministérios, 브라질리아, 1959~67, 오스카 니마이어 549, 555

요트 클럽Late Clube, 팜풀라(브라질), 1940~42, 오스카 니마이어 546

우리들의 주 교회Igreja Marti de Nossa Senhora dos Remédios, 파라치(브라질), 1787 383

우아카 우아야마르카Huaca Huallamarca, 리마(페루), 200~400, 고대 유적 81, 84

우야카 푸크야나Huaca Pucllana, 리마(페루), 고대 유적 81, 88

육군본부Quartel General do Exército, 브라질리아, 1968~73, 오스카 니마이어, 하이퍼셸 562, 577

의회당Congresso Nacional, 브라질리아, 1960, 오스카 니마이어 551~553

이비라푸에라 공원Parque do Ibirapuera, 상파울루(브라질), 1954, 오스카 니마이어 569, 574

인콘피덴시아 박물관Museo da Inconfidência, 오루 프레투(브라질), 1944년 개관 340, 341

인테르방크 본부Interbank Headquaters, 리마(페루), 2001, 한스 홀라인, 포스트모던 건축 596, 597

정부청사Palacio de Gobierno, 과달라하라(멕시코), 1774 472, 473

지하도로Calle Subterránea, 과나후아토(멕시코) 397, 401

칠레가톨릭대학 이공학부Pontificia Universidad Católica de Chile, 발파라이소(칠레), 알레한드로 아라베나 604

칠레가톨릭대학, 약학대학 Facultad de Medicina, 중앙 캠퍼스 Casa Central, 산티아고(칠레), 2001~04, 알레한드로 아라베나 601~603

카르무의 우리 주 교회당Igreja de Nossa Senhora do Carmo, 마리아나(오루 프레투), 1759~84 351, 354

카미노 레알 호텔Hotel Camino Real, 멕시코시티, 1968, 리카르도 레고레타 592, 593

칼라크물 교차Conjunto Calakmul, 산타페(멕시코시티), 2008, 아구스틴 에르난데스 595, 596

켄코Qwnqo, 쿠스코(페루), 잉카 유적 76, 78

코바Coba, 칸쿤(멕시코), 마야 유적 127, 132

쿠비체크 기념관Juscelino Kubitschek Memoria, 브라질리아, 1981, 오스카 니마이어 569

쿠스코 대성당Catedral de Cuzco, 페루, 1539~1649 256, 258

쿠아테목 기념동상Monumento a Cuauhtémoc, 레포르마 가로(멕시코시티), 1887, 프란시스코 히메네스 515

탐보마차이Tambomachy, 쿠스코(페루), 잉카 유적 76, 77

텔레커뮤니케이션 타워Torre de las Telecomunicaciones, 몬테비데오(칠레), 2002, 카를로스 오토, 초고층 빌딩 607, 609

툴룸Tulum, 멕시코, 마야 유적 121~126

파벨라Favelar, 리우데자네이루(브라질) 444~453

파트리모니오 문디알 콤파냐의 교회당Patrimonio Mundial, Iglesia de la Compañia, 코

르도바(브라질), 1599 308

파트리아르카 광장Praça do Patriarca, 상파울루(브라질), 1992~2002, 파울루 멘지스, 콘크리트 구법 586, 589

팜풀라Pamphulha 프로젝트, 브라질 541, 543

팜풀라 미술관Museo de Arte de la Pamphulha, 브라질, 1946~57, 오스카 니마이어 547

페드라 도 사우Pedra do Sal, 사우데(브라질), 1608 442, 443

페루 국립박물관Museum of the Nation, 리마 90, 94

페루 국립인류학 및 고고학 박물관Museo Nacional de Antropologiá, Arqueologiá e Historia del Perú, 리마, 페루 최대의 잉카문명 박물관 494

푸카 푸카라Puca Pucara, 쿠스코(페루), 잉카 유적 73, 76

피나코테카Pinacoteca do Estado, 상파울루(브라질), 1993, 파울루 멘지스 586, 590

필라의 우리 주 성모 교회당Igreja de Nosa Senhora do Pilar, 오루 프레투(브라질), 1731 342, 346

하늘이 자유로운 야외 미술관Museo a Cielo Abierto de Valparaiso, 발파라이소(칠레), 1990 475, 478

행정부Palácio do Planalto, 브라질리아, 1959, 오스카 니마이어 554

혁명기념탑Monumento a la Revolución, 멕시코시티, 1938, 오브레곤, 매너리즘 건축 512, 513

후아레스 콤플렉스El Conjunto Plaza Juárez, 멕시코시티, 2003~05, 리카르도 레고레타 592, 594

찾아보기 인물

|ㄱ|

갈레아노, 에두아르도 247, 286, 294
곤잘레스, 펠리페 40
구티에레스, 구스타보 508
그레스, 라몬 베르가라 478

|ㄴ|

니마이어, 오스카 438, 538, 541, 548, 550, 574

|ㄷ|

두다멜, 구스타보 522, 523
디아스, 포르피리오 502, 512
디에고, 후안 311, 313

|ㄹ|

라이헤, 마리아 34, 35, 37
레고레타, 리카르도 587, 592, 594
레구, 호나우두 317, 319
레비-스트로스, 클로드 40, 434, 435, 578, 607
로페스, 카를로스 안토니오 493
뤼팽, 장 크리스토프 438, 439
르 코르뷔지에 540, 541, 548
리베라, 디에고 412, 418, 420, 457~461
리스보아, 안토니우(알레이자디뉴) 337, 342, 343, 351

|ㅁ|

마데로, 프란시스코 이그나시오 502, 503, 514, 515
마르스, 로베르투 548, 550, 574
마르티네, 에르베르토 카스티요 421, 422
마르티네스, 올리베리오 514

마르틴, 베니토 킨켈라 477
말린체, 마리아 281, 283
망코 카팍 68, 197, 225
멀로이, 윌리엄 51, 52
메이렐레스, 페르난두 445
멘데스, 프란시스코 475
멘지스, 펠리시우 343
멘지스, 파울루 583, 586, 588~590
모라도, 호세 차베스 457, 464, 465

| ㅂ |
바라간, 루이스 587, 591
바르지, 리나 581, 582
발디비아, 페드로 데 323~325
발렌틴, 후벰 314, 316
베르나르, 에밀 512
베르티, 라파엘로 532
벨라스케스, 디에고 266
볼리바르, 시몬 493~495
비뇰라, 자코모 다 304
비야, 판초 501~504, 514, 515
비테리, 오스왈도 92
빙엄, 하이램 216, 225

| ㅅ |
사파타, 에밀리아노 501~504, 515
산 마르틴, 호세 495~497

산토스, 호세 페라이라 도스 342
세스시아틀리, 알프레두 561
세스페, 토리비오 메히아 34
시케이로스, 다비스 421, 425, 426, 457, 466, 468, 470
시프레스, 페드로 459

| ㅇ |
아라베나, 알레한드로 601~605
아르테아가, 멜초르 216
아르티가스, 호세 366, 495
아브레우, 호세 안토니우 521, 522, 524
아옌데, 살바도르 598, 600
아소카르, 파트리시오 600
안조스, 조지 318, 319
알베르티, 레온 바티스타 304
에레라, 후안 데 322
에르난데스, 호세 497, 595, 596
오고르만, 후안 466, 467
오로스코, 호세 클레멘테 421, 423, 457, 459, 472, 473
오르다스, 구스타보 280
오르다스, 디아스 516
오토, 카를로스 606, 609
외로, 외젠 41
우아이나 카팍 246, 260
우에르타, 아돌포 데 라 502, 514

울레, 막스 34
이달고, 미구엘 464, 465, 472

| ㅈ |

자바체프, 크리스토 33
지지, 메스트레 314

| ㅊ |

체 게바라, 에르네스토 505~507
추리게라, 호세 베니토 322

| ㅋ |

카란사, 베누스티아노 502, 514
카르데나스, 라사로 421, 514
카르도주, 조아킹 549, 554
카바냐스, 호스피시오 459
카바냐스, 후안 크루스 루이스 데 459
카예스, 플루타르코 엘리아스 514
칼로, 프리다 418, 458
코르테스, 에르난 266, 267, 281, 283, 332
코삭, 폴 34, 35
코스타, 루시우 548, 550
쿠비체크, 주셀리노 541, 548
쿡, 제임스 40, 46

크리스토발, 디에고 248

| ㅌ |

톨사, 마누엘 332

| ㅍ |

파르네세, 알레산드로 304, 306
페레치, 마리아네 557, 560, 567, 568
페론, 에바 533, 538
페론, 후안 508, 533
펜테아두, 콘지 532, 534, 535
포르치나리, 칸지두 543, 544
포사다, 호세 과달루페 412
프란시아, 호세 로드리게스 데 493
플로레스, 나보르 카리요 421, 424
피노체트, 아우구스토 598, 600
피사로, 프란시스코 215, 246, 286

| ㅎ |

헤이디, 아폰수 583, 584
호세, 호세 구티에레스 459
홀라인, 한스 597, 598
후아레스, 베니토 425, 427, 473, 474
후지모리, 알베르토 517
힐리, 자일스 186

박길룡 朴吉龍

홍익대학교 건축학과를 졸업하고 같은 대학원에서 건축학 박사학위를 받은 뒤, 환경개발연구원에서 건축과 도시 디자인 실무를 익혔다. 현재 국민대학교 건축학과 교수이며, 조형대학장·환경디자인연구소장·건축대학장을 거쳐 박물관장으로 있다. 그는 건축은 단순한 기술적 결과나 효용으로 생산되는 것이 아니라, 그 자체가 사회의 존재양식이라고 본다. 이러한 건축의 사회성을 중요하게 여겨 현장성을 바탕으로 한 건축비평과 이론 연구에 힘써왔다.

또한 건축 디자인과 건축역사학을 연구하며 세계건축으로 시야를 넓혀왔고, 건축 역시 끊임없는 문화교차의 결과물이며 잡종강세의 생태를 공유한다는 사실에 주목했다. 그런 점에서 라틴아메리카는 그에게 흥미로운 현장이다. 잉카와 마야로 대표되는 고대문명을 갖지만, 스페인과 포르투갈에 의한 식민통치로 뒤틀리는 중세에서 모더니즘을 향한 발걸음으로 분주한 근대까지 문화교차가 역동적으로 일어났기 때문이다. 그는 라틴아메리카를 여러 차례 여행하면서 고대에서 근대로 이어지는 시간의 축과 유럽과 라틴아메리카를 잇는 공간의 축을 기점으로 유구한 라틴아메리카 문명 속에 아로새겨진 문화전이의 흔적을 이 책에 그려냈다.

지은 책으로는 『건축이라는 우리들의 사실』 『시간횡단: 건축으로 보는 터키 역사』 『세컨드 모더니티의 건축』(공저) 『한국현대건축의 유전자』 『한국현대건축을 위한 아홉 개의 탐침』(공저) 등이 있다.